职业教育“双师型”教师认定研究

罗秋兰　等◎著

科学出版社
北京

内 容 简 介

长期以来师资队伍是我国职业教育的薄弱环节，加强教师队伍建设是发展职业教育的重要内容，是提高人才培养质量的关键。进入新时代，党和国家更加重视教师队伍建设。构建一套全面系统、科学规范、特色鲜明、可操作性强的省域“双师型”教师资格认证标准，是提升职业教育教师队伍建设水平的重要前提与保障。本书在追溯“双师型”教师的内涵演变与“双师型”教师认定相关理论的基础上，对“双师型”教师认定的现实问题进行分析，并以广西职业教育“双师型”教师认定为例，系统阐述广西“双师型”教师的认定标准、认定制度、认定信息管理系统、认定情况及认定成效，以期为开展“双师型”教师认定和职业教育教师专业化发展提供借鉴和启示。

本书可供职业院校教师、师范类尤其是职教师资培养类专业本科生和研究生、职教师资研究者和管理者参阅。

图书在版编目（CIP）数据

职业教育“双师型”教师认定研究／罗秋兰等著. —北京：科学出版社，2022.10

ISBN 978-7-03-073402-0

Ⅰ. ①职… Ⅱ. ①罗… Ⅲ. ①师资培训-研究 Ⅳ. ①G451.2

中国版本图书馆 CIP 数据核字（2022）第 188310 号

责任编辑：崔文燕／责任校对：杨 然

责任印制：赵 博／封面设计：润一文化

科学出版社 出版

北京东黄城根北街 16 号

邮政编码：100717

http:// www.sciencep.com

北京虎彩文化传播有限公司印刷

科学出版社发行 各地新华书店经销

*

2022 年 10 月第 一 版 开本：720×1000 1/16

2024 年 3 月第三次印刷 印张：16 3/4

字数：315 000

定价：99.00 元

（如有印装质量问题，我社负责调换）

著者名单

罗秋兰　秦福利　武　博　张晓玲

李　明　吴凌云　韦娇艳

前　言

职业教育是国民教育体系和人力资源开发的重要组成部分，肩负着培养多样化人才、传承技术技能、促进就业创业的重要职责。职业教育高质量发展离不开高质量的教师队伍，职业教育所特有的教育属性和人才培养目标对从事职业教育的教师提出“双师型”要求，“双师型”教师队伍建设是支撑新时代国家职业教育改革的关键力量。但长期以来缺乏科学有效的“双师型”教师认定标准，影响了职业院校“双师型”教师的认定、聘用、考核等评价，进而影响职业教育教师专业化发展水平提升。对“双师型”教师认定标准和认定相关问题的研究，有利于引导职业院校教师专业发展，加强职业教育教师队伍建设，更好地服务职业教育高质量发展和现代职业教育体系建设。

“双师型”教师是中国职业教育发展进程中特有的现象，具有鲜明的时代印记。“双师型”教师最初是为解决职业院校技能型教师严重短缺的问题而提出，自20世纪90年代起就一直成为职业教育师资队伍建设关注的重点。从概念上看，“双师型”教师经历了“双证书”“双资格”“双能力”“双层次”“双结构”“双素质”等提法的演变，直到2019年《国家职业教育改革实施方案》(简称“职教20条”)的出台才得到统一的表述，“双师型”教师是同时具备理论教学能力和实践教学能力的教师。其并不是两种能力或者两种素质的叠加，而是侧重于一种素质结构，即对职业教育教师职业素质结构上的要求。任何职业院校的专业课教师首先都应是“双师型”教师。对“双师型”教师内涵的不同解读将直接影响“双师型”教师认定标准的制定与认定工作的实施。

针对制约广西民族地区职业教育发展的瓶颈问题，2014年1月，广西决定开展职业教育“双师型”教师认定，探索建立符合广西实际的“双师型”教师资格认定制度体系，激励教师不断提升双师素质和能力，促进教师专业发展，从制度上保障“双师型”教师队伍持续健康发展。在开展大量前期理论和实践研究基础上，2015年4月，广西启动了首批认定试点，经过8年的实践探索，广西已构建较为完善、科学性与规范性兼备的“双师型”教师认定标准和认定管理制度体系。可以说，广西职业教育“双师型”教师认定体系具有较强的可操作性、可复制性、可推广性，以此为例进行“双师型”教师认定的深度挖掘与研究，可为“双师型”教师队伍建设提供经验借鉴。

本书在追溯“双师型”教师的内涵演变与“双师型”教师认定相关理论的基础上，对“双师型”教师认定的现实问题进行分析，并以广西职业教育“双师型”教师认定为例，系统阐述广西职业教育“双师型”教师的认定标准、认定制度、认定信息管理系统、认定情况及认定成效，以期为“双师型”教师标准制定和认定提供启示。因此，从某种意义上，本书围绕“双师型”教师认定所做的较为全面、细致的研究，不仅有助于相关理论的深入思考，也有助于在实践层面上引导职业教育教师不断提高教育教学能力和专业实践能力，促进职业院校教师专业化发展，为职业教育“双师型”教师标准制定和资格认定工作提供借鉴。

目　录

第一章 “双师型”教师内涵研究

职业教育是国民教育体系和人力资源开发的重要组成部分，肩负着培养多样化人才、传承技术技能、促进就业创业的重要职责。职业教育与普通教育是不同的教育类型，职业教育特有的办学定位和人才培养目标对从事职业教育的教师提出了“双师型”的要求。具备何种资格才能被称为“双师型”教师则一直是“双师型”教师研究的重点领域。了解“双师型”教师概念的演变历程，进一步深化对“双师型”教师内涵的理解，将为构建科学合理的职业教育“双师型”教师资格认定体系奠定良好基础。

第一节 “双师型”教师概念的提出

“双师型”教师并不是国际上通用的学术性概念，它是中国职业教育界提出的一个概念，是中国职业教育“发展到一定阶段产生的一个独特的概念”①。“双师型”教师概念主要体现的是职业院校教师在职业素质方面的特点，因此，“双师型”教师概念的出现源于对职业院校教师提出的要求与标准。1986 年，国家教委在《关于加强职业技术学校师资队伍建设的几点意见》文件中，提出“师资的数量和质量，是直接关系到职业技术教育的规模、速度和培养人才质量的根本问题”，所以应对职业学校教师的教育理论、专业理论知识和操作技能提出一定要求。1986 年，国家教委印发《中等专业学校教师职务试行条例》，其中，针对中等专业学校的各级职称，都有对教师理论教学、实验室建设、生产实践等方面的要求，但有关实践环节并未直接做出具体要求，与普通教育学校教师的职称评定也未见明显差别（表 1-1）。

---

① 吴全全. 职业教育“双师型”教师基本问题研究——基于跨界视域的诠释. 北京：清华大学出版社，2011：9.

表 1-1 《中等专业学校教师职务试行条例》中的各级教师职务职责

各级教师	职务职责
教员	1. 在指导教师指导下担任课程部分内容的讲授，或辅导实验、实习、课程设计及学生基本技能的训练。 2. 参加实验室建设、生产实践和社会调查等工作。 3. 承担班主任或辅导员工作
助理讲师	1. 担任课程的讲授及其他教学工作，指导实验、实习、课程设计、毕业设计及学生基本技能的训练。 2. 参加实验室建设、生产实践、社会调查、教学研究等工作。 3. 承担班主任或辅导员工作
讲师	1. 担任课程的讲授及其他教学工作，组织与指导实验、实习、社会调查、课程设计、毕业设计。主持毕业设计、论文答辩。 2. 参加编写教材、教学参考书及其他教学文件。了解本学科的国内外学术、技术发展动态，参加科学研究、技术开发、社会咨询及教学研究。 3. 主持实验室建设工作。 4. 指导教员、助理讲师提高业务水平。 5. 承担教学管理工作、班主任或辅导员工作
高级讲师	1. 担任课程的讲授及其他教学工作，组织与指导各个教学环节的教学工作。 2. 主持或参加编写、审议教材、教学参考书及其他教学文件，主持教学研究。 3. 指导和主持实验室建设，设计、革新实验手段或开设新的实验。 4. 掌握本学科的国内外学术、技术发展动态，主持或参加科学研究、技术开发、社会咨询及其他科学技术工作。 5. 担任培养教师的工作。 6. 承担教学管理工作、学生思想政治工作

之后，"'双师型'教师"这一专有名词被提出。1991 年，上海冶金专业专科学校王义澄撰文，首次提出"双师型"教师，指出"要培养高级工程技术应用人才，有两项十分关键，第一是要建设一支又红又专、能文能武、理论密切结合实际的'双师型'即教师加工程师型教师队伍，而且必须数量充足，结构合理；第二是要切实加强实践环节"①。在此概念基础上，许多学者、教师纷纷撰文表达各自看法，如有学者提出"双师型"教师，在理论教学中是讲师，在实践教学中是工程师。② 也有学者突出了"双师型"教师的"双师"，认为"双师"是指具有讲师的授课及理论水平和同时具备工程师的工程实践能力的教师。③

在政策文本层面，1991 年，国家教委印发《关于加强普通高等专科教育工作的意见》，强调从事高等专科教育工作的教师应具有较高的学术水平和较丰富的专业实践经验，并明确专科教师队伍建设的重点是要提高教师的专业实践能力。提出专科教师的基本任务是教学、实践教学所占比重较大、进行科学技术工作的重点与本科不同等特点。虽然这个文件中未提及"'双师型'教师"这一名

① 王义澄. 努力建设"双师型"教师队伍. 高等工程教育研究，1991（2）：49-50+53.
② 赵胜利. 汽车工业学校教师队伍建设的新举措. 中国职业技术教育，1993（4）：36-37.
③ 周建华. 谈"双师"型教师培养的一点做法. 西安航空学院学报，1995（2）：19-20.

词，但政府层面已关注到专科教育对师资需求的不同之处，并对师资的相关素质提出要求。

1995 年，国家教委在《关于开展建设示范性职业大学工作的通知》中首次提到“双师型”教师，指出申请示范性职业大学的条件是有一支专兼结合、结构合理、素质较高的师资队伍。专业课教师和实习指导教师具有一定的专业实践能力，其中有 1/3 以上的“双师型”教师；示范性职业大学师资队伍要求和目标是结构合理，水平较高，专业课教师和实习指导教师基本达到“双师型”要求。并且这一要求也成为高职学校设置的必要条件。这是较早提到“双师型”教师队伍建设目标的文件，标志着“双师型”教师被正式纳入政策话语与视野。

1997 年，国家教委印发《关于加强中等职业学校教师队伍建设的意见》，对加强中等职业学校教师队伍建设提出指导性意见，不仅提出中等职业教育教师队伍还存在专业课和实习指导教师数量不足、现有教师的学历达标率较低、大部分青年教师缺乏专业实践经验和必需的专业技能，以及职业教育教学理论、教师队伍的结构不合理、缺少骨干教师和专业带头人等问题，还提出系列措施加强师资队伍建设，其中，对师资培训内容也做出了建议，包括专业理论培训、知识更新培训、教育理论培训、现代化教学技术和方法的培训、专业实践技能培训等。尤其对缺乏工作实践经验和技能的青年教师，强调要有计划地安排到对口企事业单位进行专业实习和技能训练，凸显专业实践技能的重要性。

1998 年，国家教委在《面向 21 世纪深化职业教育教学改革的原则意见》文件中进一步强调了对“双师型”教师培养的重视，指出要“采取有力措施加强教师的培养培训和师德建设，切实提高教师素质。要采取教师到企事业单位进行见习和锻炼等措施，使文化课教师了解专业知识，使专业课教师掌握专业技能，提高广大教师特别是中青年教师的实践能力。要注意从企事业单位引进有实践经验的教师或聘请他们做兼职教师。要重视教学骨干、专业带头人和‘双师型’教师的培养”。

“‘双师型’教师”这一专有名词，最初就是作为对职业院校教师的要求而提出的。如有学者认为，所谓“双师型”是针对专科教育的特点而对教师提出的基本要求，突出专科教育的特点，加速培养“双师型”教师，是发展专科教育的一项重要任务。[①]也有学校是基于专业发展实践提出这一名词的，如有学校曾罗列自身师资状况：“学校机械专业科专业教师共 36 名，其中 50 岁以上的 4 名，占

① 吴诗芬. 适应专科教育需要大力培养“双师型”教师. 研究生教育研究，1994（2）：67-69.

11.1%；35—50 岁的 3 名，占 8.3%；35 岁以下的 29 名，占 80.6%。这些青年教师从校门到校门，工程实践能力较差。经过几年的教学工作训练后具有一定的理论教学水平，而其工程实践能力是远远不够的。”[①]可见，职业院校根据自身需求迫切需要进行“双师型”教师队伍建设，并寻求各类途径与方法提高教师的实践能力。又如财经类专业建设需要“双师型”财会教师，要求在财政（经）学校能作为教授财会知识的讲师在实际工作中，可顶岗成为某一企业单位的会计师或经济师。[②]因此，“双师型”教师的提出源于职业院校的办学实践。许多从事专科教育一线教育工作者开始发现，研究职业教育与其他教育在培养目标和培养模式上存在不同，于是在实践中探索如何培养一支独具特色的高素质教师队伍。

从内涵上看，大部分职业院校根据自身实践对“双师型”教师进行界定，根据实践经验对概念进行概括，主要凸显其与普通教育师资的区别所在，尤其开始关注专业实践能力的提高。

从实践上看，最初的观点着重强调教师在专业实践能力方面的提高。如王义澄在介绍本校培养“双师型”教师的做法时，提到教师职后培训“除了理论上提高外，更强调下厂参加实践，参加实验室和实习基地建设，参与实际工程项目和科技服务，使整个师资队伍的素质得以提高”[③]。也就是说，要培养高级应用型的技术人才，教师首先应当具备高级应用型技术人才的能力。

综上，从“双师型”教师产生的历程来看，它产生于职业院校的办学实践需要，职业院校在与市场对接、与企业合作的过程中发现，具有实践能力的专业教师严重缺乏，无法培养学生的职业能力，自然地形成了对本校专业教师所应具备的能力的基本认知以及一套相应的培养培训体系。问题越积越多，恰逢高职高专迅速发展，而很多高职高专的前身又由一些优秀的中专而来，师资结构严重不匹配，无法满足高职人才的培养。高职高专的职业教育理论研究与实践探索也比中等职业学校更为系统与深入，更关注“双师型”教师的培养问题。这些问题与需求引起了国家教委的高度重视，并多次在文件及工作会议中强调“双师型”教师队伍建设的重要性。1997 年，在首次召开的全国职教师资工作会议上，“双师型”教师队伍的建设被视为 1998—2010 年职教师资队伍建设的重点，会议提出中等职业技术学校要不断提高教师队伍中的“双师型”教师所占的比重。对职教师资的足够重视引起了学者有关“双师型”教师内涵与培养培训实践广泛而又系

---

① 刘中华，王忠诚.“三结合”是建设“双师型”教师队伍的有效途径. 机械职业教育，1994（10）：28-29.

② 佚名. 培养“双师型”财会教师的探索与实践. 中国职业技术教育，1993（4）：35+19.

③ 王义澄. 努力建设“双师型”教师队伍. 高等工程教育研究，1991（2）：49-50+53.

统化的思考与研究。

第二节　“双师型”教师概念的深化

随着“‘双师型’教师”专有名词的落地，“双师型”教师不仅在实践层面被广泛推广，学者还从理论层面对其进行关注，并系统化梳理与研究其概念内涵。综合对其认识与理解主要围绕以下几个方面。

一、双证书说

双证书是指“双师型”教师应具备教师证书和其他专业系列职称证书或职业资格证书。最初，双证书的提法来源于天津职业技术师范大学进行的培养“一体化”新型师资的教学改革，该校认为学校培养的既不是单纯的工程型人才，也不是普通中学的教师，而是既有较强的专业理论知识又有较强的操作技能、既能从事专业理论教学又能指导技能训练的“一体化”新型师资。所以学校就尝试进行了双证书制，要求部分学院的毕业生不仅能取得大学本科或专科学历证书，同时取得劳动部门颁发的相应工种的技术等级证书。[①] 这被视为我国职业教育领域“双师型”师资队伍建设的萌芽，后期随着内涵阐述的深入，双证书也被认为是双职称证书。

2000年，在《教育部关于加强高职高专教育人才培养工作的意见》文件中提出，“双师型”（既是教师，又是工程师、会计师等）教师队伍建设是提高高职高专教育教学质量的关键；抓好“双师型”教师的培养，努力提高中、青年教师的技术应用能力和实践能力，使他们既具备扎实的基础理论知识和较高的教学水平，又具有较强的专业实践能力和丰富的实际工作经验。有学者也认为，“双师型”教师有两层含义：从专业教师个体而言，既有较高的专业知识水平，又要有较强的专业技能；从其外显形式来看，既是讲师（高级讲师），又是工程师（技师、高级工、注册会计师）等。[②]“‘双师型’教师”一词来源于实践，也要运用于实践，而何种教师才能称为“双师型”教师是实践领域亟须解决的问题。因此，双职称或“职称+职业资格”证书就成为“双师型”教师最容易识别与认定的标准，即获得双证书的教师其专业技能较为突出，“双师型”教师内涵也随之

---

① 王宪成，等. 实行“双证书”制，培养“一体化”职教师资. 高等工程教育研究，1998（2）：21-24.

② 瞿光唐.“双师型”教师队伍重在建设. 教育与职业，1998（6）：24-26.

倾向于既要具备专业的理论知识，也要具备专业的实践能力。例如，在2004年教育部印发的《高职高专院校人才培养工作水平评估方案》中，提出双师素质教师评估指标的内涵说明为“职称+职称/资格/实践经历/技能培训证书/技术成果/实践教学设施提升等”，对“双证书”进行了进一步的内涵外化。又如，2005年印发的《国务院关于大力发展职业教育的决定》提出“加强‘双师型’教师队伍建设，职业院校中实践性较强的专业教师，可按照相应专业技术职务试行条例的规定，申请评定第二个专业技术资格，也可根据有关规定申请取得相应的职业资格证书”，进一步鼓励职业院校教师获得“双证书”。

二、双资格说

双资格是指“双师型”教师应具备教师职业资格与其他专业技术资格或技能人员职业资格两种资格。“双资格”的理论解释建立在国家职业资格证书制度与教师资格制度的基础上。1995年，人事部印发《职业资格证书制度暂行办法》，职业资格证书制度开始实行。职业资格证书制度加速了职业教育学历文凭证书与职业资格证书两种证书制度的实行，对职业教育人才培养质量的提高具有重大意义。对职业教育人才培养的特色化要求，也对其专业教师的职业能力提出相应的要求，即职业院校教师应具备相应的职业资格。同年，国务院发布《教师资格条例》，要求专门从事教育教学工作的中国公民应当依法取得教师资格，教师资格制度得以确立。教师资格制度对职业院校教师也一样适用，它要求职业院校进行专门教育教学工作的教师首先应具备教师资格，满足从业基本条件。在国家职业资格证书目录中，教师职业资格证书属于准入类职业资格。1999年印发的《教育部关于贯彻落实全面推进素质教育决定进一步加快中初等学校校办产业发展的若干意见》提出，校办产业要配合有关部门培养兼有教师资格和其他专业技术职务的“双师型”教师队伍。可见，相关部门已注意到“双师型”教师的资格问题。因此，在两项资格制度基础上，“双师型”教师内涵深化为需同时具备教师资格与其他职业资格，尤其在“双师型”教师资格认定中得以体现。例如，有学者提出“双师型”教师资格标准体系中的基本标准包括三个方面：一是具有法定的教师资格并持有教师上岗证；二是拥有相应的专业技能；三是具备一定的技术应用实践经历或管理、服务经验。[①]其有关“双师型”教师标准的假设就是基于“双师型”教师“双资格”的体现。

① 黄斌，毛青松.“双师型”教师资格标准体系初探. 教育与职业，2006（30）：41-42.

三、双能力说

双能力是指“双师型”教师既具备扎实的学科理论知识和较高的教学水平，又具有丰富的实践经验和较强的实践能力。从能力的角度界定其内涵，是对将双职称、双证书等同于胜任“双师型”教师岗位的能力等这类定义的否定，它更强调“双师型”教师应具备的能力。双能力说的出现基于20世纪末兴起的能力本位理论。能力本位理论是在20世纪60年代兴起的职业教育思潮中建立的，该理论从职业岗位的需要出发，以重视岗位能力为目标，提倡以能力为基础的职业教育体系。在美国的课程改革运动中，也是将对教育质量的不满归结于教师能力的不足，也由此进行了师范教育改革。20世纪90年代，该理论影响到我国职业教育课程教学改革。在师资培养方面，我国学者也关注到“双师型”教师的能力问题。如有学者提出，所谓“双师型”教师队伍，是指在业务上，教师必须具备讲师的理论教学水平，又要具有工程师的工程实践能力。[①]这种认识在当时具有较广泛的代表性。

1998年印发的《面向二十一世纪深化职业教育教学改革的原则意见》指出，“推进教学改革，要更新教育观念。职业教育应确立以能力为本位的教学指导思想”。该思想也影响到对“双师型”教师的要求与培养，该意见要求“使专业课教师掌握专业技能，提高广大教师特别是中青年教师的实践能力”，“双师型”教师的实践能力尤其受到重视。随之，2000年印发的《教育部关于加强高职高专教育人才培养工作的意见》指出，“抓好‘双师型’教师的培养，努力提高中、青年教师的技术应用能力和实践能力，使他们既具备扎实的基础理论知识和较高的教学水平，又具有较强的专业实践能力和丰富的实际工作经验”。可见，双能力强调的是专业理论水平与实践能力，实践能力既有对教学能力的要求，也有对专业技能的要求。但因能力是一种潜在的东西，难以被具体化，双能力说也难以作为对教师进行评价、考核、聘用的标准，所以双能力说的推广范围较为有限。

四、双层次说

双层次说是基于职业院校教师应成为复合型教师的预定假设而进行界定的。双层次其实是双能力与双素质的叠加。例如，有学者认为，双层次的第一层次是指能力之师，即经师（经典专业知识）+技师（精湛专业技术）；第二层次为素质

---

① 孙凤鸣，姜鸿钧，孙继恒. 努力建设“双师型”教师队伍. 机械职业教育，1995（11）：15-16.

之师，即人师（价值引导）+事师（职业指导）。经师是指专业知识之师，包括扎实的专业理论知识、能熟练运用现代化教育技术、具有一定的科研能力；技师是指技能之师，具有突出的实践能力，包括工艺能力、设计能力、技术开发及服务能力；人师是指人格引导之师，要求教师在人格塑造上具有感召力；事师是指职业指导之师，要求具备职业道德素养、能够指导学生择业与创业的能力，对未来行业发展有一定预测能力。①

根据概念，第一层次更像“双师型”教师的知识基础，第二层次则是“双师型”教师知识的延展，但是否是“先有一、再有二”还需要进一步探讨。不难看出，职业院校教师所应具备素质的特殊属性是“技师”与“事师”，它更能代表这些教师是具有特定职业背景的教育者，“经师”与“人师”则是任何教师都应具备的素质能力。因此，两个层次与其说是一种叠加，不如说是复合知识的统合，其背后则是复合型素质的统整。

五、双结构说

双结构说既可对“双师型”教师队伍整体而言，也可对教师个体而言。从师资队伍整体来看，一是指“双师型”教师队伍的专兼职结构，二是指专业教师是否具有企业工作经历的教师比例。1985 年颁布的《中共中央关于教育体制改革的决定》指出，“各单位和部门办的学校，要首先依靠自身力量解决专业技术师资问题，同时可聘请外单位的教师、科学技术人员兼任教师，还可以请专业技师、能工巧匠来传授技艺”。聘任兼职教师首先是为弥补专业教师的不足而采取的措施，后面多个文件都有对兼职教师进行要求。1995 年印发的《国家教育委员会关于推动职业大学改革与建设的几点意见》中指出，“要聘请一批富有实践经验，又能胜任教学工作的工程技术人员或管理人员到校任职兼职教师，做到专兼结合”，首次提出了专兼职结构，后兼职教师聘任被写入《中华人民共和国职业教育法》（以下简称《职业教育法》）。2006 年下发的《教育部关于全面提高高等职业教育教学质量的若干意见》提出，“要增加专业教师中具有企业工作经历的教师比例，安排专业教师到企业顶岗实践，积累实际工作经历，提高实践教学能力。同时要大量聘请行业企业的专业人才和能工巧匠到学校担任兼职教师，逐步加大兼职教师的比例，逐步形成实践技能课程主要由具有相应高技能水平的兼职教师讲授的机制”。这里对“双师型”教师内涵的理解是指教师队伍结构可以由

① 董桂玲，唐林伟，周明星. 职业院校“双师型”教师内涵新解. 天津工程师范学院学报，2005（2）：51-53.

不同能力的教师组成，最终形成教师队伍的“双师”能力。

增加有企业工作经历的教师不仅是指可以从企业引进教师，也可以增加校内教师参与企业实践的机会来提升教师的实践教学能力。2002 年教育部印发的《关于加强高等职业（高专）院校师资队伍建设的意见》指出，“聘任兼职教师是改善学校师资结构、加强实践教学环节的有效途径，各高职（高专）院校要结合所在地实际，加强兼职教师队伍建设工作。兼职教师是指能够独立承担某一门专业课教学或实践教学任务、有较强实践能力或较高教学水平的校外专家”。在该意见中，教育部明确了聘任兼职教师的意义与兼职教师的教学任务，并对兼职教师进行了界定。2008 年印发的《教育部关于进一步深化中等职业教育教学改革的若干意见》强调，“要完善中等职业学校教师进修和继续教育制度，促进教师深入生产实践，提高教师的实践教学能力”。可见，对教师个体而言，“双师型”教师应具备的素质结构更像教育教学素质与生产实践素质两个部分。

六、“双师”素质说

“双师”素质是指“双师型”教师为完成教育教学任务所应具备的基本素养。从素质的角度来讲，“双师型”教师队伍建设源于 2000 年教育部印发的《关于开展高职高专教育师资队伍专题调研工作的通知》，该通知对“双师”素质做了注解。具有“双师”素质的专职教师（不含公共课教师），工科类具有“双师”素质的专职教师应符合以下两个条件之一：①具有两年以上工程实践经历，能指导本专业各种实践性教学环节；②主持（或主要参与）两项工程项目研究、开发工作，或主持（或主要参与）两项实验室改造项目，有两篇校级以上刊物发表的科技论文；其他科类参照此条件。

2000 年，教育部在《关于开展高职高专教育教学工作优秀学校建设与评价的意见（征求意见稿）》和《高职高专教育教学工作合格学校评价体系（征求意见稿）》中提出“双师”素质教师应符合下列条件之一：①具有两年以上基层生产、建设、服务、管理第一线本专业实际工作经历，能指导本专业实践教学，具有讲师（或以上）教师职称；②既有讲师（及以上）教师职称，又有本专业中级（及以上）技术职称；③主持（或主要参与）两项（及以上）应用性项目研究，研究成果已被社会企事业单位实际应用，具有良好的经济或社会效益。要达到优秀学校的 A 级标准，“双师素质”教师要占全校专任教师（除“两课”、公共课教师及助教）的比例应大于或者等于 50%；要达到优秀学校的 C 级标准，“双师素质”教师应占全校专任教师（除“两课”、公共课教师及助教）的20%。此外，一所高等职业院校的“双师素质”教师占全校专任教师（除“两课”、公共课教师及助教）的20%以上，其教育教学工作才能算作合格。

2002年，教育部印发《关于加强高等职业（高专）院校师资队伍建设的意见》，指出“各高职（高专）院校一方面要通过支持教师参与产学研结合、专业实践能力培训等措施，提高现有教师队伍的‘双师’素质；另一方面要重视从企事业单位引进既有工作实践经验、又有较扎实理论基础的高级技术人员和管理人员充实教师队伍。学校在职务晋升和提高工资待遇方面，对具有‘双师’素质的教师应予以倾斜”。

2004年《教育部办公厅关于全面开展高职高专院校人才培养工作水平评估的通知》文件中尤其提到了“双师素质”教师的基本条件，双师素质教师是指具有讲师（或以上）教师职称，又具备下列条件之一的专任教师：①有本专业实际工作的中级（或以上）技术职称（含行业特许的资格证书及其有专业资格或专业技能考评员资格者）；②近五年中有两年以上（可累计计算）在企业第一线本专业实际工作经历，或参加教育部组织的教师专业技能培训获得合格证书，能全面指导学生专业实践实训活动；③近五年主持（或主要参与）两项应用技术研究，成果已被企业使用，效益良好；④近五年主持（或主要参与）两项校内实践教学设施建设或提升技术水平的设计安装工作，使用效果好，在省内同类院校中居先进水平。而且，该通知规定高职高专院校要达到C（合格），专业基础课和专业课中“双师”素质教师比例要达到50%，而要达到A（优秀），专业基础课和专业课中“双师”素质教师比例则要达到70%以上。至此，国家的政策文件中对“双师型”一词的界定的表述逐渐完整，即“包括具有讲师以上教师职称，并具有文件中所列1项条件的专任教师”，由此“双师型”教师被认为是具有“双师素质”的教师。

2002年开始，教育部先后发文，兴起了“双师型”教师队伍素质提升的专项计划，如在2007年教育部印发《关于“十一五”期间加强中等职业学校教师队伍建设的意见》中，提出“十一五”期间，要加大培训力度，提高教师队伍整体素质。实施“中等职业学校教师素质提高计划”，进一步加强骨干教师培训，造就一大批在教育教学工作中起骨干和示范作用的“双师型”优秀教师，带动教师队伍整体素质的提高。有学者认为，“双师型”教师应当是具有教师所应当具有的全面的职业素质，即一个专业教师既具有教师的职业素质，又具有其他行业的职业素质。①也有学者从素质结构的角度进行分析，认为“双师”素质一般包括政治思想素质、业务能力素质。②

“双师”素质说是从职业院校专任教师的基本素质出发进行分析，较好地贴近了“双师型”教师的成长与发展。可以发现，2000年以来的文件中对“双师”素质的要求都非常重视实践经历，甚至个别文件将实践能力与经历作为“双师型”教师的唯一要求，当然这种提法一定是与当时发展的状态有密切关系的。虽然“双师型”教师的内涵得以深化与延伸，但对其界定似乎更集中于具体操作的细则，即如何在实践中认定“双师型”教师，并不能将其完全等同于含义，而且有个别学者将“双师”素质等同于两种素质，仍需要进一步厘清与深化。

第三节 “双师型”教师概念的发展

随着学界对“双师型”教师理论的不断深化，政策文本的表述方式也越来越统一。2019年，国务院印发的《国家职业教育改革实施方案》指出，“双师型”教师是同时具备理论教学和实践教学能力的教师。但能力仅是对这一类教师所具有的素质的外在表现，只有素质不断提升，才能有能力的提高。同年，教育部等四部门联合印发《深化新时代职业教育“双师型”教师队伍建设改革实施方案》，指出同时具备理论教学和实践教学能力的“双师型”教师和教学团队短缺，已成为制约职业教育改革发展的瓶颈，强调要推进以双师素质为导向的新教师准入制度改革，要将体现技能水平和专业教学能力的双师素质纳入教师考核评价体系。提升教师“双师”素质已成为高质量双师型教师队伍建设的重要措施。

可见，“双师型”教师中的“双师”并不是指两种类型的教师，也不是简单地叠加两种能力，而是指一种素质结构，即对职业教育教师职业素质结构上的要求。任何职业院校的专业教师都应首先是“双师型”教师。

一、“双师型”教师的特征

（一）“双师型”教师职业角色的跨界性

职业教育作为一种教育类型，是一种跨界的教育。“职业教育以学校与企业

① 贺文瑾.“双师型”职教教师的概念解读（下）. 江苏技术师范学院学报（职教通讯），2008（8）：49-51.

② 司继雷，王绍玉，宋传国.“双师型”教师的素质与培养. 卫生职业教育，2001（8）：33-34.

联姻的跨界合作为其协同育人的结构形式，因此必须有跨界的思考。”[①]职业教育所具有的职业性属性让它兼具教育场域与职业场域的双重功能。作为支撑职业教育发展的“双师型”教师队伍同样具有跨界性的本质特征，“双师型”教师应既能在学校从事教育教学工作，也能在行业企业承担相关岗位的职业工作。“双师型”教师的认定与培养也应当建立跨界模式，在认定标准的确定中，应将教育标准与行业企业标准相结合；在培养中，应融入教师教育、高等教育、职业教育的培养规格和要求。需要注意的是，“双师型”教师的跨界性并不是将职业角色简单地分离与割裂为两种角色，而是一种新型资源的融合，实现相互汲取与共享。因此，“双师型”教师认定[②]也不能将相关要求简单地割裂为教育标准与行业企业标准，应从融合发展的角度寻求跨界认定的思路，鼓励“双师型”教师进行跨界学习与工作。

（二）“双师型”教师知识结构的复合性

专业化教师应当具备的知识结构是一个非常复杂的网络[③]，只有具备相应的知识结构，才能保证其专业性的发挥。因此，“双师型”教师要具备“双师”的知识结构，才能保证其专业性。“双师型”教师作为复合型的教育活动者，必然也是具有复合知识结构的统合者。“双师型”教师知识一般包括专业知识、教育知识和职业知识[④]，体现的是“双师型”教师的专业性、师范性、职业性。专业知识即对胜任专业教学所具备的专业基本理论和知识。教育知识即教育的基本理论知识，包括教育学、心理学、专业教学论等相关知识。职业知识即对职业院校学生未来所从事的职业实践和工作过程有直接联系的职业工作知识。知识是能力、素质形成的基础。根据有关学者对“双师型”教师专业化整体能力结构模型的建构[⑤]，“双师型”教师内涵与专业化的重点聚焦于教师的教育教学能力，教育教学能力聚焦为两类：一是对职业教育教师和普通教育教学的共性要求，即具备教授专业知识与掌握并运用相应的教育学、心理学和教学法去传授与专业教育相关知识的能力；二是对职业教育教师特殊的要求，即具备传授职业性知识（职业道德、职业技能和职业知识）、职业实践活动经历的能力以及掌握和运用职业教

---

① 姜大源. 跨界、整合和重构：职业教育作为类型教育的三大特征—学习《国家职业教育改革实施方案》的体会. 中国职业技术教育，2019（7）：9-12.

② “双师型”教师认定，有时也表述为“双师型”教师资格认定，本书未做强行统一，特此说明。

③ 万文涛. 论专业化教师的知识结构. 教育研究，2004（9）：17-19.

④ 赵文平. 职业院校“双师型”教师知识结构探讨. 职业技术教育，2012（25）：38-42.

⑤ 吴全全. 职业教育“双师型”教师基本问题研究——基于跨界视域的诠释. 北京：清华大学出版社，2011：34.

育学、职业教育教学法与专业教学论进行职业教育教学的能力。在此基础上，可将这专业知识、教育知识和职业知识的教师知识进行整合，形成“双师型”教师知识结构，即基于职业的专业理论知识、基于职业的专业理论的职业实践知识、基于职业的教育理论、基于职业的教育理论的教育实践知识。[①]

（三）“双师型”教师专业发展的实践性

职业教育是面向能力的实践教育，实践教育是职业教育区别于其他类型教育的显著特征。“双师型”教师作为面向职业教育人才培养的教师类型，必然重视“双师型”教师职业能力的提高，强调“双师型”教师专业发展中的实践导向，这种实践导向则成为“双师型”教师区别于普通教育教师的重要特征。职业教育的跨界性特征要求“双师型”教师同样具有跨界性，从学校场域走进职业世界，这就要求“双师型”教师在本专业领域掌握较广的职业实践能力，并具备一定的实践经验，凸显“双师型”教师运用基于职业的专业理论的职业实践知识与基于职业的教育理论的教育实践知识的能力。其中，实践性知识并不是日常所指的程序性知识，它包括“教师在教育教学实践中实际使用和表现出来的知识（显性的和隐性的），除了行业知识、情境知识、案例知识、策略知识、学习者知识、自我知识、隐喻和映像外，还包括教师对理论性知识的理解、解释和运用原则”[②]，而且这种知识只能通过个体的实际体验才能获得，如与行业实践紧密结合的知识就需要在真实的情境中才能获得。因此，这种需求就会使得在“双师型”教师专业化的过程中更加侧重实践教育的实施，如“双师型”教师行业企业实践挂职的要求、科技成果转化的要求、行业企业项目的申报等实践要求，以此来提升“双师型”教师的能力素质。

二、“双师型”教师素质的构成

“双师型”教师素质是指教师在职业教育教学中所体现出来的素质要求。“双师型”教师素质具备一般教师的普遍特征，同时又受到职业教育的特点及职业院校学生发展需求的影响，体现明显的职业教育特色。在有关“双师型”教师素质结构的研究中，许多学者进行了探讨。例如，有学者认为教师素质既包括具有的专业知识和教育教学能力，又包括教师在人格方面的素质，进而将教师素质分为

---

① 吴全全. 职业教育“双师型”教师基本问题研究——基于跨界视域的诠释. 北京：清华大学出版社，2011：103.

② 陈向明. 实践性知识：教师专业发展的知识基础. 北京大学教育评论，2003（1）：104-112.

知识结构、能力结构和人格结构。[①] 有学者将其划分为专业知识、专业能力和专业伦理三个维度。[②] 也有学者认为“双师型”教师应向“三师型”教师转变，即具备专业理论知识、专业实践和操作能力以及职业指导能力三个最基本的素质结构。[③]

基于相关理论研究与建设高素质“双师型”中等职业学校教师队伍的实际需求，教育部于 2013 年印发《中等职业学校教师专业标准（试行）》（以下简称《专业标准》），《专业标准》是国家对合格中等职业学校教师专业素质的基本要求，即对中等职业“双师型”教师的基本素质要求。在《专业标准》中，它将中等职业学校教师素质划分为专业理念与师德、专业知识、专业能力三个维度。2021 年，教育部出台《中等职业教育专业师范生教师职业能力标准（试行）》（以下简称《能力标准》），《能力标准》研制对标师范类专业认证标准的“毕业要求”，按照“一践行，三学会”（践行师德，学会教学、学会育人、学会发展）的基本框架进行设计，明确了中等职业教育专业师范生教师职业基本能力。这是对“双师型”教师职前培养标准的确定。《能力标准》对未来将从事职业教育工作的师范生提出了四大能力要求，即师德践行能力、教学实践能力、综合育人能力和自主发展能力，这四大能力也是对“双师型”教师提出的基本能力要求。

对照相关理论研究与出台的政策文本可以发现，在对职业院校教师素质结构的划分上，持一致意见的是专业知识与专业能力，不同见解主要在于专业理念与师德、职业指导能力、育人能力等方面的归类。知识是能力的基础，能力是素质的外显体现。《能力标准》中的各项能力可视为能力结构中的具体体现。除了知识与能力的外在表征，还有内化于教师内在的隐性素质，包括师德、职业道德、教育情感、教育价值观等，根据有关学者的研究，可将其归属为人格结构。[④]综上所述，可将“双师型”教师素质划分为具有内隐特征的人格结构与外显表现的知识结构和能力结构。对内隐特征的人格结构各类维度水平的评价，则很难通过量化的方式进行，只能通过其外显的行为来衡量，这种行为在一定程度上又是通过知识与能力的表现来体现的。

三、“双师型”教师认定的概念延展

从以往的研究中，“双师型”教师的概念界定可以大致分为两个方向：一是

---

① 和震. 中等职业学校教师素质状况与提高策略. 教育研究，2010（2）：84-88+94.

② 苏志刚. 论高等职业院校教师专业素质三维结构. 中国高教研究，2013（12）：73-76.

③ 刘扬军，何晓民. 职业院校“三师型”教师的素质结构及其培养模式研究. 职教论坛，2011（16）：71-73+77.

④ 和震. 中等职业学校教师素质状况与提高策略. 教育研究，2010（2）：84-88+94.

从学理的层面对“双师型”教师进行研究与界定；二是从实践操作的层面对“双师型”教师进行研究与界定。第二种实际上是去具体区分何种类型的教师才是“双师型”教师，或者说有哪些标准和要求可以判断“双师型”教师，即向“双师型”教师认定的方向发展。2019年前，各省份出台的相关认定办法对“双师型”教师的概念还并不统一，出台认定办法的大部分省份直接用具体标准和要求来代替对其概念、内涵的说明，个别省份也有比较明确的概念。例如，2017年，广西教育厅印发的《关于全面开展广西中等职业学校“双师型”教师认定工作的通知》提出，“双师型”教师是指具有较高的教育教学水平和较强的职业技能，具备教师专业资格证书和相应职业资格证书或技术等级证书的复合型人才。可见，它的出发点是如何将“双师型”教师概念进行量化表述以及可操作化。2019年后，各省份出台的认定文件主要是根据《国家职业教育改革实施方案》中有关“双师型”教师的提法，即同时具备理论教学和实践教学能力的教师，例如，2020年北京教委印发的《北京市职业院校“双师型”教师认定办法（试行）》、2022年新疆教育厅印发的《新疆维吾尔自治区职业院校“双师型”教师认定及管理办法（试行）》均为此内涵界定。

不同的内涵表达就会形成不同的认定标准，部分省份职业院校“双师型”教师认定办法中的内涵界定与主要标准如表1-2所示。

表1-2 部分省份职业院校“双师型”教师认定办法中的内涵界定与主要标准构成

序号	文件名称	“双师型”教师内涵界定	主要认定标准
1	《安徽省高等职业院校“双师型”教师认定办法（试行）》	无	高校教师系列专业技术职务资格条件 专业实践能力条件
2	《广西中等职业学校“双师型”教师认定标准》	“双师型”教师是指具有较高的教育教学水平和较强的职业技能，具备教师专业资格证书和相应职业资格证书或技术等级证书的复合型人才	必备条件 拓展条件 破格条件
3	《福建省职业院校“双师型”教师认定指导性标准（试行）》	无	基本条件 自选条件（以实践能力条件为主）
4	《江西省高等职业院校“双师型”教师认定标准（试行）》	无	高校教师系列专业技术职务资格条件 专业实践能力条件 破格条件
5	《吉林省职业院校“双师型”教师认定标准》	无	基本条件 教学能力条件 实践能力条件
6	《北京市职业院校“双师型”教师认定办法（试行）》	“双师型”教师是指职业院校同时具备理论教学和实践教学能力的专业课教师	基本条件 实践教学能力

续表

序号	文件名称	“双师型”教师内涵界定	主要认定标准
7	《新疆维吾尔自治区职业院校“双师型”教师认定及管理办法（试行）》	“双师型”教师是指职业院校同时具备理论教学和实践教学能力的复合型专业课教师	基本条件 自选条件（以实践教学能力条件为主）

从表 1-2 各省份的认定标准构成可见，广西的“双师型”教师标准中界定了“双师型”教师内涵，标准也是依照教育教学能力与职业技能的双重内涵进行编制的。福建、江西、吉林的认定标准中虽然没有对“双师型”教师的内涵界定，但认定标准大多是围绕教学能力与实践能力条件编制的。认定标准侧重通过双重能力来体现“双师”的应然素质构成。2019 年后，个别省份出台的认定标准中，就将“双师型”教师内涵进行了统一，即同时具备理论教学和实践教学能力的专业课教师，如北京、新疆。不同之处在于，双重能力由“教学+专业实践”转换为“理论教学+实践教学”，内涵界定更为清晰与具体化。

同时，内涵界定不同也会影响具体标准的编制。例如，《北京市职业院校“双师型”教师认定办法（试行）》文件中，关于实践教学能力的认定条件有两个条件表述为“有累计 3 年以上与所从事教学专业相关的行业企业从业经历”“近 5 年参加省级或国家级职业院校‘双师型’教师培养培训基地组织的连续不少于 4 周的‘双师型’教师培训，其中含连续不少于 2 周的企业实践活动，并取得‘双师型’教师培训合格证书”。那么，类似的条件在以往认定条件中一般表述为“近 5 年，具有累计 6 个月以上到企业或生产服务一线实践或工作的经历，或累计 1 年以上在校内外实践基地从事本专业的实际工作经历”以及“参加过省级教育行政部门组织的国家级、省级专业骨干教师培训并通过考核合格”。从前者看到，由过去单纯谈的企业实践经历正在向强调从事教学专业相关的企业实践才是有效的；从后者可以看到，由过去谈的教师培训合格证书正在向强调必须包括相应的企业实践活动，说明教学与专业实践正在融合。因此，根据“双师型”教师内涵的明确，未来“双师型”教师认定可能向以下方向发展。

（1）分级分类的“双师型”教师认定

“双师型”教师认定最终将落在职业院校教师专业化发展的目标上，通过认定形成“双师型”教师的资格准入、聘用考核制度，畅通职业院校教师职业发展之路。因此，认定最重要的核心原则就应是“以教师为本”。那么，在设计“双师型”教师认定标准时，应考虑其发展的上升路径，对标准进行动态调整，同时设置类似初级、中级、高级等不同等级的“双师型”教师资格体系，引导职业院校教师向专家型教师发展。另外，由于“双师型”教师的来源广泛且复杂，应充分考虑不同类型教师的不同能力的差距。在认定标准中，应对不同来源的教师进行分类评估，标准编制应呈现特色化。

（2）由专业实践转向实践教学的“双师型”教师认定

根据对“双师型”教师内涵的解读，“双师型”教师的实践教学能力既包含专业实践的水平与能力，也包含将专业实践能力转化为教育教学实践能力，也就是说，“双师型”教师不仅要具备专业实践能力，还要能够讲授与示范（即教学能力的体现）。而在以往对“双师型”教师的能力培养中，总是将能力培养的重点放在专业实践能力上，往往忽视了教师将专业实践能力转化为实践教学的能力。在认定标准的文件中，更是简单地将专业实践能力与教学实践能力进行分割，而在后续的认定文件中，将侧重思考如何将二者进行融合，思考相应指标要求的体现。而对认定标准、认定指标的明确将会进一步影响“双师型”教师的培训与成长路径。

（3）三性融合的“双师型”教师认定

在以往“双师型”教师认定文件中，总是分开设计教学能力与专业实践的认定标准，较少强调专业实践与教学的转换，几乎没有涉及教学、专业、职业三者的融合。根据“双师型”教师的特征，“双师型”教师是具备复杂性知识结构的特色类型教师，集师范性、专业性、职业性于一体的知识结构。那么，它所外显的能力也必然是复合型的，也需要在标准中有所体现。例如，在《专业标准》文件中，专业能力中的教学设计能力有一项标准是“基于职业岗位工作过程设计教学过程和教学情境”；又如，专业能力中的教学实施能力有一项标准是“运用讲练结合、工学结合等多种理论与实践相结合的方式方法，有效实施教学”。其中所体现的就是三性融合的标准设计理念。

（4）校企双方参与的“双师型”教师认定

校企双方参与认定的可能性来源于“双师型”教师的跨界性特征，这种跨界要求教师既可以在教育场域从事教学活动，也可以在职业场域从事职业活动。跨界性要求教师进行双重学习，也要求培养单位对其进行双重培养。既然是校企双方共同培育“双师型”教师，那么行业企业也应参与到“双师型”教师的认定、评价中，并由行业企业为“双师型”教师的专业实践活动承担提供场所、培训师资、技能考核、实践鉴定等任务。

第二章 “双师型”教师认定理论探寻

近年来，“双师型”教师资格认定的理论研究与实践推进日益成熟。从根本上说，它的主要目的在于促进职业教育“双师型”教师队伍数量与质量的整体提升以及更好地满足职业教育教师个体发展的需求。因此，“双师型”教师资格认定的形成与落地绝不是随意猜想的问题，它需要建立在坚实的理论依据与实践经验的基础上才能得以发展，需要遵循职业教育教师发展、经济发展、人力资源管理制度等理论的一般规律才能得以实现。只有寻找出支撑“双师型”教师资格认定的理论依据，才能保证“双师型”教师资格认定制度的形成“有价值可现”“有理可依”“有步可循”。

第一节 职业教育教师专业化理论与“双师型”教师资格认定

构建“双师型”教师认定的根本宗旨是为职业教育教师队伍的完善建设提供制度支撑，它不仅对职业教育的整体发展有促进作用，还对从事职业教育的教师的未来发展有导向作用。职业教育教师专业化的已有研究对“双师型”教师资格认定制度研究有重要意义。

一、职业教育教师专业化的内涵

“教师专业化”的概念在20世纪60年代开始出现，我国是在20世纪90年代末开始兴起对教师专业化的研究。“专业化是一个社会学概念，其含义是指一个普通的职业群体在一定时期内，逐渐符合专业标准、成为专门职业并获得相应的专业地位的过程。”[①]从专业化的定义可见，专业化需要有某个职业作为载体，

---

① 曲铁华，冯茁. 专业化：教师教育的理念与策略. 教师教育研究，2005（1）：10-15.

面向的是相关职业群体，衡量的依据则是其专业标准。不同的职业群体需要达到相应的专业标准并能获得一定的专业地位。从教师所从事的教育事业来看，教师作为稳定的职业群体，有相当的专业地位，符合专业化的概念界定。因此，有学者认为，“教师专业化，是指教师在整个专业生涯中，通过终身专业训练，习得教育专业知识技能，实施专业自主，表现专业道德，并逐步提高自身素质，成为一个良好的教育工作者的专业成长过程”[①]。从这个概念中可以看出，教师专业化的最终目标是使教师成为良好的教育工作者，具体表现为教师获得进行教育教学的能力，可实现专业自主，具有专业道德。实现这一目标的手段就是通过终身专业训练，逐步提高自身素质。这些要求是针对所有教师而言的，从个体角度看，它是需要每个个体都能实现专业不断发展的过程；从群体角度看，它是期望教师这个职业群体可以通过不断提高的专业化水平而获得社会不断认可的过程。

我国对职业教育教师专业化的关注到21世纪初才开始出现，比较有代表性的观点有如下几种。

第一，职业教育教师专业化是一个职业教育教师职业化的过程。[②]职业性是职业教育与普通教育的主要区别，姜大源认为，“职业教育的职业属性集中体现为职业性原则”[③]，“职业的内涵既规范了职业劳动（实际从事的社会职业或劳动岗位）的维度，又规范了职业教育（用于教学的专业设置、课程开发和考核评价）的标准”[④]。职业性又直接决定着职业教育教师所应具备的职业教育教学的知识结构与能力素质，即职业教育教师专业性的重要体现。因此，职业化可从两个角度理解：一方面，从教师职业的普遍性看，不断提高的教师专业化水平将越来越贴近教师的标准，不断获得的知识与能力也将越来越满足教师岗位的要求；另一方面，从职业教育教师的特殊性看，职业化是教师教育与社会职业的融合，如德国职业教育专业也被称为“教育职业”（Ausbildungsberuf），即“职业专业”，而非“学科专业”。职教师资培养更加注重教师通过教育教学对职业所需的知识与能力的转换。

第二，职业教育教师专业化是“双师型”教师特征凸显的过程。“‘双师型’教师”是具有我国职业教育特色语境的名词，它主要是指既具有理论教学又具有实践教学能力的职业院校教师，重点体现了我国职业院校教师培养的人才规格。

---

① 连榕. 教师专业发展. 北京：高等教育出版社，2007：17.

② 连榕. 教师专业发展. 北京：高等教育出版社，2007：17.

③ 姜大源. 职业教育学研究新论. 北京：教育科学出版社，2007：10.

④ 姜大源. 职业学校专业设置的理论、策略与方法. 北京：高等教育出版社，2002：10.

在特点方面，有学者认为"'双师型'特征是由职业教育教师从事职业的特点决定的，即职业教育及其教育教学的特殊性决定的"[①]。也就是说，职业教育教师不仅要具备普通教育教师的专业化，还应具备职教师资培养的特殊性；不仅具备教育教学能力，还应具备职业实践基础；不仅有职业教育基本理论的知识，还应有相关专业和职业工作过程知识。可见，"双师型"教师特征凸显的过程是对职业院校教师专业化要求具体细化的过程。

第三，职业教育教师专业化是一个职业教育教师的管理和培训制度化的过程。[②]"专业化"一般是指个体从事某个职业的专业能力不断提高的过程，即职业人从新手成长为专家的过程。但是，一个成长过程的实现绝不能仅仅依靠碎片化的培养或自我修炼，还需要一整套科学合理的管理体系与培训制度。职业教育教师专业化的过程除了个体的不断努力外，还是由多种主体共同作用的过程，其中就包含职业院校教师所受到的外在影响。最直接的影响来源于与教师相关的若干管理制度，包括目标引领、激励、保障、评价考核制度等。例如，有研究者提出三点保障措施：其一，职业学校要把"双师型"师资队伍建设纳入学校教育发展的总体规划，建立继续教育的培训制度，根据教师的年龄、学历、经验制定出具体的培训计划，要对不同情况区别对待；其二，通过职业学校与产业部门联合办学，提高他们的专业实践技能；其三，充分运用补贴、晋升职称、合理调配等方法，努力为"双师型"教师营造良好的工作、学习、生活和发展氛围。[③]虽然内生动力是决定性作用，但外在动机的作用也不能小觑。

每位教师经历师资或专业培养后进入教师岗位，就开始了教师的职业生涯：首先都是一名新教师。新教师不断在专业上提升，这种提升既源于个体对专业成长的需要，也源于外在提供的学习平台，最显著的表现就是教师需要根据成长的不同阶段参加相应的培训。职业教育教师专业化水平的提升一定与教师职后的培训质量密切相关。因此，对职业院校教师的管理与培训设计必须贯穿教师的整个职业生涯。

二、职业教育教师专业标准

在对教师专业化的研究中，"教师"并不仅仅指代一个群体，还代表着教师这一职业，教师专业化研究实质上是在研究教师职业的专业化。一个职业经过发

① 王继平."双师型"与职业教育教师专业化. 中等职业教育，2009（2）：3-7.

② 郑秀英. 职业教育教师专业化发展问题研究. 天津：天津大学，2010.

③ 王文龙，张磊，徐文秀."双师型"教师培养对策研究. 长江工程职业技术学院学报，2001（1）：27-28.

展、分化，最终会走向专业化的路径。教师职业的专业化也走过了相同的路径。1966 年，联合国教科文组织和国际劳工组织发表《关于教师地位的倡议》，明确提出“教育工作应被视为一种专业”。此后，“教师专业化”由 20 世纪 60 年代的社会倡议演变成 20 世纪 80 年代后的国家运动。“职业专业化是指一个职业（群体）经过一段时间后成功满足某一专业性职业标准的过程。”[①] 可见，教师专业标准是确立和提升教师专业地位的重要前提，是评价教师教学质量的必要依据，也是建立教师教育标准体系的核心内容。建立客观、科学的教师专业标准是教学成为一门专业的基本标志。那么，教师专业标准一般是指对于教师在教学实践中需要展现出的最重要的应知应会内容的描述；是可测量或统计的，能将优秀和一般、高效的和低效显著区分开来教师特有的与众不同的知识、技能、情感态度及价值观。[②] 例如，21 世纪初，德国开始进行教师教育改革，其中一项重要的改革内容就是研制教师标准，提高教师培养质量。2004 年，由 KMK（德国各州文化部长联席会议）研制并发布的《教师教育标准》被视为 21 世纪德国教育改革的核心任务，它明确描述了教师职位的要求与能力培养指标，并对相关能力领域的课程进行了说明。《教师教育标准》中明确了教师的 5 项任务，罗列了教师所应具备的 4 个专业领域的 11 种能力，并对每种能力具体提出了所应达到的理论标准与实践标准要求，清楚地阐明了一名教师所应具备的能力素质。

因此，职业教育教师专业化水平也离不开其专业标准的研制与实施，而职业教育教师的专业性职业标准也将成为衡量职业教育教师专业化的依据。2013 年，教育部印发《专业标准》，明确了该标准是国家对合格中等职业学校教师专业素质的基本要求，是中等职业学校教师开展教育教学活动的基本规范，是引领中等职业学校教师专业发展的基本准则，是中等职业学校教师培养、准入、培训、考核等工作的基本依据。《专业标准》将标准体系分为基本理念、基本内容、实施要求三个部分：基本理念包含师德为先、学生为本、能力为重、终身学习四个方面；基本内容划分为专业理念与师德、专业知识、专业能力三个维度，也是对中等职业学校教师所应具备的能力素质的详细说明；实施要求则对各级教育行政部门、开展中等职业学校教师教育的院校、中等职业学校、中等职业学校教师提出了要求。

综上，职业教育教师专业标准则是在一般教师专业标准的基础上，对“双师型”教师所应具备的专业结构、能力素质、教育行为等方面的综合规定，因为

① 邓金. 培格曼最新国际教师百科全书. 教育与科普研究所编译. 北京：学苑出版社，1989：542.

② 熊建辉. 教师专业标准的国际经验. 北京：北京师范大学出版社，2014：26.

“双师型”教师的专业性标准才是区分职业教育与普通教育师资专业标准的依据。有学者认为，“具有‘双师型’特征的职业教育教师专业标准是对‘双师’的认定依据，是衡量和指导‘双师型’教师教育教学行为的指南，是培养培训‘双师型’教师的方向”①。这些有关职业教育教师专业标准的研究给我们思考、研究和编制“双师型”教师认定文件提供了启示。

三、职业教育教师专业化使“双师型”教师资格认定构建“有价值可现”

（一）职业教育教师专业化要求催发了“双师型”教师资格认定的产生

近年来，职业教育迅速发展，现代职业教育体系初具雏形，职教师资培养培训日益受到重视。教育部等四部门联合印发的《深化新时代职业教育“双师型”教师队伍建设改革实施方案》中提出，要“坚持以习近平新时代中国特色社会主义思想为指导，贯彻落实习近平总书记关于教育工作的重要论述，把教师队伍建设作为基础性工作来抓，支撑职业教育改革发展，落实立德树人根本任务，加强师德师风建设，突出‘双师型’教师个体成长和‘双师型’教学团队建设相结合，提高教师教育教学能力和专业实践能力，优化专兼职教师队伍结构，大力提升职业院校‘双师型’教师队伍建设水平，为实现我国职业教育现代化、培养大批高素质技术技能人才提供有力的师资保障”。这也是对职业教育教师专业化水平亟需提升的现实映照。虽然改革开放以来特别是党的十八大以来，职业院校师资队伍建设发展迅速，但在建设过程中仍然存在一些问题，如生师比不高、师资质量参差不齐、“双师”素质不突出、培养培训机制不健全等，职业教育教师专业化程度与普通教育教师专业化程度还存在一定距离。认真分析其产生的原因不难发现，无不与职业教育教师专业发展意识不强、专业发展方向不明、专业发展内容针对性不强、专业发展制度不完善等有关。

那么，如何才能让职业教育教师专业发展规范、有序、有效地进行也就成为职业教育教师专业化研究的重点，而“双师型”教师资格认定作为专业化发展的保障制度应运而生。例如，在广西“双师型”教师资格认定文件中，有对“双师型”教师概念的明确界定，有不同层级“双师型”教师资格的要求标准，也有对专兼职“双师型”教师的不同要求等。可以看出，“双师型”教师资格认定必须在满足职业教育教师专业化发展的要求、专业标准、教师培养培训需要的基础上

① 吴炳岳，等. 职业院校“双师型”教师专业标准及培养模式研究. 北京：教育科学出版社，2014：121.

进行构建，旨在通过制度的建设为职业教育教师指明专业发展的方向，提升专业发展意识，明确专业提升路径等，从整体上提高职教师资质量。

（二）职业教育教师专业化价值取向为“双师型”教师认定指明方向

专业化是职业教育教师专业发展的价值取向，专业化既代表一个发展过程，也代表一种追求目标，它所关注的是从事职业活动的个体或群体的能力结构、层次或样态。专业化程度是职业教育教师不同发展阶段的衡量标准。职业教育教师专业化不仅需要确立教学工作的专业性地位，还应确立与其职业相关的职业标准。它的目标既是促进职业教育教师队伍质量的提升，也是促进职业教育教师个体的专业成长。“双师型”教师的认定也应以教师专业化发展为基本导向，考核评价不是终极目标，而是协助教师走完专业化发展的各个阶段。在“双师型”教师资格认定文本的研究中，应充分考虑教师发展的真正需要，结合职业教育办学的具体实际，最大限度地激发职教师资从教的动力与热情。由于职教师资来源的特殊性，不能仅从学历、职称或按照师范培养的标准来进行认定，还要考虑其以往的职业经历、所参与的企业项目及获得的技术技能类的荣誉等。对于从教后的教师，由于其“双师”的特殊性质，不仅要考察教学工作所获得的成绩，还要考虑其在专业、发明专利、企业实践等方面的成就与工作。基于职业教育教师个体发展的现实性，应在认定的实践中把握好对以往经历、现实工作状况、未来发展空间三个方面的考量，尽可能着眼于每位职业教育教师的发展。

（三）职业教育教师专业化制度为“双师型”教师资格认定确立制度保障

专业化是职业教育教师专业发展的必然选择，是职业教育教师成长为专家型教师的必经路径。《职业教育法》提出，“各级人民政府应当采取措施，加强职业教育教师专业化培养培训，鼓励设立专门的职业教育师范院校，支持高等学校设立相关专业，培养职业教育教师；鼓励行业组织、企业共同参与职业教育教师培养培训”。职业教育教师专业化不仅指教师专业技能、专业水平、专业态度、专业精神的提高，还包括教师培养培训的专门化。因此，职业教育教师专业化的实现过程是一个内在条件与外在条件相互促进的过程，其中，外在条件就是专业化制度的导向与激发。

目前，教师专业化建设的一项基本制度就是教师资格制度。通过教师资格制度，能够控制教师职业准入，提高教师质量，保证教师任用的科学化、规范化和标准化。然而，教师资格制度是对所有教师入职的准入要求，对职业教育教师的资格认定还不具有典型的职业特征。因此，要研究制定职教教师的资格认定办法，严格职教教师的准入制度，要特别强调只有接受过系统职教教师教育训练的合格人员才能从事职教教师职业。“双师型”教师资格认定制度则是对职业教育教师专业化进行了制度上的完善，凸显了职业教育教师的特殊性，也为职业教育教师未来的专业发展之路指明了方向。

第二节 人力资本理论与“双师型”教师资格认定

人力资本理论是将资本的概念运用于人，揭示人的能力发展的内生机制及其与经济运行各方面的相互关系，它常常运用于与经济相关的多个领域。职业教育人才培养与经济发展的关系紧密，它培养的各个层次的技术技能型人才对当今产业转型、经济良性发展有着极为重要的意义。对作为培养人才生力军的职业教育教师而言，其作用更是不言而喻。因此，如何对职业教育教师人力资本进行有效开发是关乎职业教育、经济发展的重大问题。

一、人力资本的概念

20 世纪 50 年代末，人力资本思想萌芽，20 世纪 60 年代，在特定历史条件下，人力资本应运而生，如今，人力资本理论蓬勃发展，经过 60 多年的理论研究与实践探索而不断充实与完善，对社会经济、教育改革以及人的发展都产生了重要影响。[①] 20 世纪 60 年代后，经济学家才正式提出“人力资本”的概念，对人力资本进行界定，并将其要素进行分类。舒尔茨是最早进行人力资本研究的学者之一，他于 20 世纪 50 年代就发现人力资本理论的重要性，并发表了关于人力资本的开创性文章，包括《人力资本投资》《教育与经济增长》《对人投资的思考》等。传统经济学理论认为，土地、资本和劳动投入是经济增长的因素，其中土地相对固定，因此，经济增长的模型主要包括资本和劳动力两个因素。但舒尔茨从实证中发现，从实物资本、自然资源和劳动力三个方面，并不能完全解释生产力的提高。他经过逻辑推理分析认为，人力资本是促进经济增长的重要生产要素。人力资本往往是指通过人力资本投资所开发形成的人的各种能力的总和。[②]

① 徐峰，崔宇馨. 本科层次职业教育的作用机理与优化效用——基于人力资本理论视角的分析. 现代教育管理，2021（2）：105-111.

② 张凤林. 人力资本理论及其应用研究. 北京：商务印书馆，2006：63.

人力资本一般划分为三种形态：一是体能或身体素质；二是智能或科技文化素质；三是德行或道德素质。一个人在这三方面的素质越高，其人力资本的含量就越高。[①] 人力资本理论指出，在受教育的过程中，人们所得到的知识和能力同样是一种资本，该资本就是人力资本，区别于物质资本，在一定程度上，人力资本和物质资本都有相类似的属性。人力资本的质量更高，收益率也更高，因此人力资本是更为重要的一项资本。[②] 人力资本理论的研究重在把人口质量作为一种资本资源，旨在通过人力资本开发突破原有传统资本的局限，提升某个领域群体、劳动力的人口素质，从而促进社会经济的发展。通过对人力资本的形成、人力资本的运用与管理、人力资本如何促进经济增长等人力资本内容的研究，可以让我们深入思考如何促进“双师型”教师人力资本的深度开发，实现“双师型”教师队伍素质的整体提高与人才储备。

二、人力资本投资的形式与应用

人力资本与物质资本不同，具有自身的特殊性，人力资本投资与物质资本投资自然也存在明显区别。舒尔茨就曾尝试对人力资本投资的大小进行估算，进而提出人力资本投资的若干形式：第一，医疗和保健，指的是通过对医疗、卫生、营养、保健等服务进行投资来恢复维持或改善提高人的健康水平，进而提高人的生产能力；第二，在职人员的培训；第三，正式建立起来的初等、中等和高等教育；第四，不是由企业组织的那种为成年人举办的学习项目；第五，个人和家庭适应变换就业机会的迁移。[③] 前四项是通过各种支出及投资提高一个人的健康水平与知识技能等生产力水平来积累人力资本，最后一项则是关于如何最有效地利用一个人的生产能力。这里，我们可以清楚地看到人力资本投资的范围与内容：既包括在校学习人员，也包括在职人员、继续教育人员、再就业人员；既包括医疗保健的投资，也包括文化知识、技能技术、新科学技术等方面的投资；既包括学校教育类型，也包括企业培训等。职业教育教师是支撑职业教育发展的主要力量，职业教育教师投资也是重要的人力资本投资，而且与它最为密切相关的就是教育投资与企业培训。

---

① 张凤林. 人力资本理论及其应用研究. 北京：商务印书馆，2006：64.

② 王增武，张晓东. 人力资本理论文献综述. 江苏师范大学学报（哲学社会科学版），2022（3）：97-110+124.

③ 西奥多 • W. 舒尔茨. 论人力资本投资. 吴珠华，等译. 北京：北京经济学院出版社，1990：9-10.

（一）人力资本投资中的教育投资

教育投资是人力资本投资重要的组成部分，是人力资本论的核心内容。舒尔茨认为，教育不是投资，而是消费。教育是从“消费性事业”转向“生产性事业”。著名的美国经济学家贝克尔主张重视正规教育和职业培训投资的重要性，认为人们对于自己或孩子的教育投资是形成人力资本的重要因素。其在解释年龄-收入曲线中提出重要论点，即高技能与高学历人群的年龄收入之所以更陡峭，是因为人力资本投资随着年龄的增长会大幅度提高收入水平，这也意味着拥有较高学历和技能的人更可能得到长足性的发展。[①]教育投资是指以一定的成本支出为代价来获得在各种正规的学校里系统地接受初等、中等、高等文化知识教育的机会这样一种智力活动。[②]学校是作为专门从事教育活动的机构，有专门的人员和固定的场所，旨在对个体进行有目的、有系统、有组织的，以影响其身心发展的社会活动，换言之，它是专门培养不同类型的人才、专门开发人力资本的组织。人力资本的主要来源是教育投资，人力资本质量的高低取决于教育投资的时间和质量。但是，教育投资的时间与质量因素不应过于偏重一方，而应使二者达成一个良好的平衡，也就是说，教育投资既要考虑提高人口的平均受教育年限，也要保证教育投资的质量和水平。对于职业教育教师系统化培养而言，教育投资仍然是其主要途径，既要保证其师资培养的教育年限，也要保证其培养的质量。

（二）人力资本投资中的职业培训

学校教育投资是促使个体通过完成正规教育而获得系统化理论、技能知识的投资，即通过教育提升受教育者的人力资本水平。职业培训投资又称为非正规教育投资，主要是指在正式的学校以外，由企业或其他机构为职工提高生产技术、学习和掌握新技能而举办和提供的教育与培训，各种技术培训、学徒制、现场技术师范、跟岗实践等都属于此种投资形式。职业培训投资可视为学校教育投资的补充，劳动者从事一个职业后，人力资本积累更多来源于职业培训。可见，对于职业教育师资的人力资本投资，除了学校教育的投资外，更多来源于职后的职业培训，它需要更贴近教师的教育教学实践。教师的职业培训不仅可以由学校提供定期培训机会，也可以由学校以外的企业或其他机构为教师提供技术技能、科学技术等教育与培训，且在企业实践是不能忽视的重要经历。培训形式可以分为多

---

① 徐峰，崔宇馨. 本科层次职业教育的作用机理与优化效用——基于人力资本理论视角的分析. 现代教育管理，2021（2）：105-111.

② 张凤林. 人力资本理论及其应用研究. 北京：商务印书馆，2006：66.

种方式，如跟岗学习、脱产学习、企业实践、理论学习等。培训需求可根据学校发展实际、生产技术发展实际、个人成长实际等内容来制定。

由此可知，从事在培养技术技能型人才一线的职业教育教师不能忽视教育投资与企业培训的双重效能。职业院校教师不仅要了解本专业的理论性知识，掌握教学方法与技巧，而且要熟悉相关职业工作过程对技术、标准、流程、操作的要求；不仅要将行业企业的资源引入课堂，而且能针对真实的工作岗位进行操作示范。只有“双师”特性突出的教师才能胜任职业教育教学工作，只有充分享有学校学习与企业锻炼的教师才能对接市场岗位的要求。企业因素是职业院校教师人力资本形成的主要媒介。因此，在研究“双师型”教师资格认定体系中，应考虑将企业锻炼、学习经历作为认定的硬性条件，对于企业工作、技能水平及其突出的情形，可置于拓展条件中，以此凸显在“双师型”教师培养过程中教育投资与职业培训的同等重要的地位。

三、人力资本理论使“双师型”教师资格认定构建“有理可依”

（一）人力资本研究为“双师型”教师资格认定提供了理论支撑

在现代人力资本理论的发展阶段中，舒尔茨发现人力资源以及针对改善人口质量的投资都对经济发展起至关重要的作用。要想获得高质量的产品或者收益，除了要对物质资本进行改进外，还应对人力资本素质进行提升，通过投资使人的生产能力有所提高。在当代人力资本理论发展中，美国经济学家罗默、卢卡斯构建了“内生性增长模型”，提出了“新经济增长理论”，将人力资本视为重要的内生变量，强调人力资本的积累是经济增长的主要因素。

人力资本理论研究为“双师型”教师资格认定奠定了较好的理论基础。对教育和学校而言，教师人力资本是其重要的内生力量，它对提高教育质量、促进学校发展有至关重要的作用。有学者对高等职业院校教师人力资本做过界定，认为它是指“通过个人、家庭、学校、社会的投资而存在于高职教师身上的健康、知识、经验、技能等一系列要素的总和，这些要素的总和反映为一种对高等职业院校的绩效有促进作用的能力”[①]。对职业院校教师人力资本的研究是加强职教师资队伍水平建设的切入点。“双师型”教师资格认定体系的研究实际上是对职业院校教师人力资本开发的研究，旨在通过认定工作的开展，实现职业院校教师队伍素质的整体提升，进而影响职业教育质量的提高。“双师型”教师资格认定工

① 林秉娟. 高等职业院校人事制度改革研究：人力资本的视角. 长春理工大学学报，2012（5）：3-5.

作的开展，一方面是对职业院校“双师型”教师人力资源进行更好的管理，确立“双师型”教师的标准；另一方面，通过提出“双师型”教师人力资本开发的策略和方向，改进人力资本质量，提升职业院校教师的“双师”素质。

（二）人力资本理论所蕴含的人本理念为“双师型”教师资格认定确立了基本立场

人力资本理论丰富了资本的概念，将其扩展到人，将人视为资本或财富，提高了人力资本投资的重要地位。人力资本不同于物质资本完全依赖于物质生产过程，它的功能在于开发、积累人的智能、体能与技能。对人力资本投资的加大实质上可以提高劳动者的知识、生产技能和熟练程度，从而有效提高劳动生产率，提升劳动者的素养。例如，企业人力资本投资是指企业在完成生产物质产品的同时，对人力资本的生产（也就是对其员工质量提升）所给予的各种可能性条件。对于教师人力资本投资而言，就是为师资素养提升所给予的各种可能性条件。而且人力资本投资不是单独行为，它是一种连续性的长期行为，并随着社会发展实际不断调整投资内容与方向。通过不断的教师人力资本投资，可以提高职教师资人力资本积累，促进职教师资团队建设。

因此，对人的关注与投资会进一步加深对“双师型”教师人力资本积累的重视，它为“双师型”教师资格认定奠定了人本理念的基础，如何促进职业院校教师群体的发展、如何发挥职业院校教师的主观能动性也就成为“双师型”教师资格认定重要考量的内容。广西“双师型”教师资格认定体系的建设与完善，始终坚持从职业院校教师发展实际出发，结合现实中存在的各种特殊情况，综合考虑学历、企业经历、工作年限、实际成果等多种因素，为不同水平、层次、发展阶段的教师提供相匹配的认定条件，同时为特别情况设置破格条件，并在申报审批过程中为教师保留申诉环节，尽可能让每位教师都能在认定中进行合理定位，并寻找到适合自己发展的方向，让每位教师都能有自我发展的动力与付诸实践的行为。通过“双师型”教师资格认定体系的确立与推广，能够改变原有对职业院校教师发展的盲目状态与对“双师型”教师理论认识不足的局面，使职业院校高度重视教师的生存与发展状况，为其成长发展的多种可能性提供相应条件。

（三）人力资本投资的形式与运用为“双师型”教师资格认定指出了具体的原则与要求

舒尔茨曾提出人力资本投资的五种形式，其中最为重要的一项为学校教育的投资形式。加里·贝克尔在学校教育投资的基础上提出了劳动培训的重要性。他把职业教育从教育体系中分离出来，认为对职业教育投资的收益要高于其机会成本。[①]可见，对人力资源的开发，学校教育是其主要方面，但也不能忽视培训的作用，对于职业教育投资力度也不应低于普通教育的学校教育投资。由于职业学校教师是提升职业教育质量最为重要的人力资源，投资就不能脱离职业教育教师能力素质提高的核心命题。“双师型”教师资格在认定工作中，结合人力资本投资的具体形式以及职业教育“职业性”的特殊属性，除教师所应具备的专业教育教学能力外，还应具备相应的专业实践能力，也就是重点突出了职业教育教师在企业学习培训的经历，给予职业教育教师每年下企业实践的时间要求，并对技术创新、发明制造、专利申请等都有所侧重，真正体现了职业教育教师人力资本投资的方向与职业教育的特殊性。

第三节 教师人力资源管理制度与“双师型”教师资格认定

教师人力资源管理制度中所管理的对象并不是教师个体，而是对教师这种高层次的人力资源进行开发、利用、保持的管理与协调。“双师型”教师资格认定制度的确立是对教师人力资源管理制度的完善，是对职业院校教师人力资源管理效益的提升，未来它将成为职业院校教师人力资源制度对用人、育人、激励、考核等各方面机制建设所考量的重要依据之一。因此，教师人力资源管理制度相关理论也为“双师型”教师资格认定提供了理论指导与操作框架。

一、教师人力资源管理制度的含义

人力资源是一定范围内的人所具备的劳动能力的总和，也称为“人类资源”“劳动力资源”。人力资源是人的一种能力，而不是直接指劳动者。[②]研究者一般会从数量与质量两个方面对人力资源进行研究：数量是指一个国家或地区中具有劳动能力、从事社会劳动的人口总数或其在人口总数中所占的比重；质量是指劳动者个体及群体创造社会价值的能力，能间接反映出一定范围内特定时期的人力资源质量状况。教师作为教育事业发展的人力资源，是学校人力资源管理的主要对象，只有对其进行合理的引导、规划与管理（既要考虑教师的数量控制，也要保证教师素养素质的提高），才能充分调动教师的积极性与创造性。教师人力资

① 张远康. 湖南职业教育与经济发展的互动关系研究. 长沙：湖南师范大学，2010.

② 姚裕群，杨俊青. 人力资源管理（第五版）. 北京：中国人民大学出版社，2014：5.

源管理是指教育组织中的有关人事管理机构和人员对教师人力资源的取得、开发、利用和保持等方面进行计划、组织、指挥和控制，从而使本组织或系统内运用于教育教学活动的全部财力、物力和教师人力保持最佳比例，以充分发挥教师的教学潜能，提高教育工作的绩效，满足社会对教育产品的要求，实现组织教育目标的管理活动。[①]职业院校教师人力资源管理的重要部分是对“双师型”教师人力资源的取得、开发、利用和保持等方面进行计划、组织、指挥和控制。目前，我国职业教育已从跨组织的浅层结合向产教命运共同体深度融合过渡，这对组织间的耦合度提出了更高的要求。职业教育合作主体关系的不断变化，使人力资源管理涌现出新业态，校企组织边界内传统意义上的人力资源职能向外溢出，深化了跨边界人力资源的外部角色——“双师型”教师。[②]如何通过有效的教师人力资源管理制度为“双师型”教师队伍建设赋能，如何在新形势下调整校企组织内部人力资源管理结构与外部合作方式来满足职业院校教师跨界性，并能采取多种措施打造柔性、精准的“双师型”教师团队等问题，都是职业院校教师人力资源管理制度需要迫切解决的问题。

教师人力资源管理制度包括教师的录用、评聘、调配制度，教师的培养培训制度，教师的考核、激励制度，教师的薪酬福利制度等，其目的则是提高教师素质和教育工作绩效。若想对职业院校教师人力资源进行系统化管理与科学可持续发展，就要先确立各种促进“双师型”教师发展的制度，并不断完善相应的体制。芝加哥大学教师富兰克林•博比特认为，要提高学校行政工作的效率，一是要确定学校“产品”（学生）的理想标准，二是规定学校的生产方式和程序，三是生产者（教师）必须具备的资格和工作准则。[③]因此，只有明确“双师型”教师标准与资格认定，才有助于推进教师人力资源的持续开发与保持；只有建立良好的“双师型”教师人力资源管理体系，才能促进职业学校运行的活力与生命力，最终提升职业学校教师的素质与职业教育质量。

二、教师人力资源管理制度设计的原则

（一）能级原则

能，在物理学中是做功的量，在现代管理活动中则表示为个体的能力。级，

① 刘浩. 关于教师人力资源管理的若干问题研究. 武汉：华中师范大学，2001.

② 赵旖旎，闫利雅，陈学彬. 人力资源跨组织边界视角下的“双师型”教师队伍建设. 教育与职业，2020（18）：61-66.

③ 陈孝彬. 教育管理学. 北京：北京师范大学出版社，1999.

即层级，在管理系统中表示内部的结构、秩序、层次。能级原则是指管理的组织结构与组织成员的能级结构必须相互适应和协调，这样才能提高管理效率，实现组织目标。[①]也就是说，能级原则包含管理结构的不同能级与个体能力的不同能级之间的相互协调，若想让管理效能最大化，就要使个体不同层级的能力都有所凸显。能级原则秉持的用人准则是人尽其能、量能用人，教师人力资源管理制度就是要根据教师的不同能力水平，将其放置到相应类型的岗位上，充分发挥其才能的设计理念。能级原则不是静态不变的，它有相应的弹性原则，充分挖掘适合各种层级岗位的人才，随教师能力层级的提升而不断进行动态调整，因此，制度设计都是以提升人员能力素质为最终目标的。

（二）系统原则

系统是指由若干相互联系、相互作用的要素所构成的具有特定功能的有机整体。[②]系统最为鲜明的特征之一就是整体性，系统之所以成为系统，就在于它的整体性。教师人力资源管理制度也应秉持系统性原则，从整体规划的角度设计相应的管理制度，充分体现整体的性质和功能大于各个要素性质与功能的简单相加的特征。这就要求教师人力资源管理制度站在全局视野，尽可能地保证制度、体系的完整性，并且促使各个环节的有机衔接，因为一个环节是另一个环节的补充或促进，而不是相互矛盾与冲突的。只有最大限度地发挥教师人力资源管理制度的有效性，才能保持学校、教育机构等组织发展的持续生机与活力。

（三）人本原则

组织是由人组成的，不是由机器组成的。人力资源管理与传统人事管理的一个最重要的区别就是对人的理念的认识不同。传统人事管理将人看作经济动物，即人都是为了工资和报酬而工作的，在行为上都是追求利益最大化的。[③]人力资源管理最为本质的内容是“人的问题”，不坚持“以人为本”理念的人力资源管理制度往往是无效的，尤其是在教育组织这样一个组织成员与工作对象都是人的组织里，更加需要人性的尊重与关怀。只有充满人性关怀的教育组织，才能更好地实现教育对人发展的促进作用。因此，教师人力资源管理制度必须体现“以教师为本”的管理思想，它是教师人力资源管理的价值观，要将教师的个人素质提

---

① 吴照云. 管理学原理（第三版）. 北京：经济管理出版社，2011：91.

② 吴照云. 管理学原理（第三版）. 北京：经济管理出版社，2011：78.

③ 吴亚东. 当前高职院校人力资源管理若干问题研究. 天津：天津大学，2008.

升、专业发展、综合能力提高融入管理制度的目标之中，充分发挥教师的积极性、主动性、创造性，促使教师与教育组织的成长共同进行。

三、教师人力资源管理制度使“双师型”教师资格认定构建“有步可循”

（一）教师人力资源管理制度为“双师型”教师资格认定确立管理理念

教师人力资源管理中最为重要的几个环节为教师人力资源的取得、开发、利用和保持，也就是对教师人力资源的规划、录用、评聘、配置、培育培训、考核和激励。例如，教师的引进与录用应以学校发展总体战略为指导，在分析现有师资队伍结构、师资管理、培养和使用等情况的基础上，结合学校办学实际，依托重点、优势学科与专业，同时全面考虑学校整体发展，制订教师人力资源需求计划。又如，师资培训体系的建设与发展应是学校人力管理部门工作的重点，积极拓展各种形式的培训，不仅包括校内培训和校外培训，还包括线上培训与线下培训等，同时这些培训要相互融合，以促进教师专业化的发展。可见，教师人力资源管理的目标，一是要保持教育组织、教育机构中教师人力资源的数量、质量、结构都能满足教育发展的目标，促进教育质量的提升；二是要满足教师成长的需要，促进其实现教师专业化发展。因此，教师人力资源管理也延续了人力资源管理理论的人本原则，一切制度的设计都基于“尊重人、关怀人、发展人”的人本原则进行，人本原则为“双师型”教师资格认定工作确立了管理的基本价值取向。

“双师型”教师资格认定制度的形成不仅仅是为了提升对职业院校教师管理的效益，而是着眼于职业院校教师的未来发展而考量的。例如，广西“双师型”教师资格认定标准既兼顾了专业课教师，也兼顾了文化课教师；既兼顾了专职教师，也兼顾了兼职教师；既考虑了教育教学研究成果，也考虑了专业技能实践类成果；既采用了认定条件的基本“门槛”设置，也设置了特殊人才的“破格”条件；既有动态认定标准，也有相应的激励措施辅助。它通过全盘考量标准设置的可行性与可操作性，促使每位教师都可以找到自身发展的方向与成长路径，并且不断充实职业教育“双师型”教师队伍和提高其质量。

（二）教师人力资源管理制度为“双师型”教师资格认定提供制度设计基础

我国职业院校教师队伍仍然存在“双师型”教师认定制度尚未建立、兼职教师少、中老年教师少、研究生及以上学历的人数少、副高及以上职称的人数少、高尖端和紧缺型人才匮乏等问题，以及职业院校教师评聘体系尚存在重理论轻实践、重学历轻技能的倾向。[①]我国应不断提高对职业院校“双师型”教师队伍建设的战略性认识，重视职业教育结构的层次化，努力探索适合我国“双师型”师资队伍建设的培训体系，完善“双师型”教师队伍人力资源管理制度。“双师型”教师资格认定制度是职业院校教师人力资源管理制度的组成部分，它的形成与发展离不开教师人力资源管理制度的基本特点和基本原则。教师人力资源管理制度的能力导向、发展周期性、考核综合性等特征为“双师型”教师资格认定体系的基本样态确立了一定依据。也就是说，“双师型”教师资格认定制度应是集能力发展、动态认定、考核激励于一体的“双师型”教师管理制度；它的能级原则、系统原则、人本原则为“双师型”教师资格认定体系的形成确立了基本原则。因此，广西在充分把握“双师型”教师资格认定制度设计基本思想、特征、原则的基础上，明确了“双师型”教师资格认定的研究思路。第一，明晰“双师型”教师概念；第二，规范职业学校“双师型”教师的认定工作，研究制定“非教师系列专业技术证书目录”作为“双师型”教师资格认定的依据；第三，科学制定认定标准，坚持必备条件与拓展条件相统一，使考核更具综合性与动态性；第四，坚持能力导向，根据职业技能及教育教学水平对“双师型”教师进行级别认定，即初级、中级、高级三个级别，三个级别认定要求依次提升。

（三）教师人力资源管理制度为“双师型”教师资格认定提供实践范式

教师人力资源管理制度在正式实施之前，需经过多个环节的斟酌与考量，它有一套人力资源管理规章制定的步骤，这为“双师型”教师资格认定文本的落地提供了一定的启示。例如，广西“双师型”教师资格认定工作主要经历了调查研究、草案研究、审定实施三个阶段。其中，调查研究分别在认定草案拟定前、认定草案拟定后、试点实施前、试点实施后进行了相应的调查，目的是最大限度地征求各级部门、各试点学校、一线教师的意见，从而制定出符合实际的认定方案。另外，在条件辅助方面，广西充分利用信息化管理的优势，开发了广西职业教育“双师型”教师资源管理信息系统。该系统一方面可实现从“双师型”教师申请、审核、专家评审到认定进行“电子化流程处理”，以及认定工作的电

① 吴亚东. 当前高职院校人力资源管理若干问题研究. 天津：天津大学，2009.

子政务功能；另一方面可作为广西“双师型”教师的数据资源库，可实现对职业院校教师人力资源的统一管理，实现教育行政部门、学校、行业企业对“双师型”教师资源的共同开发与共享，较大程度地提升职业院校教师人力资源管理的效益。

第三章 “双师型”教师认定现实问题研究

“双师型”教师队伍建设是深化职业教育改革、保证人才培养质量的关键，科学规范的“双师型”教师资格认定是推动职业教育教师队伍建设的重要举措。由于当前职业教育理论界与实践界对“双师型”教师内涵的界定与标准存在较大分歧，对于职教教师的准入资格认定和专业标准规约仍缺乏规范性的顶层设计，致使“双师型”教师的认定标准和认定制度存在一定的缺位，影响了职业教育“双师型”教师队伍建设和发展。本章在分析“双师型”教师队伍建设与认定的现状和问题基础上，提出相应的对策。

第一节 “双师型”教师队伍建设政策演进

“‘双师型’教师”这一特定称谓是中国独有的，主要是由于职业教育的兴起所带来的原有教师能力素质结构不适应，从而对职教师资提出的新要求。一直以来，我国的教育传统重视学历教育，选人用人时大多看重的是学历层次，学历对社会的影响深远，这样就造成了职业教育长期得不到社会的认可和接受。但是，随着我国社会经济和产业结构的发展变化，对专门技术人员的需求更为迫切，而偏向于学历教育的教师队伍的能力素质、传授的教学内容和使用的教学方法往往难以适应这样的需求。可以这样说，“‘双师型’教师”的提出是在以往职业教育中重理论轻实践、重知识的传授轻能力的培养和知识的应用、师资队伍建设和评价上偏重理论水平的情况下，为了强调实践性教学环节的重要性，促使理论教学和实践教学正确定位和有机结合，适应以能力培养为主线的执教理念而提出的[①]。所以，自 20 世纪 90 年代起，国家越来越重视“双师型”教师的培养培训，纷纷出台政策，鼓励地方和学校重视“双师型”教师队伍的建设。

---

① 肖玲君.“双师型”教师理论研究的误区. 武汉：中南大学，2008.

一、国家“双师型”教师的政策沿革

从国家层面看，自1995年国家教委首次提出“‘双师型’教师”这一称谓，一些重要的综合性教育文件常常提到“双师型”教师，凡是职业教育类的文件也必提及“双师型”教师，这说明“双师型”教师培养及其队伍建设已经受到国家和教育行政管理部门的高度重视。

通过表3-1可知，随着时间推移和国家经济发展的持续发展和进步，国家对“双师型”教师的标准、培养、考核愈加明晰，并融入相关院校评估、专业设置、教师评聘、职称晋升等教育教学管理活动和人才培养工作当中。而且，我们发现，2010年后，国家对“双师型”教师培养及其队伍建设的要求越来越高，路径举措也越来越明晰和具有可操作性，政策出台的频率也变快，适用对象也从职业院校延伸到应用型本科院校。

表3-1　国家有关“双师型”教师政策沿革[①]

发布年份	文件名称	涉及“双师型”教师的主要内容	标志事件
1995	《关于开展建设示范性职业大学工作的原则意见》	1. 师资队伍结构合理，水平较高； 2. 专业课教师和实习指导教师基本达到“双师型”要求； 3.“双师型”比例达到1/3以上	国家教委首次提出“双师型”教师这一称谓与具体的占比要求
1998	《面向21世纪教育振兴行动计划》	1. 加强实践教学基地建设； 2. 加强“双师型”教师队伍建设	
1999	《中共中央国务院关于深化教育改革全面推进素质教育的决定》	注意吸收企业优秀工程技术和管理人员到职业学校任教，加快建设兼有教师资格和其他专业技术职务的“双师型”教师队伍	提出“双师型”教师应具有教师资格和其他专业技术职务两方面条件
2000	《教育部关于加强高职高专教育人才培养工作的意见》	1. 培养“双师型”教师； 2. 既有理论知识，又有专业实践能力； 3.“双师型”是教育教学质量的关键； 4. 外聘“双师型”兼职教师	教育部首次提出“双师型”教师的两个维度
2004	《教育部关于以就业为导向深化高等职业教育改革的若干意见》	1.“双师型”教师队伍是培养高技能人才的支撑； 2. 教师要定期到企业增强实践能力； 3. 聘请实践经验丰富的专家或专业技术人员作为兼职教师； 4. 制定“双师型”评聘制度	
2004	《教育部办公厅关于全面开展高职高专院校人才培养工作水平评估的通知》	提出专业基础课和专业课中双师素质教师比例达到50%的合格标准和70%的优秀标准	教育部首次提出“双师素质”教师的标准
2004	《教育部等七部门关于进一步加强职业教育工作的若干意见》	深化人事制度改革，加强“双师型”队伍建设	教育部首次联合其他部委提出

① 表中涉及文件内容为笔者总结概括得出，便于读者理解，与原文主旨一致，文字及顺序有所不同，余同。

续表

发布年份	文件名称	涉及“双师型”教师的主要内容	标志事件
2006	《教育部关于全面提高高等职业教育教学质量的若干意见》	1. 逐步建立“双师型”教师资格认证体系； 2. 研究制订高等职业院校教师任职标准和准入制度	注重教师队伍的“双师”结构
2008	《教育部关于印发〈高等职业院校人才培养工作评估方案〉的通知》	双师素质教师是指必须具有教师资格，且具备下列条件之一的人员： 1. 具有中级（或以上）技术职称及职业资格①，并在近五年主持（或主要参与）过校内实践教学设施建设或提升技术水平的设计安装工作，居先进水平； 2. 近五年中有两年以上（可累计计算）在企业第一线本专业实际工作经历，并能全面指导学生专业实践实训活动； 3. 近五年主持（或主要参与）过应用技术研究，成果已被企业使用，且效益良好	教育部再次对“双师素质”教师的标准做出更加明晰的界定
2010	《国家中长期教育改革和发展规划纲要（2010—2020年）》	1. 加强“双师型”队伍建设； 2. 建立健全技能型人才到职业学校从教的制度； 3. 完善教师资格标准； 4. 完善专业技术职务（职称）评聘办法	
2011	《教育部关于充分发挥行业指导作用推进职业教育改革发展的意见》	职业学校教师到企业实践，企业技术人员到学校任教	
2014	《国务院关于加快发展现代职业教育的决定》	1. 目标任务； 2. 完善教师资格标准； 3. 实施教师专业标准； 4. 健全教师专业技术职务（职称）评聘制度； 5. 实行五年一周期教师全员培训制度； 6. 落实教师企业实践制度； 7. 专兼职教师相关政策； 8. 校企共建“双师型”教师培养培训基地	在国务院层面首次提出“双师型”教师队伍建设
2014	《教育部关于开展现代学徒制试点工作的意见》	1. 校企双主体育人； 2. 双导师教学； 3. 专兼结合建设师资队伍； 4. 建立教师流动编制； 5. 设立兼职教师岗位； 6. 加大校企之间人员互聘共用力度	
2014	《教育部等六部门关于印发〈现代职业教育体系建设规划（2014－2020年）〉的通知》	1. 完善“双师型”教师培养培训体系； 2. 有实践经验的专兼职教师占专业教师总数的比例达到60%以上； 3. 建立职业院校教师绩效评价标准； 4. 建立“双师型”教师培养基地； 5. 专业教师每两年到企业的专业实践时间累计不少于两个月	

① 职业资格包括从业资格和执业资格。从业资格是政府规定专业技术人员从事某种专业技术性工作的学识、技术和能力的起点标准，通过学历认定或考试取得，供用人单位参考；执业资格是被承认具有对某些文件签字的权力，且要负法律责任。政府对某些责任较大、社会通用性强、关系公共利益的专业技术工作实行的准入控制，是专业技术人员依法独立开业或从事某种专业技术工作学识、技术和能力的必备标准，必须通过考试方法取得，考试由国家定期举行。绝大部分的职业资格证书证明的是从业资格，并不作准入控制；在特定的领域、在一定范围内实行强制性就业准入控制的，是执业资格，国际通行的是注册会计师、执业医师、律师等有限的几个行业。

续表

发布年份	文件名称	涉及“双师型”教师的主要内容	标志事件
2015	《教育部关于印发〈高等职业教育创新发展行动计划（2015—2018年）〉的通知》	1. 校企共建“双师型”教师培养培训基地； 2. 探索“学历教育+企业实训”培养办法； 3. 专业教师每五年企业实践时间累计不少于6个月； 4. 院校自定； 5. 新增教师必须具有实践经验； 6. 绩效工资分配要向“双师型”教师倾斜	
2015	《教育部关于深化职业教育教学改革全面提高人才培养质量的若干意见》	1. 探索高层次“双师型”教师培养模式； 2. 提高具备“双师型”教师比例； 3. 落实五年一周期的教师制度； 4. 新任教师先实践、后上岗	教育部首次提出周期培训制度，先实践、后上岗原则
2016	《关于深化人才发展体制机制改革的意见》	设立流动岗位吸引具有创新实践经验的企业家、科技人才兼任教师	
2017	《国务院办公厅关于深化产教融合的若干意见》	1. 合作建设“双师型”教师培养培训基地； 2. 教师实践假期制度； 3. 在职教师定期到企业实践锻炼	
2018	《中共中央 国务院关于全面深化新时代教师队伍建设改革的意见》	1. 完善职业院校教师资格标准，探索将行业企业从业经历作为认定教育教学能力、取得专业课教师资格的必要条件； 2. 完善职业院校教师考核评价制度，“双师型”教师考核评价要充分体现技能水平和专业教学能力	
2019	《加快推进教育现代化实施方案（2018—2022年）》	完善职业教育“双师型”教师队伍制度和标准，不断提高教师教育质量	中共中央办公厅、国务院办公厅首次要求完善职业教育教师队伍制度和标准
2019	《国务院关于印发国家职业教育改革实施方案的通知》	1.“双师型”教师超过一半； 2. 多措并举打造“双师型”教师队伍； 3. 专业教师具有3年以上企业工作经历； 4. 实施职业院校教师素质提高计划； 5. 教师每年至少1个月在企业或实训基地实训； 6. 落实教师5年一周期轮训制度； 7. 建立健全职业院校自主聘任兼职教师的办法； 8. 校企人才双向流动	国务院首次印发国家职业教育改革实施方案
2019	《教育部2019年工作要点》	建设国家级“双师型”教师教学创新团队	教育部首次提出建设国家级“双师型”教师团队
2019	《教育部等四部门关于印发〈深化新时代职业教育“双师型”教师队伍建设改革实施方案〉的通知》	1. 建设分层分类的教师专业标准体系； 2. 推进以双师素质为导向的新教师准入制度改革； 3. 构建以职业技术师范院校为主体、产教融合的多元培养培训格局； 4. 完善“固定岗+流动岗”的教师资源配置新机制； 5. 建设“国家工匠之师”引领的高层次人才队伍； 6. 建立校企人员双向交流协作共同体； 7. 深化突出“双师型”导向的教师考核评价改革等	确保高素质“双师型”教师队伍建设目标的实现

续表

发布年份	文件名称	涉及“双师型”教师的主要内容	标志事件
2020	《深化新时代教育评价改革总体方案》	健全“双师型”教师认定、聘用、考核等评价标准，突出实践技能水平和专业教学能力	将健全“双师型”教师认定等评价标准，作为改革教师评价的重点任务之一
2020	《职业教育提质培优行动计划（2020—2023年）》	1. 校企共建“双师型”教师（含技工院校“一体化”教师，下同）培养培训基地和教师企业实践基地，落实5年一轮的教师全员培训制度； 2. 探索有条件的优质高职学校转型为职业技术师范类院校或开办职业技术师范专业，支持高水平工科院校分专业领域培养职业教育师资，构建“双师型”教师培养体系； 3. 改革职业学校专业教师晋升和评价机制，破除“五唯”倾向，将企业生产项目实践经历、业绩成果等纳入评价标准； 4. 到2023年，专业教师中“双师型”教师占比超过50%	将提升教师“双师”素质作为实施职业教育“三教”改革攻坚行动之一
2021	《本科层次职业教育专业设置管理办法（试行）》	专业设置条件中对专任教师的要求提出“双师型”教师占比不低于50%	
2021	《“十四五”时期教育强国推进工程实施方案》	将“双师型”“双师双能型”教师比例作为遴选支持产教融合基地的条件之一	
2021	《教育部 财政部关于实施职业院校教师素质提高计划（2021—2025年）》	1. 突出“双师型”教师个体成长和“双师型”教学团队建设相结合，兼顾公共基础课程教师队伍建设； 2. “三教”改革研修、名师名校长培育、校企双向交流	加强职业院校高素质“双师型”教师队伍建设
2021	《关于推动现代职业教育高质量发展的意见》	1. 完善职业教育教师资格认定制度，在国家教师资格考试中强化专业教学和实践要求； 2. 制定双师型教师标准，完善教师招聘、专业技术职务评聘和绩效考核标准； 3. 按照职业学校生师比例和结构要求配齐专业教师； 4. 校企共建双师型教师培养培训基地，支持校企人员互聘； 5. 继续实施职业院校教师素质提高计划	强化双师型教师队伍建设

二、地方“双师型”教师的政策分析

从地方层面看，各省份对应国家“双师型”教师建设政策要求，也结合本地实际情况，出台了相关政策，并将其纳入政府工作报告或教育事业发展规划。如广西，在相关政策文件中多有涉及“双师型”教师队伍的建设和培养（表3-2）。

表 3-2 广西有关“双师型”教师政策沿革

发布年份	文件名称	涉及“双师”的主要内容	标志事件
2010	《关于印发教育服务广西新发展行动计划（2010—2012 年）的通知》	完善教师职务聘任制度，进一步加强高校与产业部门合作，构建“双师型”教师队伍	
	《关于印发广西壮族自治区大力发展职业教育的若干规定的通知》	自治区设立职业教育教师专业技术职务评审、聘任、晋升专项制度	对职业教师实施分类管理和评价
2011	《关于印发共建国家民族地区职业教育综合改革试验区实施方案的通知》	1. 中等职业学校专业教师中“双师型”比例达 50%以上； 2. 完善职教教师资格标准及认证制度，强化对新任教师专业相关职业经历和职业技能的要求	对“双师型”教师比例提出具体要求
2012	《关于印发广西壮族自治区新时期深化职业教育攻坚五年计划的通知》	1. 构建一支数量足够、质量较高、结构合理的“双师型”教师队伍； 2. 着力培养培训和聘任一批“双师型”专业教师，鼓励各地出台促进“双师型”专业教师队伍建设的激励政策； 3. 加快职业学校教师资格准入制度改革，制定职业教育教师资格标准，按资格标准要求构建职业教育教师培养培训体系	支持各地出台激励政策建设“双师型”专业教师队伍
2014	《关于高中阶段教育突破发展的若干意见》	支持符合条件的职业学校兼职教师特别是“双师型”教师申报相应系列教师专业技术职务	
	《关于贯彻〈国务院关于加快发展现代职业教育的决定〉的实施意见》	1. 实施职业学校“双师型”教师资助计划； 2. 在南宁、柳州、桂林、来宾等市推进高等院校和大中型企业共建一批“双师型”教师培养培训基地； 3. 面向职业学校和社会认定一批“双师型”教师，建立“双师型”教师信息资源库	提出要开展“双师型”教师认定工作
	《中共广西壮族自治区委员会 广西壮族自治区人民政府关于加快改革创新全面振兴教育的决定》	1. 加强职业院校“双师型”教师队伍建设； 2. 探索建立培养培训、资格认证、聘任管理新机制	
	《广西壮族自治区人民政府关于加强教师队伍建设的意见》	1. 建立“双师型”教师信息资源库，探索建立培养培训、资格认证、聘任管理新机制； 2. 实施职业学校“双师型”教师资助计划，支持职业学校每年聘请 100 名专业技术人员和高技能人才任教	实施职业学校“双师型”教师资助计划
2015	《关于贯彻全国职业教育工作会议精神深化共建国家民族地区职业教育综合改革试验区实施方案的通知》	1. 面向职业学校和社会认定一批“双师型”教师； 2. 实施 5 年一周期的教师全员培训制度	

续表

发布年份	文件名称	涉及“双师”的主要内容	标志事件
2018	《广西壮族自治区人民政府关于印发广西教育提升三年行动计划（2018—2020年）的通知》	实施职业院校教师素质提高计划，加强职业院校“双师型”教师队伍建设	
	《广西壮族自治区人民政府办公厅关于深化产教融合的实施意见》	1. 强化职业院校、应用型本科高校“双师型”和“一体化”教师队伍建设； 2. 逐步完善职业院校、本科高校“双师型”和“一体化”教师认定标准和办法； 3. 提高职业院校、应用型本科高校“双师型”和“一体化”教师占专业课和实习指导教师的比例； 4. 完善职业院校和应用型本科高校教师假期实践制度，支持在职教师定期到企业实践锻炼，学校有实践经历的教师比例达60%以上	将“双师型”教师要求延伸到应用型本科院校
2019	《广西壮族自治区人民政府关于印发〈广西职业教育改革实施方案〉的通知》	1. 职业院校、应用型本科高校相关专业教师原则上从具有3年以上企业工作经历并具有高职以上学历的人员中公开招聘； 2. 建设若干个职业教育“双师型”教师培养培训基地； 3. 实施好职业院校教师素质提升计划	落实教师5年一周期的全员轮训制度。相关实践经历达不到要求的职业院校专业课专任教师不得晋升高一级职称
2020	《深化新时代职业教育“双师型”教师队伍建设改革工作方案》	1. 鼓励高校以职业院校毕业生和企业技术人员为重点培养职业教育教师，推动高校联合行业企业培养高层次“双师型”教师； 2. 到2023年，职业院校“双师型”教师占专业课教师的比例超过一半； 3. 完善自治区“双师型”教师资格认定体系，将体现技能水平和专业教学能力的“双师”素质纳入认定标准体系； 4. 进一步优化职业院校职称评审的标准和方式，将企业实践经历、行业职业资格证书或“双师型”教师证书作为教师参加职称评审的必备条件	提出联合行业企业培养高层次“双师型”教师；完善“双师型”教师资格认定体系；将企业实践经历、行业职业资格证书或“双师型”教师证书作为教师参加职称评审的必备条件
2021	《广西壮族自治区人民政府关于印发广西教育提质振兴三年行动计划（2021—2023年）的通知》	1. 深化以“双师”素质为导向的职业学校教师准入制度改革； 2. 扩大职业学校选人用人自主权，职业学校在核定编制和岗位总量内按规定自主公开招聘教师	
	《广西壮族自治区人民政府关于印发广西教育事业发展“十四五”规划的通知》	1. 实施广西职业学校教师素质提高行动计划，加强职业学校“双师型”教师培训，面向职业学校分专业建设一批国家级、自治区级职业教育教师教学创新团队； 2. 职业教育“双师型”教师的占比要从2020年的32.6%提升至2025的50%	重申“双师型”教师在专业教师中的占比（50%）

三、院校“双师型”教师的建设概况

从院校层面看，对“双师型”教师的要求、标准、认定主要受上级教育政策影响，会根据本校的实际需要，提出更具个性化的“双师型”教师建设标准和认定规范，有时基于“现实”需要，会选择一种有利于提高比例的评定标准和认定规范。所以，院校层面的“双师型”教师的素质和能力会存在较大差异。部分职业学校，在上级教育主管部门未开展“双师型”教师认定工作之前，一般会制定本校“双师型”教师的培养措施、认定标准和激励制度，特别是在认定标准上存在较大的差异，示例如下。

XXX 学院“双师型”教师认定暂行办法

一、“双师型”教师的条件

取得讲师及以上专业技术职务任职资格并具备下列条件之一者：

（一）具有本专业实际工作的中级及以上专业技术职务（含行业特许的资格证书）。如工程师、会计师、计算机网络管理员、计算机程序设计员等。

（二）通过国家组织的各类执业资格考试，取得中级以上执业资格证书（如律师、注册会计师等）。

（三）具有中级及以上专业资格或专业技能考评员资格，或参加教育部组织的教师专业技能培训获得合格证书，能全面指导学生专业实践实训活动。

（四）近五年中有两年以上（可累计计算）在企业第一线从事本专业实际工作的经历。

（五）近五年主持（或主要参与）两项应用技术研究（或两项校内实践教学设施建设及提升技术水平的设计安装工作），成果已被企业（学校）使用，达到同行业（学校）中先进水平。

二、“双师型”教师的培养途径与措施

按照应用型人才培养的需要，学校加强对“双师型”教师的培养工作，根据对“双师型”教师的具体要求，结合实际采取以下措施：

（一）认真落实推进产学研结合的相关政策，鼓励专业教师参加对企业的技术服务、技术改造，主持或参加实验、实训基地的建设，不断积累生产实践经验，鼓励并支持教师申报工程系列专业技术职务。

（二）各学院应鼓励教师参加操作技能、考评员等相关技能的培训考核，取得相关技能等级证书。

（三）充分发挥学校已有资源进行“双师型”人才培养，通过以老带新从事科研、技术服务、技术开发等方式带动一批教师参与实践实训和科研开发工作，提高教师的实践能力及科研开发水平。

（四）根据实际需要，各学院每年选送一批专业教师到企业、科研院所进行短期或中期专业培训，也可以参加企事业单位的科研实践活动。

（五）对实验、实训课教师，在不断提高其实践能力和动手能力的同时，加强对他们的理论培训，努力提高其学历层次和理论水平，使他们逐步成为“双师型”教师。

（六）在招聘专业教师的过程中，注重从企业引进既有理论水平又有实践经验的工程技术人员补充到师资队伍中来。

三、“双师型”教师资格的认定程序

（一）凡符合“双师型”教师资格条件的教师，每年度根据学校认定时间要求，按时提出申请，并提交相应的证明材料。

（二）各学院在初审的基础上，将申请表及有关证明材料报送人事处。

（三）学校每年组织认定一次，每次认定的有效期为五年。

（四）对已超过有效期的“双师型”教师，应重新进行申报，人事处根据本人在受聘期间的工作情况和学院意见决定续聘或解聘。

四、“双师型”教师的奖励与有关待遇

（一）教师在外参加“双师型”资格培训期间享受在校工作教师同等的工资待遇。

（二）在专业技术职务评审、骨干教师选拔等方面在同等条件下优先考虑“双师型”教师。

（三）各学院要优先安排“双师型”教师参与科研项目开发、教材编写、指导青年教师进行实践能力培养，及时地将新技术运用于教学之中。

（四）被认定为“双师型”教师的当年给予一次性奖励：

1. 具有本专业实际工作的正高级专业技术职务的“双师型”教师奖励6000元。

2. 具有本专业实际工作的副高级专业技术职务的“双师型”教师奖励5000元。

3. 具有本专业实际工作的中级专业技术职务及其他“双师型”教师奖励4000元。

XXX学校“双师型”教师认定标准

一、初级“双师型”教师

（一）具有中等职业学校教师任职资格（含实习指导教师任职资格），取得助理讲师职务，遵守国家中等职业学校教师职业道德规范；

（二）具有与所教专业相关的执业资格，或非教师系列初级及以上专业技术职务任职资格，或中级工及以上职业资格。

二、中级“双师型”教师

中级“双师型”教师除同时具备两个必备条件外，还应具备以下拓展条件之一：

（一）必备条件

1. 具有中等职业学校教师任职资格（含实习指导教师任职资格），取得讲师职务，遵守国家中等职业学校教师职业道德规范；

2. 具有与所教专业相关的执业资格，或非教师系列中级及以上专业技术职务任职资格，或高级工及以上职业资格。

（二）拓展条件

1. 参加市级职业技能大赛获得二等及以上奖项，或参加自治区级职业技能大赛获得三等及以上奖项，或指导学生参加市级职业技能大赛获得二等及以上指导教师奖项，参加自治区级职业技能大赛获得三等及以上指导教师奖项（以市职教技能大赛办公室颁发的证书或出具的证明为据）。

2. 在企业生产、建设、管理、服务第一线累计有二年以上专业工作经历或坚持每两年到企业进行不少于两个月的专业实践。企业工作经历证明由学校或企业出具；企业专业实践时间由学校和企业同时出具证明或由市职业教育行业协调委员会联络办公室出具证明。

3. 参研市级以上职业教育科研课题（含国家级职业教育科研课题子课题），以结题证书为据。

4. 获得市级或国家级科技进步奖或发明奖或获得专利，以证书为据。

三、高级“双师型”教师

高级“双师型”教师除同时具备两个必备条件外，还应具备以下拓展条件之一：

（一）必备条件

1. 具有中等职业学校教师任职资格（含实习指导教师任职资格），取得高级讲师及以上职务，遵守国家中等职业学校教师职业道德规范。

2. 具有与所教专业相关的执业资格，或非教师系列副高级及以上专业技术职务任职资格，或技师及以上职业资格。

（二）拓展条件

1. 参加市级职业技能大赛获得一等及以上奖项，或参加自治区级职业技能大赛获得二等及以上奖项，或参加国家级职业技能大赛获得三等及以上奖项，或指导学生参加市级职业技能大赛获得二等及以上指导教师奖项，或指导学生参加国家（区）级职业技能大赛获得三等及以上指导教师奖项（以市职教技能大赛办公室颁发的证书或出具的证明为据）。

2. 在企业生产、建设、管理、服务第一线累计有二年以上专业工作经历或坚持每两年到企业进行不少于两个月的专业实践。企业工作经历证明由学校或企业出具；企业专业实践由学校和企业同时出具证明或由市职业教育行业协会出具证明。

3. 参研市级以上职业教育科研课题（含国家级职业教育科研课题子课题），以结题证书为据。

4. 获得市级或国家级科技进步奖或发明奖或获得专利，以证书为据。

从以上两所学校的“双师型”教师认定标准来看，尽管第一所学校是应用型本科院校，但其对“双师型”教师的认定是比较宽松和宏观的。第二所学校是一所中等职业学校，该校对“双师型”教师的认定标准不但分等级，还包括拓展条件要求，认定条款也更为具体和具有可操作性。可见，学校层面的“双师型”教师认定存在很大的差异，很难区分认定的水平或质量，不具有可比性。

第二节　“双师型”教师队伍建设与认定的现状

从我国“双师型”教师队伍建设的相关政策沿革来看，国家和教育行政主管部门在职业教育的重要文件中均强调“双师型”教师队伍建设的相关问题，包括任职资格、教师标准、建设路径、激励制度等，提出了建设一支适应职业教育发展的高素质“双师型”教师队伍要求。

一、国家关于“双师型”教师资格的政策规定与要求

“双师型”教师的资格认定是随着职业教育的日益发展和对双师型教师的迫切需求而提出的工作要求。2005 年，《国务院关于大力发展职业教育的决定》指出，要深化职业学校职称制度改革，“加强‘双师型’教师队伍建设”，要求“职业院校中实践性较强的专业教师，可按照相应专业技术职务试行条例的规定，申请评定第二个专业技术资格，也可根据有关规定申请取得相应的职业资格证书”。2006 年，《教育部关于全面提高高等职业教育教学质量的若干意见》提出，逐步建立“双师型”教师资格认证体系，研究制定高等职业院校教师任职标准和准入制度。2010 年颁布的《国家中长期教育改革和发展规划纲要（2010—2020

年)》提出“完善教师定期到企业实践制度”以及“完善相关人事制度，聘任(聘用)具有实践经验的专业技术人员和高技能人才担任专兼职教师，提高持有专业技术资格证书和职业资格证书教师比例”，旨在强化职教师资的企业实践经验和职业技能要求。2012 年印发的《国务院关于加强教师队伍建设的意见》提出：完善符合职业教育特点的职业学校教师资格标准；分类推进教师职务（职称）制度改革，完善符合各类教师职业特点的职务（职称）评价标准；鼓励职业学校和高等学校聘请企业管理人员、专业技术人员和高技能人才等担任专兼职教师。2013 年，为建设高素质“双师型”教师队伍，教育部印发《中等职业学校教师专业标准（试行)》，要求教师要将职业性和实践性贯穿于教学设计、教学实施、实训实习组织、教学研究与专业发展之中。2017 年，国务院印发《国家教育事业发展“十三五”规划》，提出“探索将行业企业从业经历作为取得职业学校专业课教师资格的必要条件”。很明显，国家对职业教育教师特别是专业课教师提出了更高要求。

为了便于做好“双师型”教师的建设和管理，2004 年，教育部在《高职高专院校人才培养工作水平评估方案》中明确将“双师”素质的内涵注解具体表述为：“有本专业实际工作的中级或以上技术职称含行业特许的资格证书”；或者“近五年中有两年以上可累计计算在企业第一线本专业实际工作经历，或参加教育部组织的教师专业技能培训获得合格证书，能全面指导学生专业实践实训活动”；或者“近五年主持（或主要参与）两项应用技术研究，成果已被企业使用，效益良好”；或者“近五年主持（或主要参与）两项校内实践教学设施建设或提升技术水平的设计安装工作，使用效果好，在省内同类院校中居先进水平”[①]。这是教育部首次对“双师型”教师资格做出的详尽说明，明确鉴定了“双师型”教师的内涵，各高校院校以此标准开展针对该指标的评建工作。在总结经验的基础上，2008 年教育部印发的《高等职业院校人才培养工作评估方案》将双师素质教师的认定标准调整为具有教师资格的校内专任教师和校内兼课教师，同时将必须要具备的另一标准由四项合并为三项：①具有本专业中级（或以上）技术职称及职业资格（含持有行业特许的资格证书及具有专业资格或专业技能考评员资格者)，并在近五年主持（或主要参与）过校内实践教学设施建设或提升技术水平的设计安装工作，使用效果好，在省内同类院校中居先进水平；②近五年中有两年以上（可累计计算）在企业第一线本专业实际工作经历，能全面指导学生专业

① 教育部办公厅关于全面开展高职高专院校人才培养工作水平评估的通知. http://www.moe.gov.cn/srcsite/A07/moe_737/s3876_qt/200404/t20040427_110099.html.（2004-04-27）.

实践实训活动；③近五年主持（或主要参与）过应用技术研究，成果已被企业使用，效益良好。新标准淡化了教师专业技术职务的等次，但提升了本专业职业能力的标准，从过去重视证书调整为在有证书的前提下，必须有相应的工作业绩，以确保双师素质教师拥有相应的实际职业能力。

可以说，国家对于职业教育"双师型"教师队伍的建设是高度重视的，从概念演进、标准修订、指标要求以及认定管理都在不断的完善当中。

二、各省份开展"双师型"教师资格认定情况

借助网络和实地调研，目前有江苏、安徽、江西、重庆、吉林、河南、广西、福建、广东、北京等省份的教育主管部门开展了"双师型"教师认定工作，具体情况如下。

（一）制定有"双师型"教师认定标准

各省份根据"双师型"教师的内涵和本省实际，均制定了"双师型"教师资格认定标准，以引导教师不断加强专业技能和实践能力提升，加强职业学校"双师型"教师队伍建设。

1. 吉林

吉林是最早开展省级中等职业学校"双师型"教师认定工作的省份。2008年。吉林省教育厅下发《关于在全省中等职业学校开展省级"双师型"教师认定工作的通知》，明确了"双师型"教师认定标准和认定办法。认定标准为，在具备基本条件的教师还要符合以下标准：具有中级以上教师专业技术职务，如中学一级教师、讲师以上职称。同时，教师还要具备以下条件之一：一是具有中级以上专业技术职务，如工程师、畜牧兽医师、会计师、主治医师等以上职称（包括参加国家专业技术职务以考代评取得的中级专业技术职务）；二是获得高级国家职业资格，如国家职业资格的高级工、"三级/高级技能"以上；三是具有经权威部门认定的相应等级资格证书。该标准的提出标志着"双师型"教师认定标准开始进入省级教育行政管理部门对其进行认定与管理制度的新阶段。江西、重庆、安徽等省份也相继启动省级资格认定标准研制和认定工作。

2. 重庆

2009年，重庆市教委出台《关于加强中等职业学校"双师型"教师队伍建设

的意见》，明确并出台了《重庆市中等职业学校“双师型”教师认证标准》。与其他省份不同，该标准更加细化，分为初级、中级、高级三个级别开展认定。认定标准包含必备条件和拓展条件两部分，必备条件涉及教师资格和职业资格，拓展条件涉及获奖状况、课题研究、专业工作经历等方面。

3. 安徽

2010 年，安徽省教育厅下发《关于做好中等职业学校“双师型”教师认定工作的通知》，将“双师型”教师的内涵鉴定为“具有较高的教育教学水平和较强的专业操作示范技能，具备教师专业技术职务资格证书和相应的职业资格证书或技术等级资格证书的复合型专业人才”。其认定标准为：教师应具备中专助理讲师以上职务和中等职业学校教师资格，拥有扎实的专业知识和教学理论知识；在此基础上，还需满足“取得相关部门颁发的职业资格证书；近五年内累计拥有两年以上企业实践经验；近五年内参加市级以上教师培训（累计 130 学时以上），并获得合格证书；指导学生获得市级以上技能比赛一等奖或本人获得教师专业技能比赛三等奖以上；参与市级以上项目开发者”的五个条件之一方可认定为“双师型”教师。

4. 江西

2011 年，《江西省中等职业学校“双师型”教师认定及管理办法（试行）的通知》颁布，针对专任教师制定“双师型”教师要求：具有教师系列初级（普通中专为助理讲师、职业高中为中教二级）及以上专业技术职务；本专业或相近专业中级及以上职业资格证书；从事本专业教学三年以上；近五年内有一年以上企业（或社会）实践活动经历；经过省级“双师”素质专项培训或国家级骨干专业教师培训。同时江西在全省建设了 10 个培训基地组织培训，对符合“双师型”教师基本条件、并经培训考核合格的教师，省教育厅认定其为“双师型”教师，并颁发《江西省中等职业学校“双师型”教师证书》。江西将培训、考核纳入认定标准之中。

5. 河南

2013 年，河南开展了中等职业学校的“双师型”教师的认定工作，认定对象仅限于从事专业教学的专兼职专任教师。认定的标准主要包括：职业意识和态度标准、教育教学和专业知识标准、学和专业实践能力标准等主要内容。在教师专业技术职称上，要求教师具有中等职业学校教师资格或高级中学教师资格，并取得助理级及以上专业技术职务。在实践经历或实践能力上，既要求教师取得国家承认的与本专业相关的非教师系列专业技术职务任职资格证书，或人力资源和社会保障部门、行业主管部门认定的技能等级证书，或职业技能鉴定考评员资格证书，或执业资格证书等，又要求教师有一定年限的企业实践经历以及一定学时量的企业培训学习经历，参加培训的教师需要获得培训证书。

6. 江苏

与上述各省份做法有所不同，江苏既不对教师个体认定“双师型”教师，也不统一组织认定，而是以学校或团队为单位进行管理。学校层面看整体水平，团队管理以点带面，多以教师职业技能大赛、教师下企业挂职锻炼制度化、设立教学名师工作室、评选各个层面的骨干教师等方式引导和培训教师的实践教学指导水平，并把专业教师的专业技能水平高低纳入职称评定的条件。2012 年，江苏省教育厅下发《江苏省中等职业学校主要专业“双师型”教师非教师系列专业技术证书目录》，进一步统一规范了各学校认定“双师型”教师的职业资格标准，有效地推进“双师型”教师队伍的建设。

7. 福建

2017 年，福建省教育厅印发《福建省职业院校“双师型”教师认定指导性标准（试行）》，实行分类认定，按专职和兼职分别认定并以此制定不同的认定条件。同时，实行动态认定，认定有效期 5 年，每年认定一次。在认定组织方面，省级教育行政部门出台指导性标准，不统一组织认定，具体认定由各职业院校自主开展，报省教育厅备案，实行的是备案制，但认定标准不能低于“指导性标准”。同时，“指导性标准”中认定的条件和要求是将中等职业学校和高等职业学校同时考虑进行的，只是要求的条款数不同，还有一个明显的特征就是只针对上专业课的教师，着重于考核专业课教师的专业实践教学能力，没有制定专门的非教师系列专业技术证书目录。

8. 北京

2020 年，北京市教委印发《北京市职业院校“双师型”教师认定办法（试行）》，该办法只对专职的专业课教师进行认定，不考虑兼职教师和文化课教师的认定，“双师型”教师认定的有效期为 5 年，有效期满后需要重新认定。在组织认定上，采取“职业院校校级认定和市级备案、抽查”工作机制，即全市统一规范条件、院校作为认定主体、特殊认定和抽查机制。从认定的条件看，将中专、中等职业、高职教育统一在一个规范当中，不做层级的区分，且条件比较简单。同时，为提升“双师型”教师队伍建设的经费保障水平，规定各中等职业学校落实年度公用经费预算总额的5%安排用于教师培训经费，高等职业院校也要将年度公用经费预算总额的一定比例用于教师队伍建设，且将“双师型”教师队伍建设情况作为职业院校办学水平评估的重要内容。

（二）设计有“双师型”教师资格认定工作制度

各省份均根据实际，设计“双师型”教师认定范围、认定程序等工作制度。工作制度既有相同之处，也存在差异。

1. 柔性认定制度

各省份“双师型”认定均采用“教师本人提出申请”的办法开展认定，而不采用强制性措施，这在一定程度上体现了尊重现实、循序渐进的管理理念和工作思路。

2. 认定范围不一

安徽面向专任教师和兼职教师开展认定；吉林省面向中等职业学校专业课教师（含专业基础课教师）和实习指导教师，包括聘任教师和兼职教师开展认定；江西省面向中等职业学校专任教师开展认定；河南省面向从事专业课教学工作的专任教师；重庆市认证对象为全体中等职业学校教师，没有区分专兼职教师。

3. 认定程序不一

吉林为本人提出申请，省教育厅组织专家委员会进行审核认定，对符合条件和标准的教师，认定其省级“双师型”教师资格，予以公布、颁发证书；重庆采用分级认定、分级管理的制度，初级按照属地管理原则，由各区县（自治县）教委（教育局）负责，重庆市教委负责中级、高级“双师型”教师认定工作的组织领导、名单审定、证书颁发等工作；河南由校、市推荐，省教育厅审核、认定；安徽采用县市教育局认定，省教育厅备案；江西的认定，不仅要求申报人员提供复核“双师型”教师这个条件的材料，还要求在初审合格、参加专门教师培训并考核合格后方才颁发“双师型”教师证书。

（三）出台有“双师型”教师相关鼓励政策

各省份均制定了激励政策措施，明确开展“双师型”教师资格认定的导向。如安徽省教育厅下发的《关于做好中等职业学校“双师型”教师认定工作的通知》提出：有条件的地方和学校，可适当提高“双师型”教师的工资待遇，并在职称评聘、评优选先、培训进修等方面予以优先；吉林省教育厅下发的《关于开展2011年全省中等职业学校双师型教师认定工作的通知》提出：适当提高“双师型”教师的岗位津贴，有条件的地方和学校，应适当提高“双师型”教师的待遇，在参加国家级、省级培训，评职晋级，评优选先等方面，予以优先。今后评估及复评省级、国家级重点中等职业学校将以省级标准“双师型”教师占专任教师的比例作为教师队伍的评价标准之一。河南省教育厅下发的《关于进一步加强我省职业院校“双师型”教师队伍建设有关问题的通知》提出：要加大对“双师型”教师的政策激励，提高“双师型”教师课时补贴等相关待遇，进行理论与实训一体化教学，在正常课时补贴标准基础上可上浮20%；对具有高级职称、高级职业资格证书的“双师型”教师，课时补贴可上浮至50%；在职业教育专家评审时，“双高型双师”优先推荐。

（四）建立省级“双师型”教师信息管理平台

根据管理实际，结合“双师型”教师认定要求，部分省份建立了省级“双师型”教师信息管理平台。安徽省教育厅提出将建立职业院校“双师型”教师电子管理平台，“双师型”教师证书纳入电子管理平台统一管理。江西中等职业学校“双师型”教师认定依托本省的“职业教育综合管理平台”开展。河南中等职业学校“双师型”教师认定工作依托“河南省职业教育与成人教育网”，使用“河南省职业学校教师信息管理系统”完成认证。

综上所述，各省份主要结合本地区的实际情况开展认定，各有特点（表3-3）。

表3-3 部分省份“双师型”教师资格认定情况

省份	启动年份	内涵界定	主要特点
吉林	2008	教师资格+教师职称+专业职称或职业技能证书或执业资格证书	1. 省级层面组织实施 2. 不分等级认定
重庆	2009	教师资格+教师职称+职业资格+拓展条件	1. 市级认定中高级，区县认定初级 2. 分初、中、高三级认定
安徽	2010	教师资格+教师职称+职业资格等5条件之一	1. 地市认定，省里备案 2. 不分等级认定 3. 建立认定信息管理平台
江西	2011	教师职称+专业职称或培训、考核	1. 各市教育局（省属学校报省教育厅职成处）初审基本条件，再通过培训就通过认定 2. 不分等级认定 3. 信息管理平台认定

续表

省份	启动年份	内涵界定	主要特点
江苏	2012	教师职称+非教师系列专业技术证书	1. 省教育厅出标准，学校组织认定 2. 分初、中、高三级认定 3. 将相关双师要求纳入职称评审
河南	2013	教师资格+教师职称+专业职称或技能资格+实践（培训）经历	1. 省级层面组织实施 2. 不分等级认定 3. 信息管理平台认定
福建	2017	中级以上教师职称+职（执）业资格+其他能反映专业实践能力的经历或成果	1. 省级出指标性标准 2. 院校自主认定 3. 不分等级认定
北京	2020	教师资格证+中级以上的技能证/职业资格证/非教师系列专业技术职务证或其他能反映专业实践能力的经历或成果	1. 市级统一出规范条件 2. 院校自主认定 3. 市教委抽查 4. 不分等级认定

从表3-3中可以发现，开展中等职业学校“双师型”教师资格认定工作的几个省份存在较大的差异：①每个省份对“双师型”教师的内涵理解上存在不同，对于“双师型”教师的认识有出入，几乎没有完全相同的界定，如有的省份强调教师资格，有的省份要求有拓展条件，有的省份要求有实践（培训）经历；②在认定级别上有差异，有的省在“双师型”教师资格认定时考虑了层级，如江苏、重庆，有的省份不进行分级认定，如吉林、安徽、江西、河南；③在认定对象和范围上有差异，有的省份仅面向专业课教师，而有的省份只要具备条件不管是文化课、基础课还是专业课教师都可以申请，甚至有的省份还开展了面向兼职教师的认定工作，如江西；④认定程序上有不同，有的省份出台省级层面的认定标准，学校根据标准实施认定，如江苏；有的省份是根据认定的级别的不同分别由地市、省组织认定，如重庆；有的省份是地市认定，省里备案，如江苏；有的直接由省里统一认定，如河南、吉林。

中等职业学校“双师型”教师认定呈现上述做法不一的局面，其根本原因是国家没有颁布统一的“双师型”教师认定标准和认定办法，从而导致各个地方、各个学校在认定过程中根据自己的“合理性”解释组织实施，最终展现出来的必然是形态各异。

在高等职业教育层面，目前仅有吉林、安徽、广西、福建、北京启动了省一级“双师型”教师认定工作。如吉林省教育厅根据《吉林省职业院校“双师型”教师认定标准（试行）》，每年面向全省高等职业院校开展“双师型”教师认定，所认定的“双师型”教师不分等级。安徽省出台《安徽省高等职业院校“双师型”教师认定办法》《安徽省高等职业院校“双师型”教师认定标准》，要求教师按照《安徽省高等职业院校各专业类“双师型”教师岗位资格证书对应一览表》认真填报《安徽省高等职业院校“双师型”教师认定申请表》，每年面向全省高等职业院校开展“双师型”教师认定。

第三节 “双师型”教师认定的困境与对策

经过多年的实践探索，学界对职业教育“双师型”教师内涵的认识不断深化，国家关于“双师型”教师的政策不断完善，职教师资队伍规模不断扩大，体系和结构更加合理，“双师”特色更加凸显，职业学校“双师型”教师队伍建设也取得了明显的成效，但在具体的认定标准、认定办法和相关管理方面仍然存在诸多困惑，还需要进行深入的改革实践探索。

一、“双师型”教师认定的困境分析

（一）观念认知上对“双师型”教师认定的标准缺乏共识，难以保障“双师型”教师资格认定的科学合理性

在认识层面，无论是学术理论界还是政策制订者，大都是对“双师型”教师给出了一个“称谓”，关于“双师型”教师的概念都没有形成一致性意见，对于其内涵没有一个权威的、受到广泛认可的解释。众所周知，“双师型”教师这一概念是我国在特定条件下为解决职业教育教师队伍中普遍存在专业实践教学能力不足问题而提出的，其本身来源于现实问题而非一个“规范性”定义，所以在不同现实背景下，对其内涵的解读也处于不断变化之中。在学者视野中，对“双师型”教师的认知提出“双证”说、“双素质”说、“双资质”说、“双能”说等，不一而足。

在教育政策视野，不同时期有不同的提法，1986 年国家教委制定《中等专业学校教师职务试行条例》《技工学校教师职务试行条例》《关于加强职业技术学校师资队伍建设的几点意见》等文件，明确提出职业学校教师应具有专业知识、专业技能和实践能力的要求；1998 年颁布的《面向 21 世纪深化职业教育教学改革的意见》，首次明确提出“双师型”教师的概念；2000 年印发的《教育部关于加强高职高专教育人才培养工作的意见》中提出，“双师型”教师应既具备扎实的基础理论知识和较高的教学水平，又具有较强的专业实践能力和丰富的实践工作经验；2004 年教育部在《高职高专院校人才培养工作水平评估方案》中明确将“双师”素质的内涵注解具体表述为“有本专业实际工作的中级或以上技术职称

含行业特许的资格证书"；或者"近五年中有两年以上可累计计算在企业第一线本专业实际工作经历，或参加教育部组织的教师专业技能培训获得合格证书，能全面指导学生专业实践实训活动"；或者"近五年主持（或主要参与）两项应用技术研究，成果已被企业使用，效益良好"；或者"近五年主持（或主要参与）两项校内实践教学设施建设或提升技术水平的设计安装工作，使用效果好，在省内同类院校中居先进水平"。这是官方首次对"双师型"教师资格给出阐释，明确"双师型"教师的表征。2019年，《国家职业教育改革实施方案》出台，对"双师型"教师的内涵给出新的界定，即同时具备理论教学和实践教学能力的教师，国家政策方面对"双师型"的内涵有了明确规定，但"理论教学能力"和"实践教学能力"的具体规格是什么，不同职业教育层次、专业类型存在很大区别。

从中我们发现，各种关于"双师型"教师的表述或注解反映了"双师"的一些特征或要求，其共同特点是强调职业教育教师的专业理论与专业实践能力的要求。但如何给出科学、规范、准确并得到学界、政府和一线教师广泛认同的定义仍然处于探索阶段。

（二）在政策层面，缺少明确具体的政策依据和实施细则，影响"双师型"教师资格认定的可操作性

在操作层面，尽管国家对职业学校的"双师型"教师比例提出了要求，并公布了其比例情况，但是对于如何鉴定一名职业学校教师是否是"双师型"教师却没有清晰标准和实施细则，也没有组织国家层面的标准制定和认定工作，导致全国各地的标准不统一、程序不一致、认定方法不尽相同。"双师型"教师资格认定的难点在第二个"师"，即教师专业实践能力、职业技能的鉴定上，因为具备什么样的专业技能才算合格，其外显特征是什么，每个专业可能都不一样，有的专业有执业资格可能就可以，有的专业（行业）的执业资格仅仅是最低资质，有的专业可能有对应的执（职）业资格证书就能够反映其专业能力，有的证书存在太多"水分"并不能代表一个人具备相应的专业能力。另外，教师内隐的专业实践能力很难直接对应某一职业岗位的证书，反之亦然。有人认为，通过教师在企业实践经历可以鉴定其是否具备专业实践能力，这个方法在理论上是行得通的，但是教师的企业实践经历证明材料如何获取，什么样的证明材料才能够真正反映这位教师具备相应的专业实践能力，某一家企业或几家企业岗位实践技能是否能够涵盖所任教专业的全部专业技能，还是值得商榷的。还有的人认为，可以通过现场考核教师的专业技能，这应该是最直观、最可信的方法，但是通过现场考核

方式认定的可操作性不强，认定的成本高（包括设备成本、时间成本、人员成本等），学校、教师、教育行政部门难于承受。

另外，教师作为“双师型”教师认定的对象，其内生动力如何将直接影响“双师型”教师认定的效果，教师参与的积极性与主动性必然要与外部的激励机制相关。就目前来看，无论是学校开展的认定还是教育行政管理部门组织的认定，其认定后的激励措施均不够健全，与教师的工资待遇、职级晋升关系不大，远没有教师的职称评聘、晋升来得实惠。从某种程度而言，当前开展的“双师型”教师资格认定工作最大动因是在于达到院校评估或专业评估的指标要求，教师自身的直接受益不大。所有这些实施过程中面临的问题都影响到“双师型”教师资格认定工作的顺利推进和认定效果。

（三）在管理层面，缺少对“双师型”教师的激励和约束措施，影响“双师型”教师资格认定工作的权威性

除上述两方面的影响因素之外，还有一个更重要的因素会影响双师认定工作的可信度和权威性，即职业学校的领导和地方教育行政部门的现实需求。在认定的实践中我们发现，职业学校和县市教育管理部门本着尽可能增加“双师型”教师队伍数量和比例的目的，在材料审核和评议过程中一般会从宽认定；省级教育行政部门也会在认定过程中面临诸多现实困境，如标准太松会影响认定工作的权威性和严肃性，标准太严又担心本省份的“双师型”教师数量和比例达不到相关教育政策文件要求，也影响各个职业学校和市县开展“双师型”教师队伍建设的积极性。虽然，这些问题从科学理性上看都不应该存在，但现实与现状却实实在在地在一定程度上影响着认定工作的实际成效。

另外，从认定机构来看，目前基本上由教育系统内部存在诸多利益关联的机构和人员开展此项工作，尤其是学校自己开展的认定，很难得到外界和社会的广泛认同；省级教育行政部门一般采取委托一些机构来负责这项工作，但这些机构往往是办学实力较强、办学水平较高的职业学校、职业教育研究机构或职业教育培训基地，它们往往有自身的利益诉求，在一定程度上也会影响认定工作的公平性、公正性。

二、“双师型”教师认定的改革路径

（一）在政策上明确“双师型”教师的标准，使认定工作有章可循

尽管目前对于“双师型”教师的概念、内涵、特征存在诸多不同看法和意

见，但是作为一项政策措施，明确而清晰的“双师型”教师标准是开展“双师型”教师队伍建设和认定工作的前提和关键。一般认为，“双师型”教师除具有一般教师所应有的知识、能力、素质外，更为强调其实践教学能力、动手操作能力、专业技术开发能力以及现场实务或指导能力。考虑到“双师型”教师的重要意义，其标准背后应当包含“科学性”与“可操作性”的统一、理性与现实的平衡，唯有这样，才能更好地使“双师型”教师队伍建设取得最大实效。

为此，我们可以将“双师型”教师概念界定为：具有较高的教育教学水平和较强的专业操作示范技能，具备教师专业技术职务资格证书和相应职业资格证书或技术等级资格证书的复合型专业人才。在此基础上，建议由教育部组织职业教育专家、行业专家、教育管理专家共同研制职业学校“双师型”教师的国家标准，并制订某一专业或专业类的“双师型”教师补充标准。而后，各省份可结合本地实际，编制不低于国家标准的相关专业或专业类的“双师型”教师标准。

（二）建立“双师型”教师资格认定制度，使教师准入制度落在实处

从教师资格制度的产生看，其出现与教师专业发展历程密切相关。“教师专业化的目标有两个：其一是把教师视为社会职业分层中的一个阶层，专业化的目标是争取专业地位与权利及力求集体向上流动。其二是把教师视为提供教育教学服务的专业工作者，专业化的目标是发展教师的教育教学知识和技能，提高教育教学的水平。”① 在实际的教师专业发展历程中，不论是教师专业地位和权利的提升，还是教师知识技能的提高，都逐渐转向以制定专业标准和规范、改善专业服务水平，以获取教师整体素质提高的专业内部自治为主。因此，从教师资格制度的产生看，教师资格制度是提升教师职业专业地位、促进教师专业化的一个重要保障机制。

1993 年颁布的《中华人民共和国教师法》首次以法律的形式明确规定国家实行教师资格制度，它不仅是对教师实行的法定的职业许可制度，对教师职业发展进行监督与提供保障，也对教师专业化发展提出了基本标准和要求。针对目前的职业院校师资培养，首先要建立职业教育教师资格制度，制定符合职业教育发展的“双师型”教师专业标准，严格规范职业院校教师的准入，同时，要考虑职业院校师资培养的特殊性要求，在专业能力、工作经验等方面给予足够的重视并体现实践导向。例如，为了实现培养高级应用型或技术技能人才的目标，欧洲的应用技术大学在办学过程中不仅体现了实践导向的特色，而且在师生来源上也注重

① 荀渊. 从政策转变看教师专业化的发展. 教师教育研究，2004（2）：50-54.

实践导向，教师的聘任注重相关领域职业经历，学校也要求学生具有一定职业知识或专业实践经验。

“双师型”教师的特殊性要求建立“双师型”教师资格制度，尽管至今对“双师型”教师的标准都没有形成统一的认识，但从根本性质来看，“双师型”教师应该具备相应的专业理论知识，同时也要具备专业实践经验或专业技能，以及良好的教师职业道德和教学能力。简言之，“双师型”教师就是既懂专业理论又精通专业技能的职业教育教师，正是“双师型”教师的特质使其有别于普通教师。我国教师职业资格证书大致可分为高校教师、中等职业教师、高级中学教师、初中教师、小学教师及幼师资格证。从考试科目和考试形式上不难看出，我国教师职业资格证书更侧重于对教师的教育教学能力和专业理论知识的考核，而对“双师”素质的考核有限，尤其是对“双师型”教师专业技能这一模块的考查存在盲点。此外，我国的职业教育分为中等职业教育和高等职业教育，由于历史等原因，二者分属不同教育类型，中等职业学校教师须取得中等职业教师资格证书，高等职业学校教师须取得高校教师资格证书，高等职业学校教师取得的高校教师资格证书与普通高等院校教师取得的教师资格证书无异。然而，高等职业教育教师任职要求和任职资格与普通高等院校教师任职要求和任职资格存在很大差异，因此，现行的教师资格制度并不能准确、全面地考查“双师型”教师的资格要求，我国亟须出台专门针对“双师型”教师资格认证的职业资格证书制度。

（三）健全“双师型”教师资格认定机制，使认定工作规范有序

认定机制涉及主体、范围、对象以及认定程序、方法等问题，鉴于目前存在认定机构不统一、认定程序和方法不一致等现象，建议国家借鉴目前院校评估的相关做法，出台职业学校“双师型”教师资格认定管理办法或指导意见，构建“国家主导、省为主体、校为基础”的认定机制，即国家在宏观上规范全国的“双师型”教师资格认定工作，省级教育主管部门作为推进本省份“双师型”教师资格认定的责任主体负责认定工作的组织和实施，职业学校作为参加“双师型”教师资格认定的基础单位负责“双师型”教师队伍建设工作。在这一机制下，成立省级由职业教育专家、职业院校教师和行业企业代表组成的“双师型”教师资格认定专门机构，保证认定机构的相对独立性和专业性；严格规范认定程序，科学设计“本人申请、资格审查、资格评定、结果公示以及行政复议”等关键环节，做到过程公开、结果公平；兼顾科学性与可操作性相结合原则。在认定过程中，要充分认识到职业学校文化课、基础课教师的职业发展需要，以及职业

学校教师转岗频繁、兼职教师来源复杂和广泛等现状，可以考虑设置拓展条件、破格条件等方式，让这部分教师参与到认定工作中。

（四）完善“双师型”教师管理机制，使认定工作取得实际成效

政策支持是实现“双师型”教师队伍可持续发展的重要保障。在“双师型”教师资格认定实践中，建议出台相关政策鼓励教师参加认定，由外部要求转化为内生动力。唯有这样，才能使“双师型”教师资格认定工作和“双师型”教师队伍建设工作朝着良性的方向发展。具体建议包括：①可以尝试将认定工作与职称评审结合起来。凡是专业课教师晋升职称时都要求达到“双师型”教师的相关要求。②可以设计“双师型”教师资格认定的层级体系。例如，“双师型”教师认定标准可设计为初级、中级、高级 3 个级别，教师可以根据自身条件参加相应级别的申请。这有利于激励教师不断追求卓越、提高教育教学和职业技能水平，也有利于分层次管理。③实施“双师型”教师资格认定的滚动机制。获得“双师型”教师资格的教师，需要参加每 5 年一轮的重新认定，以保障“双师型”教师的质量。④实行“双师型”教师资格认定与教师薪酬挂钩机制。凡是取得相应“双师型”教师资格的教师，都可以获得相应的薪金待遇，在评优评先、学科带头人、专业负责人、教学骨干、外出考察、学习培训、学术交流和教学科研项目评定等方面，在其他条件同等情况下，予以优先考虑。这样可增强“双师型”教师的荣誉感和归属感。通过这四项举措，确保“双师型”教师资格认定工作的持续、有效进行。

（五）强化补偿机制建设，进一步完善教师到企业实践制度

“双师型”教师是中国职业教育发展进程中特有的现象，它是因中国 20 世纪 80 年代初期普通高中向职业高中教师的转型中技能型教师大面积缺乏而提出的一项职教师资建设举措，旨在破解职业教育技能型教师短缺问题，提高专业课教师、实习指导课教师的专业技能和职业能力是其中的关键。鉴于职业学校这部分教师主要来源于高校毕业生或原文化课教师，通过企业实践可以有效提高这部分教师的两项能力。1996 年《职业教育法》第三十七条明确提出企业、事业组织应当接纳职业学校和职业培训机构的学生和教师实习（2022 年修订的《职业教育法》则在第四十五条规定，产教融合型企业、规模以上企业应当安排一定比例的岗位，接纳职业学校、职业培训机构教师实践，同时在第五十条规定，国家鼓励企业、事业单位安排实习岗位，接纳职业学校和职业培训机构的学生实习）。

2006 年 9 月印发的《教育部关于建立中等职业学校教师到企业实践制度的意见》提出，加快建立中等职业学校教师到企业实践制度。到企业生产一线实践锻炼，是提高职业学校教师专业技能水平和实践教学能力的有效途径。在具体执行过程中，职业教育主管部门、职业院校、企业和教师各方面都存在不同程度和不同形式的困难与阻力。从国家制度法规层面看，《教育部关于建立中等职业学校教师到企业实践制度的意见》中明确提出“要建立职业教育教师到企业实践制度”，且对实践要求、主要内容、主要形式与组织管理等均做出明确规定和要求。多年来，针对职业学校教师企业实践仍存在制度不健全、渠道不畅通、要求不明确、针对性实效性不强等突出问题，职业学校教师不能及时了解、掌握产业转型升级和生产一线的实际情况，专业操作技能和实践教学能力难以适应技术技能人才培养的需要，亟待国家建立健全职业学校教师企业实践制度。2016 年 5 月，教育部等七部门印发的《职业学校教师企业实践规定》中明确了企业依法应当接纳教师进行实践、强化行业主管部门的监督指导作用、出台企业参与教师企业实践的支持政策遴选、建立教师企业实践基地和完善教师企业实践体系等举措，以及加强统筹管理、强化校企合作、倡导多种形式、拓展投入渠道和开展绩效考核的具体要求。

然而，地方普遍缺少后续的相关专项法规，导致学校派遣教师到企业实践缺少强有力的法律保障，往往难以顺利开展。建立职业学校教师到企业实践制度，需要独立运行机构负责对整个实践活动整体把控。目前，职业教育的政府相关部门、学校和企业均没有设立负责教师到企业实践的具体执行机构，造成各部门对实践的计划和过程缺少统筹、安排、监督和管理，不利于这一制度的顺利推进。

从学校层面看，教师到企业实践的配套制度尚不健全，缺乏可操作性和执行性。一是一些学校对教师到企业实践重视程度不够，缺乏相应的可执行性的制度规定；二是对教师到企业实践制度的责权利划分不清，学校应对教师到企业实践活动涉及的工作内容、绩效考核、工作报酬、工作时间等进行详细明确规定，为教师到企业进行实践活动提供具体的实施细则和管理办法；三是许多职业学校的教师数量和办学经费紧缺，也难以安排教师参加企业实践。

从企业层面看，一些企业缺乏责任意识，尤其是在经济转型时期，企业的核心价值是实现经济效益最大化，即使一些成熟度较高的企业有与职业学校合作的意愿和行动，也往往会因利益追求及生产技术保密等诸多原因，干扰教师到企业实践系统的有效、持久运行。

从教师个人来看，一些职业院校教师对个人职业生涯规划不够重视，对企业实践在教师个人发展的重要性认识不到位，加之激励制度不健全、工作繁忙等原因，参加企业实践的积极性和主观能动性不强。

由此可见，学校、教师、企业三类主体总体上都未能充分认识到职业学校教师到企业实践是职业教育提升服务社会、服务企业、服务学生的能力的有效措施，对教师到企业实践的主导性价值理论与目标追求认识不清，存在只从自身利益的角度对教师到企业实践的狭隘化、片面化理解。教师到企业实践绝不仅仅是教育部门的事，还涉及人事、劳动、财政、税收、法律等众多领域和部门，诸如人事方面是否预留到企业实践的机动教师编制，劳动方面有关企业能否密切配合，财政方面能否提供相应的经费，税收方面是否有配套的税费激励政策，法律方面是否能提供必要的权益保护，等等。因此，应以科学发展观为指导，综合协调各部门，不断优化教师到企业实践系统的外部环境，切实地为教师到企业实践工作的开展提供系统、有效的支持。

第四章 国外职业教育教师专业标准与资格认证的特征和启示

“双师型”教师是一个具有中国特色的词，在国际上，职业教育界没有与此对应的名词。从发达国家及地区的师资培养培训情况来看，其普遍重视教师的专业化发展，对教师的知识和能力等素质方面均有较为全面的要求。纵向领域，职业教育教师的职前培养、准入时的制度与标准、入职后的系列培训，都遵循学术性和专业性、职业性与技术性、教育性和师范性的“三性”结合的实际要求。横向领域，为保证职教师资队伍能够拥有行业领域内的职业理念、先进的技术经验、创造性的职业视野，不断拓宽教师的来源渠道，强调工作过程中实践性知识在职教师资领域中的比重，稳定兼职教师在职教师资人才培养中的重要地位。这些基本要求和特质与我国“双师型”教师的内涵是基本一致的。本章有针对性地选择英国、澳大利亚、美国、德国和日本 5 个发达国家的职教师资培养培训情况作为研究蓝本，对其职教教师的发展、培养培训、准入机制以及标准制定和认证等方面进行探索，以期为我国的“双师型”教师专业化发展和认定提供借鉴。

第一节 英国职业教育教师专业标准的特征与启示

20 世纪 90 年代以前，英国没有对职业教育教师资格做出法律法规方面的规定。就认证来说，虽多种多样，但很不均衡，没有国家机构的监管，认证质量令人担忧。但之后，英国通过建立资格认定国家标准，迅速使职教教师的发展走向规范化和专业化。标准的建立不仅促进了职教教师的专业化发展，而且满足了产业市场对职业教育人才培养的需求。

一、英国职业教育教师发展的历史背景

在英国，“继续教育”[①]能否提升年轻人的就业能力，能否满足劳动力市场的需求，始终存在争议和讨论。民众的普遍观念是：年轻人需接受广泛的普通教育，这是正统选择，职业教育是二流的，是边缘化的。就国家层面而言，在整体教育体系改革中，也坚守所有年轻人有权利接受各种类型的普通教育。作为技术技能人才的使用方，雇主们认为“对实践的学习最好是在工作场所中，对于年轻人而言，理论学习会使他们更加无法适应‘杂乱无序的行业’，并且阻碍他们更为彻底地了解工人的真实状况”[②]。因此，从历史传统来看，英国的职业教育并不拥有卓越的地位和较高的认可度。

英国职业教育中，专职教师较少，兼职教师是其主要构成部分。这些兼职教师多从行业中直接抽调出来，没有政府规定的相应的从教资格，也没有机会接受类似的教育教学培训。他们更认同自身的行业技术或职业经验，更愿意以培训者而不是教师的身份出现。他们在自己的专业或行业领域可能拥有较高的技能水平，但缺乏运用不同教学方法促进教与学有效开展的能力，很多教师也不愿意改变自己的教学方法。总体来说，英国职业教育的前期从业者的地位不高，他们多来源于行业企业，其教育教学技能和方法不足，这为后续的尊重雇主需求、优先行业标准提供了依据，也为标准在教师教育教学方面的多层级论述提供了多维要求。

二、英国职业教育教师专业标准的发展与变革

20 世纪 70 年代后，职业教育存在的时代背景发生了较大变化，青少年失业率增加，劳动力市场急剧变化，国家竞争力下降，这些因素促使政府重新思考教育的实用价值以及教育与经济的关系，承担此部分工作的职业教育和职教教师进入政府的视野。20 世纪 90 年代初期，由于社会上对继续教育学院中的“技术学院”教学水平的担忧，加之国家更加重视职业教育，教师培训有所增加，但不同专业、不同领域的初始教师情况及后续培训情况非常不均衡。如何提高职业教育教师的水平，解决参差不齐的职教师资情况，成为英国政府需要面对的重要事

① 英国的继续教育（further education，FE）是个极其复杂的系统，内涵丰富，外延广泛。文中提及的职业教育主要针对为职业而努力，为就业做准备，为学生未来的生涯发展提供必要的知识和技能，并颁发职业资格证书的这部分。它是英国继续教育的重要组成部分，与我国职业教育的内涵最为接近和相似。除一些特殊的专有名词外，本书统称为“职业教育”。所论述的职教教师主要是在这些领域从事职业教育教学或相关培训的人员。

② Richardson W. The Technical College：Its Organization and Administration. London：Oxford University Press，1939：437.

宜，建立资格认定国家标准成为必需。

（一）1999 年的《继续教育教学和学习支持国家标准（英格兰和威尔士地区）》

1996 年，教育与就业部（Department for Education and Employment，DFEE）建立继续教育教职工发展论坛。经过意见征集和反馈，1999 年，继续教育国家培训组织（Further Education National Training Organization，FENTO）采用行业指导机构制定的以能力为本位的国家职业资格标准，发布了著名的《继续教育教学和学习支持国家标准（英格兰和威尔士地区）》（National Standards for Teaching and Supporting Learning in Further Education in England and Wales）（以下简称“1999 年继续教育国家标准”）。该标准为继续教育的管理人员、教职员工以及大学里的一些改革尝试提供服务。标准共分三大部分。第一部分职业知识和理解，共 22 项；第二部分技能和特质，分别为 22 项和 14 项；第三部分教学的关键领域素质有 8 项，还有细化的二级指标、若干条目，是核心部分，约占 4/5 的内容。第一部分为宏观和整体的概括，指出教师需具备广泛的知识，是对教师职业的认知和理解，如对继续教育的地位，一些学习理论、社会和文化多样性对教育教学的影响、学习者的中心地位和自主性、信息技术对教与学的影响，以及课程开发如何运用于教学工作领域等。这部分内容侧重理念和观念，不同的人或组织对此会有不同的理解，但总体来说，其实践认可度较高，是从事教师教育的工作人员需要知晓和思考的。第二部分是教师的技能和特质：一是技能方面，如分析、评估、监控、自我反馈、问题解决、树立目标、团队协作、自我管理等；二是特质方面，如影响力、自信、热情、坚持、果敢、真诚、开放等。这部分内容是教师个人和教师团队需要具备的。第三部分用了大量篇幅阐述教师在教学的关键领域应具备的素质，这些关键领域共 8 个，即“评估学习者的需要、为团队和学生个体规划和编写教学方案、开发和使用一系列教与学的方法与技巧、管理学习过程、为学习者提供支持、评估教学效果和学习者的成就、反思和评价自己的工作及规划未来、满足专业要求”①。这 8 个领域涵盖了教师几乎所有的职业活动，每个领域下有不同的分项目，每个分项下又细致阐述了教师个体和教师团队应具备的基本知识和核心知识，以及为达成这些目标应该如何在工作中践行等。

① Standards for teaching and supporting learning in further education in England and Wales. https://dera.ioe.ac.uk/4191/1/Standards%2520for%2520teaching%2520and%2520supporting%2520learning%2520in%2520%2520FE.pdf.（2012-04-07）[2017-02-09].

1999年继续教育国家标准为避免不同专业、不同领域教师的不均衡状况提供了制度上的约束和导向，为教师的专业化发展提供了可供参考以及可供检验的统一指标，是英国职教师资领域的历史性尝试，标志着英国职教师资缺乏统一标准的时代结束。该标准不仅说明了英国政府对职教师资有了统一的监管，还对职教师资的教师身份提出了明确的要求，职教教师作为培训身份向教师身份转换的跨界性要求已经有所展现。

（二）2006年《终身学习部门教师、辅导人员和培训者的专业标准》

1999年继续教育国家标准理念层面的导向作用非常好，但在具体操作和实施层面还存在一些问题，如面对同样的标准，不同专业发展阶段的教师如何区别运用；教师的职业角色如何体现在教和学实践活动中；来自不同职业领域的教师能够满足学生多样化的需求，但如何评价这些差异化的教师等。面对上述问题，2006年，学校培训与发展署（Training and Development Agency for Schools，TDA）联合各教育团体、利益相关者制定了《终身学习部门教师、辅导人员和培训者的专业标准》（New Overarching Professional Standards for Teachers，Tutors and Trainers in the Lifelong Learning Sector）（以下简称"2006年终身学习部门教师专业标准"），并于次年9月颁布实施。

2006年终身学习部门教师专业标准明确指出了教师、辅导人员和培训者需扮演的多种角色和需承担的责任，以便促使其更好地适应未来的发展。该标准包括6个领域、3个维度以及相对应的细化指标。这6个领域分别为"职业价值和实践、学习和教学、专业学习和教学、规划与学习、评价与学习、进阶学习（access and progression）"[①]，每个领域又从三个维度即教师的专业品行、专业知识和技能以及专业实践进行了详细的规定和说明，分类阐述了教师、辅导人员和培训者预期需达到的学习成果和可评估的标准。标准明确了教师在职业教育系统中有两类角色：一类是教师角色，包括"为教学做准备"，需承担的各类责任；另外一类是教师相关的角色，如专业评审员以及"当教学要素与其他要素相结合时，如通过辅导、学习或管理支持其他教师和培训员的角色"[②]。该标准中的一些项目

① New overarching professional standards for teachers，tutors and trainers in the lifelong learning sector：Application of the professional standards for teachers of English（Literacy and ESOL）. https://www.education.gov.uk/publications/eOrderingDownload/LLUK-00559-2007.pdf.（2007-06-30）[2017-02-09].

② New overarching professional standards for teachers，tutors and trainers in the lifelong learning sector：Application of the professional standards for teachers of English（Literacy and ESOL）. https://www.education.gov.uk/publications/eOrderingDownload/LLUK-00559-2007.pdf.（2007-06-30）[2017-02-09].

是强制性的，一些项目是可选的，允许根据实践进行适当的取舍，以适应特定的角色。标准可单独使用，也可综合使用。通过大家的努力，标准为制定相关角色规范和评估以及实际操作提供了基准。同时，“终身学习部门的这些人员在专业发展方面将得到持续培训，每年至少 30 个小时；领导者和管理人员将接受修订过的领导力培训，并将其引入实践中作为主要的资格”①。

2006 年终身学习部门教师专业标准延续了 1999 年继续教育国家标准的一些规定和要求，如对教师职业角色的认知、专业知识和技能、团队协作等，同时对职业教育行业不同角色地位的人员进行了细致的划分和要求，关注全面性，以期更好地应对实践需求，体现了更大的政府监管力度。两个标准的出台说明了英国职业教育教师专业资格的框架已基本确立。

（三）2014 年《教育与培训部门的教师专业标准（英格兰地区）》

2014 年，《教育与培训部门的教师专业标准（英格兰地区）（Professional Standards for Teachers and Trainers-England）》（以下简称“2014 年教育与培训部门教师专业标准”）颁布。英国政府出台此标准的主要目的是为教师和培训者的工作实践提供可供参考的框架依据。“作为一个国家标准，它还有多种功能：为职教师资的教育和培训提供清晰的目标，便于高效的操作；明确了教育人员、培训者以及其他相关人员生涯发展的职业内容；支持新教师的教育和培训；为职业教育各机构成员发展提供一个国家指导框架。”②

该标准得到了许多从业人员的指导和支持。“双重专业化”（dual professionalism）作为重要概念在标准的开篇提出，要求教师既是行业专家又是教学专家。标准共两级指标：一级指标非常简洁；二级指标是对相应一级指标的细化，共 20 条。从指标尤其是细化的二级指标来看，新标准着重于以下几个方面：在态度和价值观层面，尤其关注教师拥有多样化的思维、视角，尊重学生多样化的发展，通过创造性的工作，以富有激情的状态促进学生的学习和发展，并对学生的发展提出挑战性任务；在知识层面，要求教师不断更新学科专业知识、教育教学知识，进行相关研究并将其运用到教学实践中，多与他人合作并评估自身教学，履行好行业人员和教师职业双重角色；在技能层面，强调教师采用多种激励方式，运用现

① New overarching professional standards for teachers, tutors and trainers in the lifelong learning sector: Application of the professional standards for teachers of English (Literacy and ESOL). https://www.education.gov.uk/publications/eOrderingDownload/LLUK-00559-2007.pdf. (2007-06-30) [2017-02-09].

② Professional Standards for Teachers and Trainers-England. https://www.et-foundation.co.uk/wp-content/uploads/2014/05/4991-Prof-standards-A4_4-2.pdf. (2014-03-30) [2017-02-08].

代教育技术，帮助学习困难学生，公平评价学生等。标准的二级指标充分展示了对教师在教学方法和教学策略运用上的要求，但并未过多针对某一具体专业学科的教学法做出有针对性的说明，也未对职业教育本身的学科特点做出专门的规定。

2014 年教育与培训部门教师专业标准是对 2006 年终身学习部门教师专业标准的修正，简化了相关内容，但职业角色、专业知识和技能以及对教学过程中相关问题的反思、与他人合作的能力等仍然是重要内容。新的标准较为宽泛，注重可操作性，更贴近市场和雇主的需求。或许经过之前标准 10 多年的实践，英国政府发现过于细化的标准无法更好地应对多样化的现实，更无法让雇主根据情况采取适当策略雇佣合适的职教教师。

三、英国职业教育教师专业标准沿革的主要规律

（一）在标准更迭过程中，雇主力量始终发挥主导优势

20 世纪 90 年代开始，英国政府为提高职教师资的整体质量，成立了全国性统一组织管理职业教育。1998 年，英国成立继续教育国家培训组织对职业教育进行统一的监控；1999 年颁布第一个继续教育国家标准；2001 年建立了涉及更广泛领域的产业技能委员会（Sector Skills Councils，SSC），对职业教育进行监管。总体来讲，随着时代的发展，英国认识到职业教育及其师资建设的重要性，逐渐加强了统一指导和监管，不断变更管理机构，期望在更大程度和范围上加强管理。

不过，英国的职业教育与行业机构有着千丝万缕的联系，由不同行业人员组成的雇主作为市场一方的代表，在标准的制定和变更中发挥着重要作用。1999 年继续教育国家标准建立之前，英国职业教育教师很难谈得上标准，拥有行业企业背景的培训者承担着职教教师的角色。首个国家标准也是遵循行业指导机构确立的国家职业资格框架，英国通过“企业参与国家职业资格证书能力标准的制定与认证，以及对职业院校人才培养过程的管理等，渗透以职业（就业）为导向和以雇主需要为中心的理念”[①]，保障雇主的权益。2006 年终身学习部门教师专业标准的内容更为细致，旨在加大对职教师资的监管，但却受到一定的批评，认为其在某种程度上削弱了职教师资的职业性和技术性，并且认为严苛的标准也不太适应职业教育领域急需职教人才的现状。2014 年教育与培训部门教师专业标准更为宽泛，实质上遵循着雇主和市场的需求。

---

① 国家教育发展研究中心. 2007 年中国教育绿皮书：中国教育政策年度分析报告. 北京：教育科学出版社，2007：224.

在英国职业教育教师专业标准的更迭过程中，标准无论如何变革，都始终保留着其固有特性——以技术技能为基础，服务于行业发展，面向市场，满足雇主需求。国家对职业教育和劳动力市场的监控，更多地服务于行业和雇主需求。英国职业教育教师专业标准的沿革，是各方利益集团博弈后的结果，也是时代特征和英国传统自由主义思想有机结合的产物，在某种程度上更是顺应国际职业教育发展方向和目标定位的重要选择。

（二）“双重专业化”日益凸显，但在实践中，行业标准处于优先地位

英国的职业教育教师从一开始就与特定的行业或职业及技术紧密相连，以行业中的角色呈现，缺乏对教师角色的认同感和归属感。面对教师教育领域的专业化改革浪潮、民众对公共服务的不满以及新管理主义的渗透，建立职业教育教师的统一国家标准和权衡教师的不同角色和身份，成为政府必须面对和解决的事宜。

在迄今为止的三次国家标准中，对教师角色的定位、运用教学法进行教学的相关内容是“双重专业化”中教师资格、教师身份的规定，对职业资格、职业实践的要求是行业标准的重要体现。随着实践的推进，“双重专业化”的要求日益明晰，但在实践操作中行业标准一直处于优先地位，“教师资格只是一种专业发展的补充”①。1999 年继续教育教师专业标准开始对职教师资的教师身份提出明确要求。2000 年 2 月，《继续教育教师强制性教学资格咨询文件》（Consultation Paper on Compulsory Teaching Qualifications for Teachers in Further Education）指出，继续教育学院中的教学人员（不含其他机构中的职教教师和培训人员的新教师），无论是专职还是兼职都需具备教师资格。2001 年 9 月，该文件开始强制实施。② 1999 年继续教育国家标准被认为实际上削弱了职教教师的一个重要优势，即来自不同行业、不同领域及实践工作经验的教师可以满足学习者的不同需求。“2006 年终身学习部门教师专业标准始终强调职教教师不仅要懂得课堂教学知识，更应该具有丰富的职场实践知识”③，丰富的职场实践知识在该标准中得到强调。2014 年教育与培训部门教师专业标准直接提出了“双重专业化”的重要概念，对职教师资的专业标准提出了明确的指向，既是行业专家又是教学专家，需

① 涂三广. 英国职教教师“双专业”身份形成的历史建构与现实启示. 职教论坛，2020（6）：159-169.

② 英国的职教教师虽然有根据国家资格框架设置的认证系统，有认证、证书、文凭、高级文凭、专门文凭五级证书。认证和证书主要有非营利性颁证机构进行，后三级证书主要由高等教育机构进行。不过，2013 年 9 月，职教教师必须拥有教师资格的要求被废止，具体实施由雇主决定。相关的内容和要求也没有全国性的详细规定。

③ 涂三广. 我国职业教育教师队伍建设的三条路径. 教师教育研究，2015（3）：99-106.

兼顾双方面的发展。但是，在实施过程中，行业标准处于优先地位，更贴近市场和雇主的需求。

（三）在内容框架上，由繁到简、渐趋于宽泛的态势

1999 年职业教育国家标准共分为三大部分，即职业知识和理解、教师个体和团队需具备的技能和特质、在教学的关键领域方面教师应具备怎样的素质以及如何获取。2006 年终身学习部门教师专业标准有 6 个领域、3 个维度、若干细化指标。它基于当时实践中的诉求，关注全面和某些细节，意欲通过高质量的教学，为所有学习者的发展和进步创造令人鼓舞的学习机会，但现实适应性较差，质疑之声时而有之。2014 年教育与培训部门的教师专业标准比以往的标准更加宽泛、简洁，可操作性强，更好地适应了现实的发展。“该标准面向职业教育部门的所有教师与培训者，并未对不同工作部门、不同阶段、不同专业领域的教师进行区分。”① 同时，该标准只确定了专业理念和态度、专业知识与理解以及专业技能三个方面的宏观和中观要求，明确了达成的目标，而未就细节等方面做阐述、要求和说明，没有那么多的条款和细化指导。这一方面为教师本身以及各职教师资培养培训机构以及职教师资的使用部门提供了更多可发挥的空间，可结合市场的需求、自身的特点、教师的需要进行不同的管理规定、课程安排，赋予相关学院或培训机构更多的权力，兼顾原则性和变通性；另一方面也说明在长期的发展中，英国的教师专业发展步入自身协调和自主发展阶段。

（四）基于工作实践的教师个体反思和团队合作始终是重要内容

英国职业教育教师专业标准在前后的更迭中，对教师个体的反思、对教师团队间合作能力的要求一直贯穿其中。1999 年继续教育教师国家标准中的第二部分即教师技能和特质方面，提到教师需要具备自我反馈能力、自我管理能力，以及与团队和他人能够有效沟通、有效合作的能力。第三部分教学关键领域素质中的第四个领域“管理学习过程”也明确指出：不仅与同事建立和保持有效的合作关系，与其他类型的合作伙伴也需如此；第七个领域“反思和评价自己的表现及规划未来”，特别指出教师须“对个人工作进行评估，对未来工作进行规划以及要持续不断地促进职业发展”②。2006 年终身学习部门教师专业标准明确指出，教

---

① 汤霓. 英、美、德三国职业教育师资培养的比较研究. 上海：华东师范大学，2016.

② Standards for teaching and supporting learning in further education in England and Wales. https://dera.ioe.ac.uk/4191/1/Standards%2520for%2520teaching%2520and%2520supporting%2520learning%2520in%2520%2520FE.pdf.（2012-04-07）[2017-02-09].

师要对个人的专业实践、专业发展进行评估和反思，与他人合作，促进未来发展。2014 年教育与培训部门的教师专业标准就“教师的反思能力”开篇就明确指出“教师需对教学和培训中什么是有效的，什么是无效的，做出自己的判断”，需“反思在教学中如何最大程度的满足学习者多样化的需求”；紧接着指出“教师能发掘和理解理论和实践中有深度影响力和批判性的知识”。[①] 同时，20 条二级指标中有 4 条指标明确指出，教师须与同事、他人、雇主合作，在实践中不断更新个人的专业知识和技能，以确保教师团队的发展和教学质量的提升。与行业企业紧密联系的英国职教师资，能够在践行行业优先的背景下熟练和创造性地运用相关教学技巧和方法，兼顾教师资格等各方面的要求，其中，基于工作实践的反思是一条重要路径。

（五）持续广泛接受各界意见，在批判中变革，在变革中发展

在执行英国职业教育国家标准时，作为职业教育人才的直接使用者和检验者，雇主们始终在表达自身的意见和建议，除亲身参与国家职业资格的制定以及标准的走势和内容框架的删减之外，还根据社会经济发展的需要和职教师资人才的现实情况，敦促政府进行相关改革，争取雇主自主聘用相关人员作为职业教育培训者的权益。在执行过程中，学者也提出不一样的观点，如对于 1999 年继续教育国家标准，指出“对于继续教育教职员工的发展，标准提供了框架结构，是有效的；然而，同样的情况也有可能发生，即这个框架结构可能为继续教育教师的发展描述了一个非常狭窄的规定”[②]。对于一个国家标准、一个系统来说，如果标准和系统仅仅为教师某方面的发展提供了机会，这样的标准和系统可能是有待商榷的。“假如我们获得了更具批判性的知识，以及继续教育的特殊技能人才，我们需要确定，这些标准是支持这些实践中的批判性的、反思性的发展，而不是把它排除在外。”[③]

2006 年终身学习部门教师专业标准出台后也引起一些质疑，“有效的教育和培训必须涉及发展，‘所有的学术培训都在一定程度上训练一些人去颠覆、质疑

---

① Professional Standards for Teachers and Trainers-England. https://www.et-foundation.co.uk/wp-content/uploads/2014/05/4991-Prof-standards-A4_4-2.pdf.（2014-03-30）[2017-02-08].

② Bathmaker A M，University of Sheffield，United Kingdom. Standardizing teaching：The introduction of the national standards for teaching and supporting learning in further education in England and Wales. https://www.tandfonline. com/doi/pdf/10.1080/13674580000200101?needAccess=true.（2006-12-20）[2018-02-09].

③ Bathmaker A M，University of Sheffield，United Kingdom. Standardizing teaching：The introduction of the national standards for teaching and supporting learning in further education in England and Wales. https://www.tandfonline.com/doi/pdf/10.1080/13674580000200101?needAccess=true.（2006-12-20）[2018-02-09].

和怀疑他们所听到的事情，并以一种真实的方式说出来’，标准作为政府政策与劳动力发展的具体化实施，其有效性和局限性需进一步考量”[①]。

在英国职业教育教师专业标准建立和发展的过程中，质疑和批判之声不时出现。在批判中完善、在实践中发展，关注师资培养培训的质量，关注其培养人才的可持续发展、创新观念及公民教育之应有使命，是英国继续教育教师专业标准发展遵循和持有的观念，也是职教师资专业标准制定和完善中需要拥有的格局和视野。

四、启示与借鉴

（一）发挥行业企业作用，切实推进行业企业参与标准制定和变革发展

职业教育从本质上来说是为劳动力市场培养技术技能人才，其培养需要整合工作过程的诸多要素，传授的不仅有陈述性知识，更多的是程序性知识，是实践技能，是行业文化。就我国现实情况看，2013 年印发的《中等职业学校教师专业标准（试行）》意味着我国职教师资国家标准开始建立。该标准在基本理念方面的第三条提到“能力为重”；基本内容的专业知识方面提到“职业背景知识”，其中包括三项了解和两项掌握；实施要求方面提到“深化校企合作”，强调“重视职业实践”。但视角更多的是教育教学，多数内容也是对此方面的要求。以此分析，标准更多地停留在“师范性”层面，“技术性”和“专业性”层面还有所缺乏。建议在如何把握职教师资的特殊性、彰显行业企业从教人才的优势和特长方面，该标准中应体现得更加深刻。

若能充分发挥行业企业作用，切实推进行业企业参与标准的实质制定和变革发展，职教师资的标准将更具现实性和可操作性。考虑到我国的文化传统和价值体系，尤其是经济界与教育界的互动不足，建议加强劳动部门与职业教育部门的合作，促使双方在师资培养和标准设定上进一步沟通，促进劳动力市场的用人与职业教育部门在育人方面的有机结合，整合双方功能；也可充分发挥国家和行政的力量，通过税收减免、人才红利等政策鼓励行业企业参与标准的制定和变革发

① Values and Commitments：A sociocultural perspective on the new overarching professional standards for teachers，tutors and trainers in the lifelong learning sector. https://www.researchgate.net/publication/278032747_Values_and_Commitments_a_sociocultural_perspective_on_the_new_overarching_professional_standards_for_teachers_tutors_and_trainers_in_the_lifelong_learning_sector.（2008-04-08）[2018-02-09].

展。在实施过程中，要防止劳动部门与职业教育部门忽视职业教育的本质属性、忽视区域经济发展的特色而盲目统一，要切实遵循市场规律，切实考虑职教师资的跨界性特点，使职教师资标准与产业、企业紧密结合，为经济发展服务，为社会培养充足的技术技能人才服务。

（二）优先技术技能，创新发展模式，打造我国职教师资的“双重专业化”

“双重专业化”在一定程度上对应我国职教师资的“双师”内涵，是我国在相当长的时间里需要坚持的标准导向。在建设国家标准时，“双重专业化”是方向原则，但考虑到我国职教师资队伍动手能力以及行业素养的相对缺乏，因此，行业标准优先教师标准是现阶段要加大力度执行的策略。

《中共中央 国务院关于全面深化新时代教师队伍建设改革的意见》指出，“支持职业院校专设流动岗位，适应产业发展和参与全球产业竞争需求，大力引进行业企业一流人才，吸引具有创新实践经验的企业家、高科技人才、高技能人才等兼职任教”。该政策提出了吸引行业企业人才到职业院校任职的方式方法，但实践中仍需继续创新模式，使此工作更灵活、更顺畅。例如，在编制方面，行业企业人才可先行进入非实名编，将特殊行业企业人才纳入兼职队伍；评价方面，对教育背景和行业背景的职业教育教师采取不一样的评价体系，着重优势作用的发挥；对缺乏教师资格的优秀行业企业人才，可开展替代工作，如进行一定学时的教育教学培训等。《国家职业教育改革实施方案》明确提出，要构建职业教育国家标准，多措并举打造“双师型”教师队伍，厚植企业承担职业教育责任的社会环境，推动职业院校和行业企业形成命运共同体。文件的出台具有很强的引领性，为打造和培养我国“双师型”教师队伍确立了明确的导向。要在实践层面对其进行落实，以促进优秀人才向职业教育流动，吸引优秀的行业企业人才到职业学校任职，其中，创新模式是重要路径。

（三）把握框架结构，兼顾标准的严苛与宽泛、专业及可操作性

国家标准的制定及发展在不同阶段有不同的出发点和着眼点：首先，要把握大方向，尊重职教师资的现实需求。当前，技术性、职业性可优先于师范性、专业性和学术性。其次，在严苛与宽泛、专业及可操作性方面，需结合我国现实情况，寻求恰当方式，在实践中不断改进，使其日益完善。从英国继续教育教师专

业标准变革的脉络来看，其遵循这样一条路径：从初步建立统一的国家标准，把握严苛性和全面性；到尊重现实需要、行业企业需求，关注核心点，可操作性；再到职教师资的专业自主发展阶段，赋予充分的自主权，并开始关注不同学科专业标准建设。我国职教师资的专业标准发展可参考上述路径，并听取多方意见，不仅需要听取教育管理部门、职业教育的一线教师、学者的意见，还需要尊重行业企业的声音。我国职业教育需要在实践—反思—再实践过程中，逐步形成既适应我国现实发展又具有引领作用的标准体系。

（四）建立导向机制，促进教师的反思能力提升和团队合作建设

目前，我国“双师型”教师队伍建设的顶层设计中已经将行业企业经历和专业技能水平纳入职业教育教师入职的重要条件。《国家职业教育改革实施方案》提出，从 2019 年起，职业院校、应用型本科高校相关专业教师原则上从具有 3 年以上企业工作经历并具有高职以上学历的人员中公开招聘，特殊高技能人才（含具有高级工以上职业资格人员）可适当放宽学历要求，2020 年起基本不再从应届毕业生中招聘。教育部等四部门印发的《深化新时代职业教育“双师型”教师队伍建设改革实施方案》进一步明确了相关要求，指出自 2020 年起，除“双师型”职业技术师范专业毕业生外，基本不再从未具备 3 年以上行业企业工作经历的应届毕业生中招聘，特殊高技能人才（含具有高级工以上职业资格或职业技能等级人员）可适当放宽学历要求。由此可见，在不远的将来，具有行业背景的职教师资队伍将成为我国职教师资的重要组成部分。这部分教师与传统的职教师资队伍在师范性方面会存在一定的差异，因此，除了对这部分教师加强专业理论和教育教学理论上的再培训之外，还要结合工作实践，提高其教学反思能力，加强教师之间的对话、交流、合作。建立此方面的导向机制，也是培养具备未来思维和职业教育精神人才的需要。在方法上，教师的课堂教学反思、日常管理反思等都可以作为常规工作进行日志和行动研究，同时，相关部门要为不同学科的教师、同样类型班级的教师、不同学校之间的教师提供交流平台，以促进和加强他们之间的对话与合作。

第二节　澳大利亚职业教育教师专业化发展的做法与启示

澳大利亚的职业教育发展迅速、规模庞大、体系完整，并在较短时间内跻身世界职业教育最为成功的国家行列，其取得的非凡成就与专业化的职教教师发

展，尤其与扎实的资格框架制度密切相关。

一、澳大利亚职教教师发展的历史背景

19 世纪上半叶，澳大利亚的正规职业教育兴起，许多技工学校建立。初建的这些学校并非着眼于工匠所需要的技能，更多的是为了“传授一整套哲学、道德和社会观念”[①]，因此缺乏拥有实践技能的教师。在具体教学中，技工学校和培训机构会邀请一些志愿者开展讲座，但志愿者多倾向于讲授自己熟悉的内容，并未立足于技能性的培训目标，所以课程往往很难满足学习者的需求，也很难持续下去。

19 世纪中叶，澳大利亚各州政府开始介入这些培训机构的教学，进行一些工作知识的传授，但集中在工作背后的理论知识，并非做好工作本身的知识——实践技能的传授，具备职业教育特色的教师少之又少。19 世纪末 20 世纪初，政府开始较多地干预职业教育的发展。但当时澳大利亚经济面临严重问题，支柱产业采矿业衰退，国家经济竞争力下降，公众对职业教育的兴趣不高。与其相对应，职业教育教师报酬低，劳动强度大，也得不到应有的培训和专业化发展。

两次世界大战时期，职业教育被纳入正规教育体系，在制度层面，职教教师的地位有所提高，但发展依旧平平。这个时期被澳大利亚技术教育历史学界泰斗默里・史密斯戏称为职业教育培训“五十年沉睡”的顶峰时期。[②]不过，在缓慢发展中，职业教育的功能渐趋明晰，即帮助就业，为工人深造提供机会，为产业和经济发展提供技术纯熟的劳动力。

二、澳大利亚职教教师专业化发展的主要内容

澳大利亚是典型的普职教育分轨制体系国家，由于传统的学术偏见影响，职业教育一直被视为“二流教育”，其群众基础和历史积淀并不扎实和深厚，职教教师没有先天的发展优势。但在国际竞争的巨大压力和国内产业发展的大背景下，澳大利亚对职业教育产生了巨大的需求，国家把握了时代发展的契机，采取了一系列措施促进职业教育的蓬勃发展，职教教师作为职业教育发展的重要保障，同样获得了良好的机遇，并逐渐成为职业教育发展的强大助推力量。

---

① 保罗・哈格. 迈向职业学习的新范式//琳达・克拉克，克里斯托弗・温奇. 职业教育：国际策略、发展与制度（第一辑）. 翟海魂译. 北京：外语教学与研究出版社，2011：120.

② 保罗・哈格. 迈向职业学习的新范式//琳达・克拉克，克里斯托弗・温奇. 职业教育：国际策略、发展与制度（第一辑）. 翟海魂译. 北京：外语教学与研究出版社，2011：122.

（一）起步阶段路径基础和培养模式的确立（20 世纪 70 年代至 80 年代中期）

20 世纪 70 年代至 80 年代中期是澳大利亚职业教育发展的重要阶段，也是职教教师专业化发展的起步阶段。这个时期，作为澳大利亚职业教育主体的 TAFE[①] 学院出现，招收初中分流后完成职业轨学习的学生，多数为职业高中的毕业生，也有一些需求非常明确、想获得一技之长或提升技术技能的社会人员和企业员工。由于历史渊源和传统因素的影响，澳大利亚的职业教育学术性倾向明显，学校也多开设学术性课程。最初的 TAFE 学院也呈现此态势，学术偏好浓厚，教师以理论课教师为主。

1974 年，政府以官方形式发布《坎甘报告》（Kangan Report）——澳大利亚技术与继续教育咨询委员会报告，报告奠定了 TAFE 学院的产学结合形式，之后，技术与继续教育培训开始受到重视。1978 年，坎甘委员会（Kangan Committee）的彼得·弗莱明（Peter Fleming）提交了一份报告（被广泛称为《弗莱明报告》），指出“进入职教领域的教师都需要经过正规的课程学习，培养他们作为职教教师所需要的知识和能力，同时提出应该有一定数量的高等教育机构承担职教教师的培养和培训”[②]。该报告还指出要关注教师的能力发展，尤其是实践动手能力。

起步阶段的职教教师发展，在《坎甘报告》尤其是《弗莱明报告》的推动下，有三个方面的内容对之后产生了深远影响。第一，对教师实践动手能力的重视。先期情况深受正规教育体系的影响，所接受的教育或培训是远离工作场所的，在某种程度上，理论式的学习占据主要地位，这直接导致职教教师培养培训的课程设置、教学方法、考评策略等远离雇主的需求。《弗莱明报告》关注了职业教育的职业性、实践性、技能型，把握了职教教师不同于普教教师的跨界性特点。第二，对职教教师的培养模式进行了改革。在此之前，澳大利亚的职教教师培养主要采取“端连法”，《弗莱明报告》提出了不一样的方法，即“平行法”。“平行法”要求申请教育学士学位者同时学习专业学位课和教育专业课程，避免了“端连法”在最后时间段连续、集中的教育类课程学习。第三，提出了大学对职教教师培养的义务，这对于职教教师整体发展的学术性和专业性进行了一定的

---

① TAFE（Technical And Further Education，技术与继续教育）学院，由政府牵头成立，是澳大利亚开展职业教育与培训的主要渠道和形式，它将技术教育与继续教育结合在一起，学生可自由选择专业和学习方式，可为全日制，也可进行注册，在业余时间学习。TAFE 是高等教育中的专科层次，在澳大利亚，大学和 TAFE 学院数量比约为 1∶6。TAFE 是澳大利亚职业教育制度中最具特色的部分。

② 任聪敏，倪勇. 澳大利亚职教教师教育历史演变及启示. 高等工程教育研究，2017（2）：171-174.

机构保障。事实上，在这样的政策影响下，大学在相当长的时间内一直是澳大利亚职教教师培养培训的主体，也是职教教师专业化发展的重要推动力量。

进入 21 世纪，由于国家对职业教育市场放松管控，许多私立机构获得了大发展的机会。同时，澳大利亚政府规定职教教师培训需要通过竞标的方式进行，高等教育机构参与职业教育与培训的力量逐渐减弱，职教教师培养培训的任务逐渐被与市场紧密结合的 TAFE 学院和私立培训机构取代。许多高等教育机构（包括一些传统的职教教师培养培训的提供者）逐渐退出市场，这是一个令人担忧的倾向。[①] 许多研究者认为，高等教育机构在职教教师综合素养和学术水平的系统培养方面工作非常扎实，这是其积极、有利的因素。但基于现实情况，对于大学来说，为“确保其地位，它们需要提供一些更为灵活的、具有竞争性的项目，来满足职教教师繁忙工作中的学习培训，同时需要与那些提供职教教师培养培训的专门部门进行合作”[②]。

（二）发展和完善阶段资格认证的建立与实践（20 世纪 80 年代后期—20 世纪末）

20 世纪 80 年代以来，在强大的国际竞争影响下，澳大利亚政府迫于劳动力市场的需求，通过搭建普职沟通的各层级桥梁，提升职业教育的民众参与度，职业教育取得了较大发展，这为职教教师的发展提供了广阔的生涯空间。伴随着职业教育的大发展，澳大利亚确立了职教教师的专业标准及实施过程，标准由政府和行业引领，政府进行顶层设计，行业企业积极参与标准的制定和更新，保证标准能够适应产业发展的需求以及与市场的紧密联系；同时，大量吸纳兼职教师，多渠道保障职教教师的来源及紧跟时代与市场需求的职教特色。

1995 年，澳大利亚启动实施国家资格框架（Australian Qualification Framework，AQF），经过 5 年的推广，2000 年在全国范围实施。国家资格框架包含所有教育类型以及高中到博士学位的文凭、学位和教育证书，每一层级和类型的教育内容要求虽不同，但却相互衔接、互相贯通，学员可以根据需求选择合适的渠道获得合适的证书，并且可以不断持续提升。对于职教教师来说，国家四级（AQF4）资格证书（以下简称“四级证书”）是最低标准。在实践中，要求职教教师满足

① eNewslette from the National Centre for Vocational Education Research（2010）. VET teachers need training to stay on top of skills. https://www.ncver.edu.au/about/news-and-events/insight-newsletter/insight-issue-39/vet-teachers-need-training-to-stay-on-top-of-skills.[2017-09-06].

② Guthrie H，McNaughton A，Gamlin T. Initial training for VET teachers：A portrait within a larger canvas（2011 Research report）. https://www.ncver.edu.au/_data/assets/file/0026/2879/2390.pdf.[2017-09-06].

教学、培训、评估等多重角色，提升其一专多能的综合素质。在职教教师培养培训方面，需遵守国家培训框架（Australian National Training Framework，ANTF），其主要由澳大利亚认可框架（Australia Recognition Framework，ARF）和培训包（training package）组成。澳大利亚认可框架包括全国性的原则、全国性的标准和全国操作议定书。“‘培训包’是一组结合了全国范围内被认可的标准、大纲及培训、评估和对技能进行认可的资格的集合，由行业开发，目的是满足一个行业或多个行业的培训需求。”① 为保障培训质量，澳大利亚构建质量培训框架（Australian Quality Training Framework，AQTF），主要目的是确保已经注册的培训机构的教职员工、设施设备以及培训资料等达到标准和要求。② 目前，澳大利亚已经建立比较完善的任职标准和全国统一的资格认证系统，使得职教教师的素质更为卓越，相关的培养培训更规范、更科学，更能提升教师的技术技能水平。职教教师任职资格和标准要求：一要具有5年的行业工作经历或商业工作经历；二要受过大学教育或相关专业的培训，持有教师资格证书；三要获得四级证书并经过工作场所的训练。③

从专业标准的建立、内容及实施过程来看：澳大利亚对职教教师的动手操作、实践技能非常重视，并通过技能等级证书这种外显形式给予保障；对教师的学历、专业也进行了严格的规定；把职教教师作为专业对待，通过教师资格证书确保其教育教学技能水平。

（三）革新阶段学术层面和实践层面互为推进的可持续发展模式（21世纪初至今）

进入21世纪，澳大利亚职教教师在培养培训和任职资格方面形成了日益完善的体系，职教教师的专业化发展，尤其是职教教师的质量以及可持续发展，如标准的适应性、如何促进标准持续落地、如何保障教师团队的活力都成为这个阶段关注的重点。学术性的探讨不断助推实践发展。

在标准方面，澳大利亚再次确认教学方面的知识和能力以及与职业相关的工作实践和技能是职教教师专业化发展的两个核心点。在教学技巧和教学法方面，澳大利亚提出对此需要更大力度的监管，来保障教师不仅满足最低标准，还能够

---

① 石伟平. 时代特征与职业教育创新. 上海：上海教育出版社，2004：228.

② NCVER（2013）Traversing the education sectors and the Australian Qualifications Framework. https://www.ncver.edu.au/about/news-and-events/opinion-pieces/traversing-the-education-sectors-and-the-australian-qualifications-framework. [2017-07-06].

③ 李一. 看澳大利亚如何造就卓越职教专业师资. 中国教育报，2017-04-04.

持续地进行学习和实践。有些优秀的职教教师认为，外界低估了他们的教学技巧，而这些技巧对于一名卓越的职教教师来说是非常重要的。在职业技能方面，随着职业资格证书制度的不断完善，人们对四级证书最低标准的认识逐渐全面。四级证书是成为一名职教教师最基本的条件，在职教教师的培养培训方面发挥了基础性的作用；但 21 世纪以来，职教教师不断面临新的情况，如工业的发展、技术的更新以及经济环境的变化，其角色也更趋多样化，因此四级证书的最低标准也需要进行改革。研究者认为，“四级证书的获得是职教教师达到‘培训包’要求的重要外在表征，但仅仅通过四级证书来满足培训包的要求比较单一，是远远不够的，还需通过提供多样化的培训途径，提高职教教师的认识水平，满足职教教师的专业化发展和工作中的职责变化，达到教学和评估部门的要求”[①]。较为广泛的建议有：通过颁发相应的培训和评估证书，激励教师参加多样的技能培训，或对四级证书进行拓展，或考虑用教师的年龄、背景等其他等值的内容进行替代。

在监管方面，为保障职教教师的质量以及专业化的持续发展，一些专家认为，应从制度上对职业教育的从业者进行规范，成立专门部门，对新入职的、获得四级证书的以及通过相关培训拥有任职资格的职教教师予以注册，追踪其职业生涯发展。新成立的专门部门作为公共组织，负责提供合格的职教教师，并承担相关的质量监管职责以及提供相关数据。不过，对于一些临时聘用的教师来说，注册制会给他们带来一定的障碍，如何发挥这些教师的作用同时又能够发挥注册制的优势还需进一步的探究。

三、澳大利亚职教教师专业化发展的基本特征

（一）着眼于职业教育顶层设计的国家干预政策

澳大利亚国家培训局（Australian National Training Authority，ANTA）是其职业教育与培训的核心机构，是澳大利亚国家层面一系列重大职业教育改革的发起、实行和推广机构。在职业教育的发展方面，通过一系列国家战略促进职业教育的发展，如“‘通向未来的桥梁：澳大利亚职业教育和培训 1998—2003 年国家战略（ANTA1998）’以及‘设计我们的未来：澳大利亚职业教育和培训的国家战略 2004—2010’，前面的战略表达了澳大利亚各级政府机构（州和国家）与澳大

① Tyler M，Dymock D.（2017 Occasional paper）. Continuing professional development for a diverse VET practitioner workforce. https://www.ncver.edu.au/_data/assets/pdf_file/0036/496944/Continuing-professional-development.pdf.[2017-09-06].

利亚产业部门携手建立一个真正的国家职业教育体系所做的共同承诺，后来的（也是当前的）国家战略是一个在5年规划内甚至将来也是世界级的职业教育统计数据库（ANTA2004a）”[①]。2005年6月，国家培训局被撤销，其功能由教育、科学与培训部（Australian Government Department of Education，Science and Training，DESC）（现为教育、就业和劳资关系部，Australian Government Department of Education，Employment and Workplace Relations，DEEWR）接管，后者继续负责国家层面的职业教育与培训的政策制定、项目开展等系列工作。

在具体职教教师发展策略方面，澳大利亚建立了高质量的统一的培训框架，引进培训包，从制度层面明确了要求和保障，为职教教师的培养培训提供了国家层面须遵循的标准。澳大利亚的国家质量培训框架明确指出，各机构要把职教教师的培训落到实处，培训的落实情况与国家的投资拨款紧密联系。教师可以根据情况，参加各种形式的继续教育和培训，提升教育教学技巧，发展专业知识和技能，更新行业知识，了解行业动态，并获得高一级的职业资格证书。

（二）紧密结合行业企业发展的职教教师培养培训体系

澳大利亚的职业教育和培训与行业企业的结合非常紧密，在职业教育发展的历程中“不但在国家层面建立了以行业占主导地位的组织管理机构国家培训局，而且在国家、州或地区层面建立了产业培训顾问委员会体系，从而在制度上保障了行业企业对职业教育的参与以及职业教育与行业企业的有机联系”[②]。其国家培训框架（尤其是培训包）的内容直接以行业需求为标准，将行业企业的技能需求和职业培训目标结合起来，使能力标准与国家资格框架直接联系。行业部门积极参与职业教育与培训的课程开发，推动全国培训市场的统一有序竞争等。一些行业企业通过提供培训费用或设置奖学金等形式参与职业教育的各项投资等。总体来说，行业企业一直是澳大利亚职业教育发展的重要参与者和推动者。进入21世纪，澳大利亚的职业教育专家再次强调：对于工作繁忙的职教教师来说，提供的项目必须是紧密结合实践的、工作本位的。

（三）把握职教教师跨界性的“双师化”发展路径

澳大利亚职教教师呈现较为明显的“双师化”特点，较好地体现了职业教育

---

① 菲利克斯·劳耐尔，鲁珀特·麦克林. 国际职业教育科学研究手册（上册）. 赵志群，等译. 北京：北京师范大学出版社，2014：195.

② 石伟平. 时代特征与职业教育创新. 上海：上海教育出版社，2004：225.

的跨界性：在培养培训方面，关注教师的工作本位学习，教师的动手操作能力强，实践经验丰富；同时，职教教师必须具备行业企业的相关工作经验，教师比较了解行业的发展及前景，能够满足产业界对人才的综合要求。在教学法以及课程设计等方面，大学层次培养的专职教师本身具备相关要求和标准，对于兼职教师，也要求其边工作边学习，获得教师资格证书，掌握青少年的心理发展以及教育教学技巧。澳大利亚是联邦制国家，具体规定会因各州及专业的不同而有些差异，但实践经验、技能证书、教育学学士三者是缺一不可的。①

（四）在实践中不断推进的职教教师保障和激活机制

在职业教育发展的大环境中，为保障职业教育国家战略的实施以及各项目标的达成，澳大利亚政府建立了强大的数据库，搜集各方面信息，掌握相关情况，通过翔实的数据分析为职教教师的发展提供强大的资源支持。在师资管理方面，澳大利亚通过聘任机制、工作评估机制以及师资管理机制等，来保障职教教师的选用以及专业化的发展，目前依然在探究通过一些激励机制、注册机制来保障教师在专业知识和能力方面拥有过硬的素质。具体到职教教师的专业发展推进方面，突出能力的提升，按照培训包的要求进行。培训包是行业需求的体现，并且“为了保证培训包的内容和要求能够及时、准确地反映行业最新的发展动态和未来技术需求，澳大利亚行业技术委员会定期对培训包进行更新，在与行业利益相关主体进行协商后，提交到国家质量委员会许可和公布”②，原则上每 3 年更新一次，同时通过质量培训框架监控其教师培训质量。在革新时期，澳大利亚再次强调工作本位学习对新任教师以及老教师的重要性，扎实推进工作本位的培养培训工作，推进四级证书的改革等。

四、启示与借鉴

（一）有继承，更有创新的发展理念

深受普通教育的理念及培养内容和方式的影响，澳大利亚的职教教师培养培训也不是一开始就与行业企业有紧密联系的，实践能力和技术技能水平较强的职教教师在当时也是非常有限的。但其能够迅速把握时代脉搏，促使职业教育与经

① 吴全全. 职业教育“双师型”教师基本问题研究——基于跨界视域的诠释. 北京：清华大学出版社，2011：74-75.

② 李一. 看澳大利亚如何造就卓越职教专业师资. 中国教育报，2017-04-04 .

济发展紧密结合，职教教师培养培训与行业企业紧密结合。我国在职业教育与经济发展结合方面，具有更好的基础，在新中国成立后的30多年间，作为职业教育重要组成部分的中专以及中专教师是民众心中的骄傲，归口于各部委管理，与行业企业结合紧密，非常注重实践技能培养，只是由于各种原因，后来呈现弱化的趋势。因此，如何看待历史的传承，遵循历史的发展，但既不纠结历史上某些局部的不利因素，又能把握时代的脉搏，找准定位，奋起直追，是职教教师专业化发展应该树立的重要理念。当前，构建具有中国特色的职业教育，必须深化产教融合、校企合作，"把产业最先进的元素融入到职业教育的教学过程中，真正解决职业教育教什么的问题"①。职教教师的专业化发展必须与产业、企业紧密结合，这样才能更好地为全面建设社会主义现代化国家培养充足的技术技能人才。

（二）国家完善的顶层设计和政策保障

澳大利亚拥有完善的资格证书体系。这些证书体系的主要特点是普通教育、职业教育以及高等教育相互衔接，建立了普通教育和职业教育的立交桥，为学生的选择提供了多种可能，教师也可根据自身的需求获得本科、硕士研究生、博士研究生等等级证书，通过不同的方式、不同的项目获得高层次的文凭和职业资格证书。就我国目前的状况来看，国家、企业以及许多民众虽然意识到了职业教育的重要地位和作用，但受传统观念的影响，职业教育体系"立交桥"建设还不完善，使得民众对将孩子送入职业学校存在较多顾虑。职业教育生源往往不是学生个性化选择的结果，而更多的是"差生"无处可去的聚集体。在这种情况下，无法从根本上吸引优秀人才从事职教教师工作，职教教师的自豪感和归属感等都会受到不同程度的影响，良性循环难以得到实现。现阶段，我国现代职业教育体系的构建正在进行，需扎实推进，使之与普通教育相互沟通，与继续教育相互融合；同时需尽快建立和完善职教教师培养培训的国家层面框架，紧跟产业发展，明确相关标准，互相贯通。澳大利亚在职业教育的体系建设方面做好顶层设计，从培训框架等方面做好总体标准，发挥了强有力的政策引领作用和基础保障作用，这是值得我国借鉴的。

（三）任职标准和培养培训的工作本位

澳大利亚的职教教师不仅需要一定的学历，还需要经过一系列的学习培训，从而能够牢固树立"以学习者为中心"的教学理念，胜任教书育人的工作；同时

① 马树超. 认识中国特色职业教育的价值. 中国教育报，2017-10-24.

必须满足最低四级证书的职业资格，根据情况必须拥有至少 3 年，多数为 4—5 年的行业企业工作经历。为保障职教教师整体素质的提高，澳大利亚采取了多项举措，其中最为核心的就是制定入职标准用以规范职教教师准入制度，从源头把控师资质量。[①] 澳大利亚职教教师的聘用标准严格，这一点值得我国学习，更为重要的是，标准的高低主要体现在实践技能以及教师的行业经验要求上，并不仅仅是学历的高低。对于职业教育来说，其特点非常明显，教师的文凭证书只是一个方面，更为重要的是其专业技术知识和操作能力，这是职业教育不同于普通教育的本质所在。我国在职教教师的聘用方面，要谨防学历至上的思维，应着眼于教师的动手操作能力和行业企业实践经验。在职教教师的培养培训方面，避免雷同于普通教育的思路，防止以书本知识的学习占据主导地位，防止主要通过在教室中的知识习得泛泛而谈各类能力的获得，需要转变教育思想观念和方法，强调理论和实践一体，通过工作本位获得知识和综合职业技能。

（四）兼职教师聘用的扎实推进

职教教师的跨界性源于职业教育的跨界性，职教教师不仅需要掌握基本的教学理念、教学技巧、评估技术等，更需要拥有娴熟的技术技能。澳大利亚的职教教师在培养培训方面，对这两个方面都做了规定，着重考虑职教教师的不同点，提供各种便利，并引进兼职教师。从澳大利亚职教教师的实质构成来看，兼职教师是重要组成部分，且日渐成为主体。作为职业教育主体的 TAFE 学院，20 世纪 90 年代后，兼职教师占全体教师总量的 56%。[②] 这些兼职教师大多来源于行业企业，他们拥有丰富的实践经验，结合实践领域的专业知识，能够把企业和生产一线的经营理念、方式方法、技术变革等引入职业教育教学和管理中，使职业教育教学真正做到理论与实践相结合，学校与企业紧密结合。这在一定程度上能够防止职教教师的专业化发展走上普教的老路。根据 2017 年 2 月中共中央、国务院印发的《新时期产业工人队伍建设改革方案》的要求：要积极研究职业资格框架体系，构建技能等级与职业资格的衔接，让技能人才的职业有上升通道，实现全覆盖。职业资格框架体系的建立将为我国职业教育引进兼职教师提供证书方面的认证标准。但过多的兼职教师增加了一定的管理难度，为此，澳大利亚在岗位职责、工资制度、招聘及辞退等方面也制定了相关的政策和制度。澳大利亚的这些理念和措施为我国职教教师的“双师化”道路提供了可供参考、选择的路径，也

---

① 李琪，匡瑛. 基于入职标准的我国职教教师准入制度建设新思考. 教育与职业，2021（1 月上）：71-77.

② 刘竞竞. 澳大利亚 TAFE 学院“双师型”教师培训研究. 兰州：西北师范大学，2015.

为职教教师的专业化发展提供了不一样的思路、做法和策略。

（五）内涵建设的持续关注

澳大利亚的职教教师的激活机制，对于我国目前的职业教育教师的质量提升有一定的借鉴作用，但基于目前我国职业教育教师的现状，尤其是动手操作能力强的职业教育教师较为缺乏的情况，此方面可作为未来发展方向之一，为教师团队的活力奠定政策基础和保障机制。例如，科学有效地检验教师真实水平的标准，以及可行、贴合当地实际的标准检验机制、提升机制、预警机制、退出机制及优秀教师的“终身教职机制”等，这些都能为我国建设专业素质和技术水平过硬、充满活力的职教教师团队提供政策及标准保障。

第三节　美国职业教育教师资格认证的特征与启示

美国的职业教育[①]较为发达，而且特色鲜明，为经济发展和社会稳定提供了强有力的支撑。作为世界上最早提出教师专业化，并且较早实行教师专业认证的国家，美国的职教师资发展无论是在资格认证标准的制定，还是在认证路径的设计以及整个职教师资发展和变革的历程上，都体现了强烈的本土化特点。美国职业教育的快速发展，与具有高水平的职教教师以及为教师发展提供的一系列创新举措是分不开的。

一、美国职业教育教师发展的历史背景

18 世纪末期，美国已经出现工业革命，工商业对熟练工人是有需求的，但由于开办职业教育费用高，且“既懂学科知识又有手艺技能的教师”[②]难找，许多教师也认为传授知识和技能的职业教育与真善美的理想相对立，因此，一个世纪以来，正规职业教育的发展是比较困难的。但随着工业革命的不断进行，学徒制的方式已经不能满足需求，加之欧洲熟练工人到美国的移民减少，劳动力需求急剧增加。19 世纪 80 年代，美国的手工培训学校出现，被认为是早期的职业教育

① 职业教育在美国各州称呼不一，主要有职业技术教育、职业教育、劳动力教育等。1998 年更名为生涯与技术教育（career and technical education，CTE），目前，这个名称在大多数州得到认可。名称的更改，部分是为了克服人们对“职业教育”的偏见，同时也是美国新职业主义教育观的折射，即职业教育不仅仅与工作紧密联系，更要提升教育者的学术基础、综合素质，使其获得持续的终身就业能力，满足变动不居的社会需求。

② 滕大春，吴式颖. 外国近代教育史. 北京：人民教育出版社，1998：499.

类型。当时，行业急需技术人才，学校开始意识到职业教育的重要性，一些州开始采取相应的行动，联邦政府也对此非常关心。

1914年，美国国会职业教育国家资助委员会（US Congressional Commission on National Aid to Vocational Education）成立，专门就职业教育的相关问题进行一系列研究。其研究成果，得到许多行业和教育协会的支持，并于1917年底通过《史密斯–休斯法案》（Smith-Hughes Act of 1917）。该法案内容主要有：为高中层次的职业教育进行联邦拨款，接受联邦援助的州要进行1∶1的对等拨款；公立中学应开设职业科，普通中学改为具有升学和就业双重目的的综合中学；职业教育定为农、工、商、家政四类，还具体规定了各职业科目内容；支付这些科目教师的薪金，并为这些科目训练教师，教师要达到最低要求；明确了州政府对本州职业教育的主导权等。该法案奠定了美国职业教育的基础，对职教师资培养有了正规化的表述，并首次对职教教师资格和普教教师资格进行了区分。此后，该法案经过多次修订，联邦政府还通过了一系列其他新法案，继续支持职业教育和职教师资发展。

近一个世纪，美国职业教育面临诸多变革，一些基本问题引起了社会广泛探讨。"普杜之辩"①是最具代表性的，它对中等职业教育运行以及职教师资培养产生了深远影响。普洛瑟（Charles Allen Prosser）作为当时职业教育政策的主要制定者，主张"职普分离"，职教教师与普通教育教师按照不同的路径进行培养，提出行业经验对于职教教师是最为重要的。但在家政和农学方面，普洛瑟持不同观点，认为此方面的教师已经有相关经验，须由大学培养。而著名哲学家和教育家杜威（John Dewey）则主张民主主义，普职融合式发展。博弈中，基于本土实践，美国职业教育的"单轨制"得以确立，杜威的思想得以体现；但从联邦到各州，职业教育的诸多内容都是单独设置的，实质上是普洛瑟职业主义胜出。自此，基于就业和学术发展的美国职业教育目标以及职教师资培养异于普通教育师资培养的双重路径深深植根于美国社会。

二、美国职教教师资格认证体系的建立及基本要求

美国的职业教育在普通教育领域中开辟了属于自己的天地，无论是高中教育阶段还是高中后教育阶段，都办出了自己的特色和水平。高中阶段职业教育主要

① "普杜之辩"是"普洛瑟职业主义"和"杜威民主主义"之间学术观点的较量，其背后蕴藏着源于欧洲的自由教育与美国本土功利主义之间的碰撞，是民主与效率之间的博弈，也是职业教育目标定位于优先保障个体的发展权利还是促进经济与社会发展之间的论争。

包括综合高中提供的生涯与技术教育课程，职业高中、地区职业学校以及一些高中层次的职业学院的职业技术教育课程，其中，综合高中是主体。高中后教育阶段职业教育主要包括社区学院、技术学院、一些成人学习中心以及其他一些提供岗位培训、职业教育、生涯发展等方面内容的项目或课程，其中，社区学院为主体。美国的职教教师主要涵盖这两类系统中的教师。本小节所指的职教教师主要指在公立综合高中任教的教师，对社区学院任教的教师也会有所涉及。

（一）州一级的标准和资格认证

美国实行联邦制，联邦政府和各州政府共同行使对教育的权力，具体到各项决策，则主要由州政府和当地学区负责。在教师资格认证方面，各州都有自己的最低标准和基本标准。州一级的标准具有强迫性，教师必须通过认定，才能获得基本的从业许可证。最低标准通常包括无犯罪记录、身体健康。有些州还有其他规定，如愿意从事与青少年和谐相处的工作、是美国公民等。部分州还有学术能力考试方面的要求，规定了最低分数。最典型的是需要参加普瑞克西斯考试（Praxis series），该考试分为普瑞克西斯考试Ⅰ和普瑞克西斯考试Ⅱ。普瑞克西斯考试Ⅰ主要是对基本学术能力方面的测试，如阅读、数学、写作。普瑞克西斯考试Ⅱ主要是对特定科目方面的测试，如物理、生物、工商业等。有些州只对普瑞克西斯考试Ⅰ有要求；有些州则更为严格，对两者都有要求。

在美国，职教教师资格的获得与认证总体上难度较大，其难度超过了普通教育教师。但美国职教教师资格的获得与认证通常比较灵活，尤其是在贸易和保健方面，多数州允许通过工作经验代替大学层次的学术培养。实际上，经过历史的积淀和现实的选择，美国职教教师主要有两种来源：一种是传统大学的师资培养，称为传统路径；另一种是行业企业领域的人员进入职教教师队伍，称为替代路径。传统路径主要侧重农业和家政方面，替代路径主要为工商业领域。传统路径的标准和认证，各州差异不大。通过传统路径入职的职教教师，其学历通常为大学本科，他们经历了一系列的学位学习（通识课程、专业课程、实践环节），拥有1—2年的相关工作经验等。获得认证后，还需通过一系列培训和考核，从低级到高级不断更新和维护证书。通过替代路径进入职教领域的教师，各州的标准差异较大。相关的工作经验作为前提条件，短则1—2年，长则5—7年。在入职前或入职后需着重接受教师教育相关课程的培训，时长从“为期一周的培训研讨会，到20—45个大学学分的教学法培训”[①]，通过考核，获得相应的资格证

① Keller A，Zirkle C，Barabasch A. VET教师培训的焦点：美国和瑞士VET教师教育的比较. 李侃译. 职业技术教育，2020（16）：62-71.

书。目前，替代路径已经从缓解师资短缺的应急措施，演变成为职教师资来源的重要方式之一。

（二）全国性的标准和资格认证

20 世纪 80 年代，经历了对以往认证制度的反思，美国教师教育改革运动进入了“标准”本位时期，各机构纷纷出台教师专业标准和认证政策。在众多机构和标准中，除了各州政府，另外，还有 3 个非常重要的机构开展相关工作，分别是美国全国教师教育鉴定委员会（National Council for the Accreditation of Teacher Education，NCATE）①、美国州际新教师评估与支持联盟（Interstate New Teacher Assessment and Support Consortium，INTASC）②和美国国家专业教学标准委员会（National Board of Professional Teaching Standards，NBPTS）③，三者并称为“影响‘教师质量的铁三角’，认为将这三者联合起来可以对教师教育的方案和内容进行最有效的控制”④。其中，美国国家专业教学标准委员会制定的标准获得的认可度最高，该标准主要针对优秀教师开展，通过此认证的教师会被多数州认可，不用参加州一级的认证。

1997 年，美国国家专业教学标准委员会颁布第一版标准；2015 年颁布《美国国家专业教学标准委员会生涯与技术教育标准：面向 11—18 岁学生的教师》（第二版）（NBPTS Career and Technical Education Standards：The Teacher of for 11-18 Years Old Students）标准。第二版是在 1997 年第一版基础上经过多次修订完成的，共 10 条内容，标准着眼于学生，着眼于教师对学生向工作过渡的各方面素质的提升，同时强调教师与社会各界联系、共同促成学生发展。内容主要如下：致力于学生的发展和学习，对不同文化背景中的学生进行人文关怀，培养学生的终身学习意识和职业生涯规划及实施能力，与学生和学生的家庭及所在的社区成员互动并建立积极的伙伴关系；同时，对教师的知识和能力有了进一步的规定，不仅需要拥有专业知识，还需具备跨学科和行业的知识，教学和课程设计及评价策略的知识和能力等；对教师的反思性实践和专业成长也提出了要求。符合

---

① 美国全国教师教育鉴定委员会于 1954 年成立，主要针对全国从事教师教育的学校或学院等教师教育机构（美国多数教师是由这些大学和学院培养的）开展工作，主要是对其专业（包括职业教育）及其学生制定标准并认证；标准共包含 6 个领域，2 个是对学生素质的评估，4 个是对学生所在教育机构的评估。该标准为职前标准。

② 美国州际新教师评估与支持联盟于 1987 年成立，主要针对新教师开发了一套标准，共有 10 条核心标准，涉及面非常广泛，符合标准要求的颁发初级执照，拥有工作资格。

③ 美国国家专业教学标准委员会于 1987 年成立并运行，主要针对优秀教师制定标准。

④ 秦立霞. 美国教师资格认证制度及其效应研究. 西安：陕西师范大学，2008.

标准并参与认证的基本程序为：资格审查—对申请者的教学档案评价—申请者选择参加某一评价中心的教师纸笔测验—对申请者材料进行审核和评分。通过认证的教师将被颁发证书。未通过某一具体项目的教师，两年内可继续申请。它还对优秀教师的认证和评估系统进行设计。

（三）社区学院兼职教师的标准及资格认证

美国的中等职业教育师资主要为全职教师，而以社区学院为主体的高等职业教育，为了吸引更多的行业企业优秀人才任教，也为了节省经费、缓解财政紧张情况，创造性地出台和采取了一系列政策和措施，有效地吸纳了众多产业界人才成为兼职教师。兼职教师在 2005 年、2007 年、2008 年占据师资队伍的比例分别为 61%、66%、63.9%。[①] 下面，重点介绍其特色鲜明的兼职教师准入、聘任及考核制度。对于兼职教师的准入，基本条件为硕士研究生学历及以上，获得相应的教师资格证书。在进入学院招聘环节后，其聘任制度相对简单，“院系的其他教师不用参与该过程，招聘工作全部由系主任负责，招聘的标准也比全职教师宽松，尤其是在进行紧急招聘时，只要满足最低要求就能入选”[②]，但入选后会通过规范化的岗前培训确保其教学基本水平。在考核方面，采用多主体评价机制，以教师的自主评估为主，同时，社区学院会组织教学管理人员到现场听课，结合同事间的评价、学生学期的评价，进行综合考核，避免一些主观因素的过多影响。合格者将续聘，不合格者将被警告，情节严重者将被解聘。在晋升方面，社区学院普遍采用“双路径”制度。在兼职教师方面，教育专业学士学位、职业经历、从教经验、任教时间是其晋升的重要参考。这些不一样的针对性制度，保障了兼职教师与全职教师具有平等的晋升机会。社区学院还建立了兼职教师激励制度，教学表现优秀的教师会有课时费和年终奖；同时为了增强其归属感，“社区学院为其办理了学校教师的身份证件，阅览室、档案馆、图书馆等公共基础设施皆对兼职教师开放，保证了他们日常的教学工作”[③]；还鼓励兼职教师参与学校的管理，例如，“圣莫妮卡社区学院要求学术会议成员构成中兼职教师的比例不低于 30%”[④]。但是，无论全职教师还是兼职教师，教学能力、实践技能和社区

---

① 彭红科. 发达国家职业教育师资培养的特色、共通经验及借鉴. 教育与职业，2019（2 月上）：89-94.

② 吴显嵘，郭庚. 美国社区学院“双师型”教师的培养经验、成长体系及启示. 教育与职业，2019（9 月上）：78-85.

③ 赵先. 美国社区学院兼职教师管理经验的借鉴与启示. 职教通讯，2020（5）：103-109.

④ 转引自吴显嵘，郭庚. 美国社区学院“双师型”教师的培养经验、成长体系及启示. 教育与职业，2019（9 月上）：78-85.

服务都是其主要考核内容，而非学术水准。

三、美国职教教师资格认证的主要特征

（一）资格认证理念的哲学思维和实用思维的有机结合

美国职教教师的发展，从“普杜之辩”开始就蕴含了深厚的哲学思维，以及为急剧增长的经济和产业发展提供合格劳动力的实用思维，是自由主义和职业主义和谐共生的产物，也是职教教师的学术性、师范性和职业性的有机结合。

在美国近百年的职业教育发展历程中，传统师范教育和从教的替代路径两种师资培养培训体系一直并存，且各自发挥着优势。传统路径来源的教师，其自身综合素质相对较高，继而在此方面能够较好地服务学生；替代路径来源的教师，实践经验丰富，与经济界、产业界的联系密切，在培养学生的行业素养方面优势明显。实施中，由于替代路径在一些学术性和师范性方面的要求不及传统路径，有专业人士对通过替代路径进入职教领域的教师素质表示担忧，尤其是对接受较少培训的教师，认为其在处理复杂的课堂问题及学生问题时可能有困难，若后期的培训较多，教师的流失率也会较高。但是，由于师资短缺，且这部分人员在教师领域中的薪酬待遇与行业企业提供的待遇差距较大，若想吸引他们进入职教领域，又想按照传统方式培养，是非常困难的。美国一直在寻求一个平衡：一方面，追求教师的专业化，通过严苛的标准和制度进行规范；另一方面，根据现实的需求，始终把教师的实践性知识放在首位。通过认证，一方面，寻求教师的专业发展和专业地位提升；另一方面，在认证的具体过程中又时时接受来自现实的制约。两者似乎一直在矛盾中运行，此消彼长，但并行不悖，共存共生。

（二）多元和多层的联邦引领性标准与各州灵活性标准

美国职教教师标准主要有两大类型：一个是州一级标准，通常由各州教育行政部门认证和颁发，侧重从业的基本资格，主要是最低标准和基本标准；另一个是全国性标准，由教师专业组织设定、认证和颁发。全国性标准确保了教师资格认证的客观性和科学性，同时对整个教师队伍的专业化发展起到重要推动作用，对教师的培养培训起到标杆作用。州教育行政部门的标准，防止教师资格认证的杂乱无章和偏离基本目标，是职教教师资格认证的底线保障；同时，各州可以根据本州的实际情况，通过形式多样的替代路径吸引相应的人才进入职教队伍，保障有较为充足的职教教师，缓解教师短缺的问题。

在标准的制定和认证方面，无论是州一级标准，还是全国性标准，都不是单一的标准和一次认证就能一劳永逸的。州一级标准首次认证通常获得的为临时执照，一般有效期1—4年，之后，教师经过不断培训，获得更高级别的专业执照证书；通常有二、三、四级，每级有效期一般为5年。全国性的认证证书也并非终身有效，一般为10年，也需要教师不断进修、提升。

（三）专业人士广泛参与，法律法规保驾护航的师资发展策略

吸引和依托专业人士参与教育改革，是美国一贯的传统。随着教师专业化的不断发展，这一传统表现得更为明显。一些民间教育团体组成教师专业组织参与到教师教育工作中。这些专业组织通常包含各职业教育组织、职教师资的培养培训机构、学区的合作伙伴等。它们会根据自身设立的目的，在自己的领域内有计划、有针对性地提出教师发展策略。其中，美国国家专业教学标准委员会是典型的代表，其架构非常完备，包括标准制定、评价发展、科研分析、媒体机构等。标准制定委员会为非营利性独立组织，由12—15名具有丰富经验的职业教育界人士组成，包括教师、教育工作者、研究人员、儿童发展专家、本领域的技术技能人才等。其针对卓越教师开展自愿认证，注重教师的专业表现，是教师认证领域的风向标。

聘请专业人士，进行广泛的调查和研究，形成普遍认可的结论；继而被政府采纳，通过颁布法律法规，使具体工作有法可依、有章可循。1917年，美国国会通过《史密斯-休斯法案》，对职教教师的任职标准和资格准入进行了明确规定，并在之后，根据本土发展情况进行一系列修订。1984年，美国颁布《卡尔·D. 帕金斯职业教育法案》（Carl D. Perkins Vocational Education Act of 1984），并以此为依据，对教师的专业标准提出具体要求；21世纪，为解决职教师资短缺问题，颁布《不让一个孩子掉队法案》（No Child Left Behind Act），拉开替代性教师资格认证的帷幕；2006年颁布《卡尔·D. 帕金斯生涯与技术教育法案》（Carl D. Perkins Career and Technical Education Act of 2006），不仅对职教教师的工作经验和职业指导能力提出了要求，还提出聘请行业企业技术技能人才到学校任教；2012年颁布《投资美国的未来：生涯和技术教育改革蓝图》（Investing in America's Future：A Blueprint for Transforming Career and Technical Education），根据实践发展，提出建立教师资格认证制度的替代路径，为学校聘请行业企业人才提供了法律和政策保障。“2017年，又出台《加强21世纪的生涯与技术教育法案》（Strengthening Career and Technical Education for the 21st Century Act），提出州政

府制定职教教师资格，既不可要求太高而成为招聘职教教师的障碍，也要保证职教教师的质量，以提高职教教师的保留率。”[①]美国职教师资专业化发展的每一步都有比较重大的法律法规保驾护航。

（四）较为开放的准入机制，不同侧重点的职教师资培养培训机制

美国的职教师资准入机制相对开放，很是灵活。拥有教师教育的本科学历和1—2年工作经验者，或者只拥有高中学历但工作经验足够者都可以通过不同方式进入职教领域。这样的准入在各州的具体要求不一，“目前，美国各州共有130多种途径取得替代性职教教师执照”[②]，灵活多样是其统一的表征。开放的准入机制、不同路径的入职方式，尤其是替代路径招募到更多的男性以及非裔和西班牙裔人士进入职教领域，使得职教领域的群体更加多样化，满足了美国对多元文化的关注。同时，职教教师的动手实践能力强，行业企业素养得到最大限度的保障，“在各州关于通过替代培养路径进入教师行业的具体要求中，首要考虑的因素均为工作经验”[③]。

开放的准入机制并不代表入职后就可以一劳永逸地成为职教教师。实际上，教师的职业生涯成长路线被设置得非常清晰，而且要求严格，有针对性的培训非常多，包含认证、招聘、准入、上岗、评价、专业学习及成长，涉及每个环节。同时，针对不同路径来源、不同能力特征的人采取不一样的培训内容，有侧重教学法的，有侧重动手实践能力的，有侧重现代教育技术的，有侧重提升教师学历水平的，还有侧重领导力水平的，等等。机制设置的初衷是，使不同背景来源的教师通过持续不断的学习都能尽量留在这个行业，并达到职教教师要求的相应标准。但在现实中，难度还是比较大的，尤其是新任教师的流失率和流动率非常高。安排相似学科和相似年级的导师，并且导师不用负担太多的新任教师指导工作，且没有其他额外涉及后勤之类的事宜时，对新任教师的成长帮助是比较快的；同时给予新任教师较多专业发展的机会，并允许他们自由选择时，新任教师的成长也是比较大的。[④]近些年，随着互联网的发展，远程教育、在线教育也成为培训手段，进一步增强了培训的便捷性。但对于技能的获得，这种方式还有所

① 左芊. 美国职业教育师资培养的特色、经验及其借鉴. 职教论坛，2019（8）：171-176.

② 张洪华，克瑞斯・泽科. 美国替代性职教教师执照：经验与启示. 职教通讯，2020（8）：97-105.

③ 和震，杜小丽. 美国与德国职业学校师资培养中的“三性”融合原则研究. 教师教育学报，2021（3）：33-39.

④ Amy A. Making sense of early-career teacher support，satisfaction，and commitment. Teaching and Teacher Education，2021（6）：91-104.

欠缺，如何解决其中的问题还需进一步探讨。

（五）认证内容体现出明显的证据文化，关注教师的课堂生成等实证性资料

教师认证工作的根本目标是促进学生的发展。研究发现，“相对于其他基于学校的因素，高质量的教学是学生成功的最重要预测因素”[①]，因此，如何在认证中寻找与教师的高质量教学相关的因素，应该是教师认证的重要内容。在美国的教师资格认证过程中，认证标准并非用笼统、概括性和总结性的语言简单地罗列各项要求，而是用描述性文字进行具体阐述，这在具有“风向标”美誉之称的国家专业教学标准委员会制定的针对优秀教师的标准中表现得更为明显，而且具体到课堂教学的各个部分。在评价方面，要求教师能够熟练运用各种评价方式，针对不同文化背景的学生就学生的学业成绩、发展需求、职业规划等给予反馈和提出建议，从诊断性、过程性、总结性评价，到具体的档案袋评价、学业测试、教育随笔，再到与其他教师沟通交流共同促进学生的发展，要做到翔实、具体。对教师的评价要求之“档案袋评估”中，在差异化教学中，对“作业的评估”要求提交两份作业，一份是考查学生对知识和技能的掌握，另一份是教师设计的项目作业；在“课堂教学”方面，要提交两个10—15分钟的教学视频及相应的资料等。

四、启示与借鉴

（一）国际化与本土化相结合的认证理念

职教师资的发展并非单纯的教师发展问题，它与职业教育的发展、经济和社会的发展紧密相连。在美国职教师资发展的过程中，从“普杜之辩”之普洛瑟职业主义的胜出到杜威民主主义的影响日益加深；从追求效率满足当下劳动力迫切需求的职教观念到追求民主、公平促进学生个性、全面和终身发展的新职业主义教育理念；从美国职教教师发展的静态系统——法律法规及标准，到其执行系统——认证过程和实施效应；从美国借鉴德国等欧洲国家的教育发展到结合本土实际超越“双轨制”，进行“单轨制”的职教发展之路，继而较早推行职教教师的专业化发展，并通过设置各类标准，设计教师的生涯发展之路，保障充分的职教教师供给，提出替代路径等，美国的职教教师发展是国际化和本土化的充分结

① Chetty R，Friedman J，Rockoff J. Measuring the impacts of teachers II：Teacher value-added and student outcomes. The American Economic Review，2014（9）：2633-2679.

合，最终走出一条适应本国职教教师发展的本土化之路。梳理美国在这些方面的经验及教训，结合我国职教师资发展的现实情况及可能的理想状态，将国际化视野和本土实际切实结合，才能最终建立一套适应我国职教教师发展的认证系统。

（二）中央和地方协力，共建多样化的认证体系

认证体系的建立涉及顶层设计，影响到职教师资发展的方方面面。美国的认证从主体来看，主要为两大类型——国家层面及各州；从内容来看，国家层面的标准和要求相对较高，而各州的标准差异较大；从程序来看，国家层面的较为复杂和严苛，而各州情况不一。我国如何建立中央和地方不同的职教教师认证体系，使其既能发挥中央的优势，又能兼顾各省份不同的职业教育发展现状、职教教师的综合情况，是值得深入探讨和研究的。从国家层面来讲，要考虑是建立引领性、示范性的优秀教师标准，树立标杆，为提升教师素质和专业地位打下基调；还是只建立基本的职教教师准入机制和认证系统，把握基本的方向和要求；抑或两者都有；抑或两者都无，给予地方更大的自主权，由各省份自主决定认证的标准和实施程序。从地方层面来讲，要考虑如何把握本地区的情况和特色，通过多样化的、多层级的认证体系，不仅吸引传统高校毕业生而且吸纳各行业优秀人才进入职教领域。

在具体的操作层面，要尤其关注行业企业人才的引进，防止认证工作形同虚设，否则很难吸引到人才，更难以保证他们对教师工作的职业认同感和愿意长期从事并投入职教工作中。美国这方面的工作细致又扎实，“通过吸收产业界专业人才（mid-career professionals）等途径开辟多样化的师资选拔机制；巩固各级学校与产业界的协作，营造教师更新知识和技能的平台；以教师的科学评价为依据，合理确定教授科目，提升教学的有效性”①。应该说，美国的认证工作中，不同的认证路径、针对性强的培养培训以及适应评价机制的合理运用，很好地适应了职教领域技术更新快的形势，有效地把握了教师的动手实践能力、行业企业素养这一核心要素。

（三）充分尊重和发挥专业人士的作用

在职教师资的发展过程中，如何更好地发挥专业团体（包括教育专家、一线教师、教育管理者乃至社会人士）的作用是职教教师资格认证的重要内容。目

---

① 杨成明，陈明昆. 中美职业技术教育改革新动向解析——基于两个新近出台的政策文本比较. 比较教育研究，2015（12）：95-101.

前，我国的职业教育已迈上新台阶，成为建设技能型社会的重要力量，职教教师作为推动职业教育发展的关键因素，已经从“满足数量为主的应急状态过渡到以提升综合能力和综合素养为目标的平稳状态”①，职教教师的专业发展成为重中之重。在这样的情况下，应发挥教师专业团体或第三方机构的作用，加大认证工作中专业人士的比例，使之深度参与甚至成为直接的主体进入标准的制定、程序的设计、实施效应的评价，以及探索建立专业的认证组织，公布其工作机制和方法，建立合适的举报或追责机制，最大效度地发挥它们的作用。

（四）关注教学情境及相关业绩的认证内容

美国职教教师认证标准中有一个非常明显的特质，即关注学生，着眼于教学情境，并通过学生的录像和作业、教师的反思等展示出来。对教师的评价则结合教师现场的表现进行，注重考查教师的业绩、直接服务对象的情况。在认证实施中，从评价主体、标准、措施、流程等方面一一细化，并简单、清晰、明了地向社会公布；同时，为教师提供可自由选择的多元评价机构，所有评价机构的操作过程透明、公开。多元的评价机构，也在一定程度上形成有效合理的竞争，促使其提供更为优质的服务，保证评价的效应和声誉，也为教师参与认证提供了更多便利。这样的认证工作能够激发教师的自我发展动力，能够检测教师的实际工作情况、服务学生的情况，多数教师能够接受、参与并完成这样的评价。我国职教教师的认证应增加对教学情境和相关业绩考查，以体现职教教师对学生的特殊性、课堂的生成性、教师在促进学生成绩和素质提升等方面所做的工作。

第四节　德国职业教育教师资格认证与启示

德国的“双元制”职业教育在世界领域居于前列，发展蓬勃并硕果累累，特色鲜明的职教师资队伍成为其中极其重要的力量。在漫长的历史演进中，德国形成了“跨机构合作”的职教师资组成模式以及国家层面的积极有效干预模式；同时，在培养方式、相关要求、专业标准方面不断地精细化和趋于完善，这些都为德国技术技能型人才的培养、职业教育的发展以及新时期德国工业 4.0 的战略推进提供了重要的师资保障。

---

① 张晓玲，罗秋兰．“双师型”教师认证标准研究——基于教师专业发展的视角．中国职业技术教育，2019（27）：36-40.

一、德国职教教师发展的历史基础

（一）关注技能和工艺的传统学徒制渊源

德国的职业教育与培训可追溯到中世纪时期的传统学徒制，手工业行会组织通过师傅带徒弟的方式进行教育和培训。19 世纪，随着经济的发展，传统学徒制已不能适应工业化进程，出现了一些专门的教育机构进行职业培训，打破了师傅对职业训练的独有权。德国职业教育的主体，即“双元制”职业教育[①]的前身诞生。这些职业教育培训机构逐渐演变成职业学校，相对应的教师职业以及教师培训也在这一时期形成。如今，传统学徒制的形式不再成为技术技能人才培养的主流，但其强调动手操作能力，对技术、工艺的细节考究已经成为德国技术技能人才培养的重要理念。

（二）注重学历的大学层次培养制度

商业领域的职教教师培养一直是在大学系统中进行；技术领域的职教教师培养经历了一些改革，最终实现了在大学层次中的培养。促使改革进行的原因包括：①来自传统学徒制的影响，即知识、技能的传授需要较高层次的专门人员进行；②职业教育属于公立教育中的一部分，担负着公民教育培养的义务，需要在学术层面进行；③德国职业教育联合会力图通过提升职教教师的资历、学术水平等提高教师的地位。在多种因素下，德国的职教教师培养逐渐向大学转移，实践中主要表现为工程师模式、研讨班模式和职业教育模式。

工程师模式在德国的西南地区也叫巴登-符腾堡模式，理念上以科学为导向，强调工程学的特点，面向行业发展，认为职业教育要为劳动力市场输送高层次的技术工人。科学课程是其核心内容，在大学进行学习。研讨班模式也叫普鲁士-巴伐利亚模式。其最初属于文化部管辖，主要目的是公民教育，不是为促进地区的经济发展服务的，后转由贸易与手工业部负责，开始成为行业促进的手段。研讨班模式的学员主要是一些实际工作者、技术人员、工程师。职业实践是研讨班模式的核心内容，相关培养培训工作主要是在一些手工业进修学校进行。职业教育模式也叫图林根-汉堡模式。这种模式主要是发展了一些学者思

---

① 德国教育为典型的双轨制，小学四年级时开始进行第一次分流，确定进入不同类型的中学学习；十年级时进行第二次分流，进入中学的进阶阶段。约 2/3 的青年在中学进阶阶段接受非全日制的“双元制”职业教育培训。双元中一元指职业学校，另一元指企业，两者的地位是平等的。接受“双元制”职业教育的学生每周约 3—4 天在企业接受培训，1—2 天在学校中进行学习。

想，认为在职业学校中应该遵循教育原则，教育应把国家的经济发展、个体的职业前景以及公民社会的要求统一起来。这种模式的职教教师培养也是在大学中进行。

德国的三种职业教育培养模式都强调适应市场的需要，与实践的紧密结合，与行业、职业的紧密结合，并形成了德国职教师资培养在大学层次进行的一贯传统，学术基础得以积淀，教师权利和地位得到有效保障。

二、德国职教教师培养模式和资格认证的基本要求

德国“双元制”职业教育的最突出特点是行业协会组织与企业的广泛参与。学生拥有企业学徒和职业学校学生两种身份，分别在企业和学校两种机构中进行学习。作为职业教育主体的“双元制”由两类教师共同承担着相应的教学任务：一类是职业学校中的教师，另一类是企业中的实训教师。两类教师的有机组成共同培养和造就了既具有专业理论知识又具有专业实践技术、既能够解决职业实际问题又具备强韧发展后劲力量的高素质技术技能型人才。

（一）职业学校中教师的培养模式和资格认证要求

20 世纪中期，经过历史的选择和沉淀，学术化和向大学层次的转移成为德国职教教师的正统培养模式，大学层次的科学课程被认为是职教教师培养的核心内容。在行会和政府的博弈过程中，政府逐渐成为职教教师的管理者。为保障国家考试质量，增强各州之间的可比性和缩小差异，职教教师的全国性框架于 20 世纪 70 年代形成，90 年代进行了改革和完善。全国性的框架规定，职业学校中的职教教师培养分为两个阶段。能够进入这些阶段学习的前提是具备高等学校入学资格，即完成 13 年的在校学习，还必须具备至少 1 年的工作经历，工作经历需与所学职业学科相关。第一阶段为大学层次，通常为 9 个学期，周课时累计约 160 小时，学习内容主要包括三大部分，内容涉及职业领域、普通学科、教育类以及学校实践等。学习结束后参加第一次国家考试，个别州是文凭考试。学习者通过考试后获得相应的硕士学位[①]，可进行第二阶段的学习。第二阶段为教师教育的预备性服务，在一些师范学院和培训学校进行。时间约为两年。学习内容有教育理论、专业教学法以及一些补充课程，其中专业教学法是重点。学

---

① 德国没有本科、硕士的称谓及区分，为了满足和适应博洛尼亚进程，即 29 个欧洲国家于 1999 年在意大利博洛尼亚提出的整合欧盟高教资源、打通教育体制的欧洲高等教育改革计划，德国于 2009 年采用了国际上通行的本科、硕士的称谓，并把第一次国家考试作为国家的硕士结业考试。在德国公立学校的职教教师须具有硕士学位。

习方式主要通过研讨课的形式进行，用以指导个人的教学实践等。与大学层次的学习相比，这一阶段的学习更侧重应用，解决教学过程中的各种各样问题。学习者只有通过两次国家考试，才可取得职业学校教师资格。另外，师范学院还对相关行业拟转行从事教师职业的人进行培训，帮助他们通过考试，获得教师资格。

（二）企业内实训教师的培养和资格认证要求

德国职业教育的主体是“双元制”，学习者在企业内接受的教育同等重要。因此，企业内的实训教师也是德国职教教师的重要组成部分。但这部分人员在培养制度、相关政策、具体要求等方面都与职业学校内的教师不同，属于继续教育的范畴，是完全开放的。联邦政府各相关部门与社会伙伴合作，如一些行业机构、雇主、工会等，共同制定和实施相关管理规定。培养机构多种多样，五花八门，有行业协会、工会、公立和私立职业院校等。培养内容包括业务资格培训、职业教育方面和劳动教育方面内容。业务资格培训的机构需得到国家的认可，职业教育和劳动教育的内容需遵守相关规则和框架协议。

从 1972 年开始，德国在工商业、农业、文职类工作和家政行业中实施《实训教师资格条例》，随后这一条例被 1999 年颁布的统一指令代替。[①] 这些相关规定对职教教师中企业内实训教师的品格、个人素质、技术资格、年龄要求进行了明确规定。根据 1999 年指令，“实训教师申请者必须年满 24 周岁，拥有得到认证的相关职业证书（《德国联邦职业教育法》第 76 条），并且必须通过实训教师资格考试以证明其具有必要的专业和教学技能”[②]。由于一些职业濒临消失，技术工人严重缺乏，2003 年 11 月，德国对《工匠法》进行修改，放松了对一些实践中迫切需要的技术工人的考试要求。

三、德国职教教师资格认证标准的持续推进

德国的职教师资一直在稳步向前发展，确立的基本的培养模式和相关要求并不能满足德国在职教师资方面的精益求精。近些年，德国一直在制定职教师资的专业标准，以期更精准化的推进职教师资在教师教育和学科教育的双重发展。

---

① 沃尔德玛·鲍尔. 德国的职业教育教师//菲利普·葛洛曼，菲利克斯·劳耐尔. 国际视野下的职业教育师资培养. 石伟平译. 北京：外语教学与研究出版社，2011：127.

② 沃尔德玛·鲍尔. 德国的职业教育教师//菲利普·葛洛曼，菲利克斯·劳耐尔. 国际视野下的职业教育师资培养. 石伟平译. 北京：外语教学与研究出版社，2011：127.

（一）关注学术性和教学法的普遍标准

2004年12月，德国各州文化教育部长联席会议（KMK）从教育科学视角出发，制定了各类教师教育的普遍标准《教师教育标准：教育科学的视角》（简称“2004年标准”）。①标准的出台主要是应对三个方面的压力和挑战：一是德国社会经济的快速发展，二是“国际学生评价项目”（Programmer for International Student Assessment，PISA）中德国学生的平庸表现和不平衡情况，三是博洛尼亚进程中德国各州教师之间的差异性。2008年，各州文化教育部长联席会议又颁布教师教育的专业学科标准（简称“2008年标准”）。2004年标准是教师的通用标准，是从教育性和师范性着眼的。2008年标准从学科专业视角着眼，考虑的是学术性和工程型以及学科教学法的特点。德国教师教育标准的制定和出台采纳了各方面人士（包括学者、行业协会、教学实践人员、教育工会、教育行政人员等）的意见，兼顾了各方面的利益，运用了学术成果，考虑了现实需求。标准覆盖教育科学、学科专业、学科教学法三个学科领域，并强调要更加紧密地将大学阶段的理论学习、中小学中的见习和入职后的继续教育三个阶段衔接起来，表现出系统性和全面性的特点。②标准对职业教育教师的发展有较大的促进作用和规范作用，但主要针对的是教师这一大的职业类别，未全面考虑到职教教师的行业性和技术性等特殊需求。

（二）基于“职业性专业”的职教师资标准

2013年以来，各州文化教育部长联席会议逐步发布了针对职业学校教师教育“职业性专业”的教育要求，已经初步开发了16个职业性专业中3个专业的教育要求，包括经济与管理专业、机械技术专业和电气电子技术专业。③新的标准（即2013年以来的标准）更加强调职业教育面向的对象不仅是关联学科方面的，还有职业活动层面的。对教师的能力要求更加全面，不仅有职业教育方面、专业学科方面的要求，还有广泛的职业活动领域上的要求。在职教教师的培养方面，职业活动、专业学科、教育教学都是职教教师培养的重要内容。在职业性方面，“‘专业要求’不再仅仅停留在专业理论层面的认知，而是更侧重于专业实践能力的锻炼，以及情感、态度与教育反思能力的培养”④。2013年以来的标准的颁布

① 谢莉花. 专业科学视角下的德国职业学校教师教育标准. 世界教育信息，2015（8）：34-37+42.
② 孙进. 德国教师教育标准：背景 • 内容 • 特征. 比较教育研究，2012（8）：30-36.
③ 谢莉花. 德国职教教师教育的“职业性专业”探析. 比较教育研究，2016（3）：81-88.
④ 谢莉花. 专业科学视角下的德国职业学校教师教育标准. 世界教育信息，2015（8）：34-37+42.

说明德国职教教师有了统一的较为详细的和针对性较强的遵循标准和要求，是德国在职教教师的专业化方面做出的符合职教特色和需求的重要举措。

四、德国职教教师发展的主要特征及经验启示

（一）“跨机构合作”的职教教师队伍构成模式

德国的职教教师是职业学校中的教师和企业中的实训教师有机组合，展现了学校和企业的跨机构合作。职业学校中的教师具备高等教育入学资格，经过系统的专业学习、完善的大学层次培养和预备实习制度以及严格的国家考试，加上后续规范的培训制度和激励措施，保障了职业教育教师的学术性和专业性。企业中的实训教师拥有较好的工作过程知识和职业工作所需要的理念、实践技能，本身又处在企业这样一个面向市场的大环境中，其知识和技能不断得到更新，实践性和技术性也得到了强有力的保障。两类教师来源的渠道不一样，相关要求不一样，功能和职责也不一样，职业学校中的教师主要负责“应知”的内容，企业中的实训教师主要负责“应会”的内容，两者合理分工，各自发挥自身独特的优势，共同推动“双元制”职业教育的发展，大大提高了人才培养质量，也有效地解决了职教教师中学术性、专业性、技术性、实践性的实质结合问题。德国的跨机构合作对我国职业院校队伍建设有重要的借鉴意义。

（二）实践本位的职教教师培养培训框架

德国的职教教师培养一直非常关注教师的实践能力和职业能力。这里的实践能力和职业能力包括两层含义：一层是教育教学过程中与技术技能相关的实践动手能力，突出的是专业技能水平的操作能力；另一层是职教教师需关注本专业及相关专业的行业发展，教师的培养不仅侧重专业方面的工程师教育，也不仅仅是培养普通的教师，而是把诸内容紧密结合起来，为劳动力市场的需求培养技术技能人才的教育者、传播者、实践者和创造者。

对职教教师中的企业实训教师来说，实践能力和职业能力的要求显而易见，教师必须具备职业领域的某项职业资格，同时要通过实训教师资格考试或高级技师的考试来证明自身的资质、专业素质和个人能力，其本身所处的环境也保障了其实践本位的达成。职业学校中的教师主要分为理论课教师和实践课教师。无论担任何种教师，都必须具备 1 年的与职业工作相关的工作经历。对于非职教教师培养体系中想转行从事职业教育教师的人，“大学毕业生有 5 年或 5 年以上工作

经验且进行两年半的教师培训"[①]，方可参加第二次国考。对于实践课教师，"在接受4—5年正规大学教育的基础上，要通过毕业时的工程教师资格考试和国家考试，还要再经过2—3年的企业实习，才能取得执教资格"[②]。从事高等职业教育的教师必须有至少5年的企业实践专业工作经历。进入20世纪90年代，在德国职业教育教师培养和培训中，关注的核心依旧是工作过程知识和技能，侧重与职业领域相关的实践性能力。这方面的要求和素质是我国职教教师急需面对和加强的。

（三）政府主导的职教教师培养培训制度

从德国职教教师的发展历程来看，最初是手工业行业协会通过师傅带徒弟的方式进行，后来传统学徒制瓦解，行会和政府在博弈过程中，政府逐渐处于主导地位，行业则通过与政府合作等方式参与到职教教师的培养培训中。

20世纪70年代，"德国教育和文化事务部常务委员会（KMK）为德国各州的职业技术教师的培养培训和考核制定了一个全国性的框架"[③]；90年代，又对该框架进行了改革，"各联邦州的师范教育课程都必须遵循这些结构性的条件"[④]。这些相关规定为德国职教教师的培养确立了统一的最低标准。但实践操作中，由于德国的教育和文化是各州的责任，两次国家考试的相关管理规定等依旧存在州与州之间的差异，"为保障国家考试在各州的可比性和认可度，各州文化部长联席会议又颁布了'针对教师职业培养和考试的框架协议'，以及专门针对职业教育教师的《对高中（职业科目）或职业学校教师培养和考试的标准框架协议》"[⑤]，进一步规范了两次国家考试的相关各项章程和细则。作为企业实训教师，德国也通过《职业培训法》《实训教师资格条例》，以及1999年颁布的统一指令等一系列法律法规约束和规范企业实训教师的资格认证。进入21世纪，德国在职教教师的专业标准方面也分别从教育科学视角、专业视角、职业性专业视角确定教师教育以及职教教师的相关要求有统一的遵循标准。

可见，在职教教师的培养培训方面，德国政府处于主导地位，并通过积极干

---

① 曾全胜. 高等职业院校"双师"教师专业技能培养研究与实践. 长沙：中南大学出版社，2016：35.

② 韦文联. 应用型本科院校教师实践能力建设研究. 全球教育展望，2014（5）：43-52.

③ 沃尔德玛·鲍尔. 德国的职业教育教师//菲利普·葛洛曼，菲利克斯·劳耐尔. 国际视野下的职业教育师资培养. 石伟平译. 北京：外语教学与研究出版社，2011：130.

④ 沃尔德玛·鲍尔. 德国的职业教育教师//菲利普·葛洛曼，菲利克斯·劳耐尔. 国际视野下的职业教育师资培养. 石伟平译. 北京：外语教学与研究出版社，2011：130.

⑤ 汤霓. 英美德三国职业教育教师培养的比较研究. 上海：华东师范大学，2016.

预的方式保障职教教师的培养质量，通过职教教师资格的认证和专业标准的统一规范，确保职教教师的专业化发展以及为国家工业发展培养技术技能人才的卓越师资力量。从文化传承和舆论氛围来看，我国政府在这方面可以较多地借鉴德国的经验，加强政府引导，通过法律法规等保障职教教师的培养培训质量，促进职教教师培养培训的制度化和常规化。

（四）严苛和逐步细化的职教教师准入标准

从世界范围来讲，德国的职教教师资格准入制度是最为严苛的。在外在形式上，能够进入教师教育行列进行学习的人，必须获得高等教育入学资格，经过大学层次的系统学习，两年的预备实习，两次严格的国家考试，具备至少 1 年甚至更多与职业相关的实践工作经历等，这些都有严格的规定。在内涵发展上，德国从全方位的视角界定职教教师应该具备的教育教学知识和技能、专业知识和技能，以及连接教育教学、专业知识和职业工作的教学法要求。德国是唯一具有专业准则文化的国家，这种专业准则被称为“职业方法论”[①]。在职业原则和职业方法论上，德国一直进行着探讨、深化，进入 21 世纪，接连出台基于教育科学的以及基于专业发展的系列标准。这些标准既有针对普通教育教师的，又有针对职业教育教师的，是对教师教育、职教教师培养过程中相关内容的进一步细化。德国通过这些框架性规定及标准的不断叠加，完善了职教教师资格准入制度，使职教教师的培养更加专业化，更适应德国普遍认可的“以职业而不是以工作为导向”的劳动力文化。德国的职教教师准入标准已经非常严谨，但依旧保持着良好的发展和创新势头，不断地进行探讨与实践，遵循和彰显着职教教师“三性融合”的特色需求。这为我国职教教师发展提供了很好的理念引导，也为进一步完善新时期我国职业院校教师准入标准和教师资格认定提供了模式借鉴。

第五节　日本职业教育教师资格要求与启示

在日本，有“职业教育”和“技术教育”不同的称谓。1958 年以前，技术教育属于职业教育的一部分，后纳入普通教育，主要指初中教育中的家政和技术技能部分，更重视正规教育的部分。其师资培养和相关要求方面与职业教育的教师有较大差异。本节主要探索和研究日本职业教育教师的培养。

---

① 沃尔夫-迪特里希・戈翰尼特. 德国的职业教育哲学//琳达・克拉克，克里斯托弗・温奇. 职业教育：国际策略、发展与制度（第一辑）. 翟海魂译. 北京：外语教学与研究出版社，2011：63.

一、日本职业教育教师发展的历史背景

日本的职业教育是在19世纪60年代明治维新时期，伴随着经济的发展、生产方式和技术的变革而逐步产生和发展起来的。引进西方的生产方式和技术后，传统学徒制已不能满足经济和社会的发展需要，日本成立了一些培养初级和高级专业技术人才以及管理人员的速成学校。明治维新初期，作为教育主管部门的文部省主要忙于“兴办初等教育和高等教育，没有积极发展职业技术教育”①，当时的职业教育主要由文部省之外的各官厅管理，没有统一的制度。作为起步阶段的职业教育很难谈得上大范围地培养熟练劳动者和技术工人，主要是培养一些产业部门的管理干部。这个时期，在职教师资方面，日本主要通过两种方式满足其需求：一种是引进国外的教师；另一种是选派优秀的学生出国学习，回国后担任职业教育教师。1881年，文部省官员提出成立职工学校。继而，东京职工学校成立。这是日本自己培养职教师资的较早的学校。东京职工学校对“传统和学徒制进行改革，传授学生以学习技术所必需的文化基础知识，并为日本将要在全国设立的职工学校设立了建校标准，其中职工学校的教师也由该校负责培养”②。

19世纪末，伴随着工业革命的急剧发展，日本对技术人才和熟练劳动力产生了迫切需要，职业教育得到了全国上下的重视，同时也面临挑战。在工科教育发展方面，日本通过学习英国、法国，尤其是德国，颁布了一系列章程、法令法规等促进职业教育的发展。随着这些章程及法令法规的颁布和实施，日本的实业学校得到迅猛发展，初等职业教育以及中等职业教育制度趋于健全，有些条件好的中等职业学校适应经济发展要求，升格为高等职业学校。20世纪初，日本的三级职业教育学校体系建立起来，双轨制学校制度得以确立。随着职业教育的飞速发展，师资不足成为其重要问题。1894年《工业教员养成规程》颁布，1899年《实业学校教师培训规程》颁布，日本的职教师资培养制度正式建立。根据1899年的规程，实业教育教师的培养方法有两种：其一，明治政府对高等专门教育机构（东京帝国大学农科大学、东京高等商业学校、东京高等工业学校）的学生，在最后一学年颁发奖学金，获得奖学金的学生需要学习有关教育学、教学法的课程，并在毕业后有义务去实业学校担任教师；其二，在各高等专门教育机构里开设教师预备课程，分别在各培训中心（农业、商业或工业技术）独立对教师进行

① 滕大春，吴式颖. 外国近代教育史. 北京：人民教育出版社，1989：606.

② 李梦卿. 双师型职教师资培养制度研究. 武汉：华中科技大学出版社，2012：117-118.

培养。[①] 在实际的职教师资来源中，高等专门教育机构的教师预备中心培训的教师数目非常有限，许多职教师资通过其他各种培训渠道进入教师岗位。

总体来说，二战前，日本的职教师资培养是零散的、标准不统一的。为了应对迅猛发展的职业教育对师资的需求，日本虽然采取了一些措施，设置了相关师资培养机构，但数量有限。

二、日本职业教育教师发展的现代沿革

从职业教育总体情况来看，二战后日本的职业教育与二战前存在较大差异。在高中教育阶段，二战前，日本的职业教育和普通教育是分轨的，属于双轨制，在职教师资培养方面只存在少量的培养机构；二战后，学习美国，成为单轨制教育体系，设置综合高中，在综合高中设置职业科[②]，后经经济界的强烈要求，设置职业高中，同时发展了各种规模较小的职业训练学校，通称为"各种学校"，多为私立。20 世纪 70 年代，专修学校发展起来。职业教育体系不断得到完善，职业技术技能人才的培养得到加强。在职教师资的培养培训方面，日本经过一系列改革和发展，制定了相关细则，形成了较为完善的培养和培训体系。

（一）经济恢复和高速增长时期的职教教师资格要求

20 世纪 50—70 年代是日本经济高速发展的时期，也是教育发展的黄金时期。在教育改革方面，日本主要围绕经济发展进行，具有浓厚的经济主义色彩。作为与经济和产业紧密联系的职业教育，在这个时候也得到了飞速发展。

二战后，日本仿照美国设立了综合高中，分设普通科和职业科。这种情况与日本职业教育发展的传统相背离，在某种程度上削弱了职业教育的发展。20 世纪 50 年代初，基于当时的实际情况，日本经济界强烈呼吁设立职业高中，改变职业科在综合高中不受重视的情况，充实职业教育内容，"设立以职业教育为主的六年制（或五年制）职业性高中（含初中）和专修大学（含高中）"[③]。1951 年，日本公布《产业教育振兴法》，对职业教育进行国家层面的补助；后又通过 1957 年的《新长期经济计划》、1960 年的《国民收入倍增计划》、1969 年的《日本职业

① 寺田盛吉. 日本职业教育教师的职业发展及现状//菲利普·葛洛曼，菲利克斯·劳耐尔. 国际视野下的职业教育师资培养. 石伟平译. 北京：外语教学与研究出版社，2011：154.

② 由于职业科的内容主要是侧重职业方面的，难以适应学生的各种不同选择。1994 年，日本设立了将普通和职业两者合二为一的综合科，学习内容更为广泛，满足学生就业和升学的双重需要。

③ 吴式颖. 外国现代教育史. 北京：人民教育出版社，1997：650.

训练法》、1975 年部分修改的《学校教育法》等，进一步确定科学技术在国家的重要地位，并采取一系列措施促进职业技术教育发展。在这一时期，高中教育趋向多样化，职业教育也得到了大发展。同时，国家通过立法，确认了高等专门学校、短期大学等学校形式，职业教育体系不断完善。

1949 年，日本颁布实施《教师许可证法》，规定凡在大学或文部大臣认定的函授、广播等学校中学完规定的课程和学分，经考试合格者，由各都道府县教育委员会授予“教师许可证”①。教师许可证是教师从教的基本条件，只有获得教师许可证才具备从教的基本资格。教师许可证分为普通许可证和临时许可证。普通许可证分为两级，一级许可证颁发给四年制大学毕业者，二级许可证颁发给二年制大学毕业者。持有二级许可证的教师再经过严格的考试等程序，才能获得一级许可证。普通许可证终身有效，临时许可证有效期为三年。日本是最早实行教师资格制度的国家之一，《教师许可证法》的颁布在法律形式上确定了教师的专业标准。

1957 年颁布的《产业教育振兴法》确立了职业教育教师的国内进修制度，使工业学科教师获得进大学或研究机构学习新技术的机会，还允许持有工业学科“教师许可证”的普通高中或初中的教师，通过进修学习转到工业高中，以弥补工业高中教员的不足。② 尽管如此，还是无法弥补当时日本工业高中的师资缺乏情况。1961 年，日本又颁布《关于国立工业教师培训所的设置等临时性措施法》，在一些大学设立培训所，招收学生，修业 3 年，毕业后可直接充实到职业教育教师队伍中。这种形式的职教师资培养共进行了 6 期，极大地缓解了当时日本工业高中紧缺专业课教师的情况。

（二）第三次教育改革时期的职教教师资格要求

20 世纪 70 年代以来，国际形势发生变化，日本的经济发展趋于缓慢。教育逐渐转向稳步发展和提高质量的阶段。相对于明治维新时期的第一次教育改革和二战后的第二次教育改革，此次被称为第三次教育改革。职业教育以及职教师资在这一阶段也不断地得到完善和发展，主要体现在《教师许可证法》的修改完善以及其他相关法律、政策的配套发展，实质层面的质量提升等。

1983 年，日本文部省颁布《改革教师培养与资格检定制度》，把《教师许可证法》中规定的教师级别由两级扩展到三级，分别是拥有硕士学位的“特别

① 李梦卿. 双师型职教师资培养制度研究. 武汉：华中科技大学出版社，2012：117-118.
② 李梦卿. 双师型职教师资培养制度研究. 武汉：华中科技大学出版社，2012：117-118.

级”、拥有学士学位的“标准级”，以及拥有短期大学学位的“初级”，同时对于每个级别所修最低专业学分进行了规定，对于提高教师素质也制定了专门措施，对录用办法、师资培养、进修制度等做了详细的规定。

1988 年 12 月，日本政府对《教师许可证法》进行修改，对有一定社会经验的人员颁发特殊许可证，从而使其获得基本的教师资格；对具备某种特殊才能的人员，可聘请其为兼职讲师。日本通过政策的完善和制度的建立，为吸引各种人才进入教师队伍提供便利。1991 年 3 月，日本政府对《教师许可证法》再次进行修改，提高了教师许可证的地位，指出短期大学毕业生可以把获得教师许可证作为获得准学士学位的前提等。2002—2008 年，日本先后对教师资格的更新制度进行探讨、分析。经过一系列的相关政策的出台，在 2008 年修订的《教师许可证法》中，通过法律的形式确定日本的教师资格证书每隔 10 年更新一次，没有进行更新或未达到更新要求的，其教师资格证书失效。教师资格证书更新制度从 2009 年 4 月正式实施。日本社会对教师更新制度褒贬不一。从适用对象、为完成更新进行的研习内容到考核评价等方面的规定看，在当前日本教师不足的情况下，这样的措施可能降低教师职业的吸引力，区别对待专业教师和管理人员，以及缺乏有针对性的研习内容，有可能增加教师的负担，挫伤教师的积极性。从比较客观的立场看，日本教师资格证书更新制度的设计及实施细节的确有需要改进之处。[①] 但不可否认的是，教师培养一直是日本政府和社会比较关注的内容，也彰显了其对教育的充分重视。

三、日本职业教育教师培养及资格要求

日本学校层面的职业教育是一个庞大的系统，主要指初中以后实施的职业高中、综合高中的职业科、专修学校、高等专门学校、短期大学和各种学校以及一些技术学院。这些机构的教师来源不一，差异性也较大。从培养制度看，日本对职业教育教师的要求较高，学习内容既包括理论课内容，也包括实操课内容，所修学分通常也较多。从选拔制度来看，日本对职业学校的专业课程教师除了有学位方面的要求，还有实践方面的具体要求，即“在学校、研究所、医院、工厂从事与上课内容有关的或与研究、技术有关的业务”[②]。从日本近些年的发展来看，在职教师资方面，“职业训练指导员”是其职教师资的重要群体和来源，在

① 钟晨音. 日本教师资格证书更新制度改革及其困境. 教师教育研究，2009（6）：77-80.

② 林杏花. 国外高职“双师型”教师队伍建设的经验及启示. 黑龙江高教研究，2011（3）：59-61.

发展趋势上也更有竞争力。

（一）职业高中里的农科、工科、商科教师的培养及相关要求

从总体上来说，日本的职教师资在相关要求方面，遵循一些基本的法律法规以及《教师许可证法》对教师的相关要求，但有更具针对性的内容。日本高中阶段的职业教育教师资格有三种类型。第一种是普通资格证，学员需要完成文部省所认可的大学系所中的培养课程（《教师资格证书法》第十五条）；第二种是特别资格证，授予通过各县独立组织的简易考试的人员（《特别教师资格法》第六条），考题因各县而异；第三种是短期的临时资格证，资格申请人不需要接受特别培训或完成必修课程。[①] 普通资格证又分为两类，一类是高级资格证，另一类是一般资格证，前者相当于硕士学位水平，后者相当于学士学位水平。获得一般资格证的人员修完硕士课程，可自动获得高级资格证书。学生在文部省认可的大学完成学业就可获得教师资格。学习内容有具体学科专业方面，也有教育和心理方面的。在教育类课程方面，普通教育学方面的内容占据较大比例，具体的学科专业的教学法较少。资格证书包含 19 个领域，如家庭经济学、农科、商科、海上贸易业、护理、信息等，每个领域的课程证书均由相关部门提供。通常情况下，想成为教师的人会去申请普通资格证。

从总体上看，作为文部省负责培养职教教师的相关要求和标准与普通高中对教师的相关要求并没有太大差异。

（二）职业训练指导员的专业标准及相关要求

职业训练指导员主要是在一些职业教育学校及公共职业训练机构担任课程教学和指导工作的人员。职业训练指导员既具备某一工作领域的专业知识和技能，又具备教育教学方面的知识和技能，而且能够把企业的用工需求转化在课程中进行教学。职业训练指导员是国家为公共领域的职业培训教师设立的一种资格制度，它不是一种资格，而是一类职业资格的称谓，共 123 个职别。所涵盖的工种主要为机械、塑性加工、建筑、泥瓦工、计算机控制、信息处理、电气、电气工程、送配电、电子、热处理、配管、发变电、机电一体化、防水、木工、焊接等。

日本的职业训练指导员的培养途径主要有三个。第一个途径是学历教育方面的，由职业能力开发大学培养。职业能力开发大学是培养职业训练指导员的唯一

---

① 寺田盛吉. 日本职业教育教师的职业发展及现状//菲利普·葛洛曼，菲利克斯·劳耐尔. 国际视野下的职业教育师资培养. 石伟平译. 北京：外语教学与研究出版社，2011：162-163.

机构。它遵循劳工部的相关规定和有关标准，培养职业教育指导教师，同时也为社会的经济发展培养熟练劳动者和技术人员。在职业能力开发大学完成规定学习任务的学生，不仅可以获得大学本科毕业证书、学士学位证书，还可以直接获得职业训练指导员国家职业资格。[①]职业能力开发大学的课程主要侧重职业与训练。这与文部省负责的农、工、商等学科的职业教育教师差异性较大。第二个途径是参加针对职业训练指导员的国家职业资格考试。考试内容包括理论考试和实际技能水平考试。理论考试主要是职业指导技法和相关专业的教学法等内容；实际技能水平考试是其考试内容的重要部分。这个途径为那些非职业能力开发大学毕业又想从事职业教育教师工作的人员提供了便利。第三个途径是参加“厚生劳动大臣指定讲座”。通过这个途径获得职业训练指导员资格证书的人员必须有一定的相关工作经验，学历水平不一样，所要求的工作经验的年限也不一样。这个途径主要针对那些有一定实际工作经验的人。

获得职业训练指导员资格的条件如下：①厚生劳动省令所规定的指导员训练课程（即职业能力开发综合大学的长期课程或专门课程）的毕业者。②都道府县职业训练指导员资格考试合格者。③经认定与上述人员具有同等能力者。一是资格工种技能鉴定一级或单一级考试合格，并完成厚生劳动大臣指定讲座（48 小时）者。二是学校教育法规定的大学、研究生院毕业，取得下述工种相关专业的专业基础课程、专业课程 80%以上学分，并获得教育职员资格法规定的高级中学普通资格中工业、工业实习、商业、商业实习、农业、农业实习、水产、水产实习、家庭、家庭实习之一者。三是满足以下条件之一，并完成厚生劳动大臣指定讲座（48 小时）者：应用课程的高度职业训练毕业且有一年以上职业经验者、普通课程的普通职业训练毕业且有 6 年以上职业经验者、相关学科大学毕业且有 2 年以上职业经验者、相关学科高级中学毕业且有 7 年以上职业经验者。[②]

日本的职业训练指导员培养培训遵循《职业能力开发促进法》的相关要求。该法对职业能力开发大学的办学性质、办学宗旨及主要任务都做了明确的规定；同时指出职业训练指导员包括“职前培养与职后培训在内的指导员训练标准，职业训练指导员资格、资格管理、资格考试等都作出了具体规定”[③]。职业能力开发综合大学隶属厚生劳动省，其前身是 1961 年在东京成立的中央职业培训中心，后经过多次改名。作为职业训练指导员的培养培训机构，除了规模最大的职

① 蓝欣，姜静霞. 日本职业训练指导员及其培养课程的系统分析. 职业技术教育，2010（34）：83-87.
② 谷口雄治. 日本新职业训练指导员养成制度. 蓝欣译. 职业教育研究，2016（11）：80-83.
③ 蓝欣，姜静霞. 日本职业训练指导员及其培养课程的系统分析. 职业技术教育，2010（34）：83-87.

业能力开发综合大学，还有职业能力开发大学校以及职业能力开发短期大学，本节统称为职业能力开发大学。

日本通过法律的形式确立了职业训练指导员的地位，确保其稳定发展。对于想继续深造的职业训练指导员，日本提出了“职业技能士”这样的研究生层次的培养。职业技能士的培养目标除了要求具有熟练的实际操作技能外，还要具有相应的研发能力等。在入学资格上，必须具有三年的实践工作经验，同时具备下列条件之一，即“职业训练大学长期指导员课程毕业者、四年大学本科毕业者、指导员经验三年以上者、在国外学校教育完成十六年者，其他类大学毕业和被认可具有同等学力以上者”①。职业技能士的课程设置非常注重专业性和实践性。综上可以看出，日本的职业训练指导员培养与工作实践的紧密结合，注重连续性，并通过法律的形式得以确立。

四、日本职业教育教师发展的主要特征及启示

在日本，商业内部的培训体系非常发达，未受到相关法律法规的制约，由公司自行安排，培训工作通常由本公司被培训人员的上司或某一方面的专家负责。由于宽松的环境以及公司对人力资源开发的重视，日本的商业内部培训在世界范围是独树一帜的。

（一）结合职教发展实际情况的实用主义师资引进及培养方式

二战后，日本职业教育适应本国经济的飞速发展，取得了较大成就。在职教师资培养方面，日本提出了开放的培养模式。1949 年后，日本开始在认可的高等院校里培养职教师资，同时一些国立大学的工学院设置一些工业教员培养课程培养职教师资；20 世纪 60 年代，又在一些大学设立培训所，缓解紧缺的职教师资。20 世纪 80 年代，为吸引优秀的专业实践人才进入教师队伍，设立特殊教师资格证，同时还在职业能力开发大学培训职业训练指导员充实到职教师资中。日本的职教师资培养既有文部省制定的综合院校，又有作为厚生劳动省主管的职业能力开发大学。职业训练指导员与我国的“双师型”教师有较多相似之处，要求教师既具备理论课教学的素养，又具备较高的技能操作水平。日本的职教师资培养培训，每种类型都相对开放，只要达到入学资格的人就可以参加，并可获得相应的教师资格证书，充实到职教师资队伍中。

---

① 马彦，周明星. 谈日本“职业技能士”的特色、模式与借鉴. 教育与职业，2007（6 月下）：45-47.

在实际发展中，日本的学校教育系统非常庞大。而“职业训练指导员”以及通常渠道得到培养的教师依旧难以满足职教师资的发展要求。对于类似大学如技术学院的教师、职业能力开发大学的教师，在任教资格上有相对应的要求，如学历大多至少硕士学位，有的要求有博士学位，以及其他的教师资格证、技术资格证等。而专修学校中的职教师资，兼职教师是其重要来源。在学历要求上，“它认可专修学校完成专业课程（等同于学院）、拥有 6 年以上的教育或研究相关工作经验的人员”[①]。

总体上，为适应经济和产业发展对职业学校教师的需求，日本的职教师资培养途径和准入机制相对灵活多样，如在不同时期采取不同的师资引进方式，培养培训资格的开放性，扩大师资的来源渠道；根据实际情况，逐步完善职业教育教师专业标准及相关要求，而不是一蹴而就的；不同定位和层次的职业学校对师资的要求采取不一样的方式方法等。这些实际措施对我国不同地域、不同发展阶段的职教师资准入都有值得学习和借鉴的地方。虽然综合来说，我国职教师资发展正步入专业化发展道路，但应对现实的复杂情况，依旧需要灵活的措施。了解日本职教师资沿革和发展情况，学习其经验，有利于我国职教师资更好地适应现实需求，适应产业界对师资标准的要求。

（二）系统的法律法规保障促进职教师资的不断发展和完善

在职教师资的发展道路上，日本根据当时的情况，通过相应的法律法规或政策措施保障其培养培训的法律地位。从明治维新开始，日本通过颁布一系列法令法规促进职教师资的发展，如 1894 年的《工业教员养成规程》、1899 年的《实业学校教师培训规程》等。1949 年，日本颁布实施《教师许可证法》，并根据当时日本的经济发展需求以及职教师资的实际情况，对《教师许可证》进行修改完善，如吸引特殊专业人才的修改，从法律上不断促进日本职教师资的发展，保障相应人员的地位和待遇。1961 年，日本又通过颁布《关于国立工业教师培训所的设置等临时性措施法》，在一些大学设立培训所，充实职教师资队伍，该措施法于 1967 年废止，在当时的情况下，它极大了解决了职教师资的短缺情况。在职业训练指导员培养培训方面，日本先后有 1958 年颁布的《职业培训法》，1998 年修订后改名后的《职业能力开发促进法》等。

“当前，日本政府通过法律对职教教师任用进行了规定，要想成为职教教

---

① 寺田盛吉. 日本职业教育教师的职业发展及现状//菲利普・葛洛曼，菲利克斯・劳耐尔. 国际视野下的职业教育师资培养. 石伟平译. 北京：外语教学与研究出版社，2011：160.

师，不仅要取得教师资格证书，还要符合教师录用的相关条件。"[①]日本完备的法律系统有效地保障了职业教育的顺利发展和职教师资的完善。日本通过一些法律文件和文部省等发布的政策指导以及相关团体的政策建议，确保职教师资的培养满足职业教育的发展需求，以及符合当时当地对职教教师的相关要求。

我国在此方面也需进一步就职教师资的任职标准、薪酬制度、评价考核等制定行之有效的法律法规，促进职教师资发展的规范化和专业化。就现阶段来说，我国已经就职教师资发展的政策进行了一定的顶层设计，从中央到地方都着眼于"双师型"教师队伍建设，并就一些具体措施不断地征求意见、出台文件，旨在完备法律法规和政策指导。学习和借鉴日本在此方面的系统做法和具体内容，将有助于我国这方面工作的开展。

（三）不断提高教师工资标准和福利待遇充实职教师资队伍

日本在不断提高教师准入标准的同时，也不断提高教师的工资待遇，以便更好地吸引优秀人才充实到职教师资队伍中。1974 年，日本颁布《确保教育人才法》，提高教师的工资标准，使其高于一般公务员的工资水平。之后的七年中，日本连续三次改善教师的工资待遇，这项措施明显提高了大学生中取得教师资格以及志愿从事教师工作的人数。[②]现在，日本各级各类学校的教师工资总体上高于国家公务员，职业学校的教师工资总体上又比其他类型同级课程的教师高。日本还通过政策鼓励和提升职教师资的学历水平，如开办师范研究生院、一些在职培训，从综合层面提升职教师资的素质，满足教师进一步深造等方面的需求。

这些方面是增加教师吸引力的重要措施，同样是我国在职教师资发展道路上需要认真付诸实践的重要内容。目前，已经着手进行，教育部等四部门印发的《深化新时代职业教育"双师型"教师队伍建设改革实施方案》明确指出"落实权益保障和激励机制提升社会地位"。我国可以学习和借鉴日本的做法，在工资待遇、培养培训的政策红利等方面进一步细化，并将其落实到位。

（四）具有本国特色融合东西方思想的职教师资专业化发展道路

日本属于东方文化圈，深受中国文化的影响，其文化底色蕴含儒家文化、佛教文化等，其教育发展以及职业教育的发展又深受西方文化的影响。应该说，日本的职业教育以及职教师资的发展是在混合东西方文化的基础上结合本国特色的

---

① 彭红科. 发达国家职业教育师资培养的特色、共通经验及借鉴. 教育与职业，2019（2 月上）：89-94.

② 王天一，夏之莲，朱美玉. 外国教育史（下册）. 北京：北京师范大学出版社，1994：131.

产物。日本早期的职业教育发展、职教师资的培养学习英国、法国、德国等的做法，这是一个主动的过程，是为了促进本国的职业教育和职教师资的发展。二战后，日本以美国为蓝本进行教育改革，虽然有些迫于当时的形势，但后来基于日本的经济和产业的发展需要，重新设置职业高中，进行职教师资引进的各种方式，都是按照本国的经济发展和教育发展需要进行的。在职教师资的发展道路上，从模式上来看，日本目前非常注重职教师资在实践操作能力以及工作过程知识方面的掌握和提升，与行业企业紧密结合，其发展趋势与德国相似。从历史发展进程看，这是日本自身进行选择的结果。拥有相似文化背景的中国，在职教师资发展方面，与日本的发展有诸多相似之处。日本目前强调的职教师资发展重点"动手实践"和"工作本位"，是值得我国职教师资专业化发展借鉴的。同时，立足本土情境，拥有国际视野，吸纳国际经验是日本职教师资发展给我们的重要启示，也是我国职教师资专业化发展的基本路径。

第五章　广西职业教育“双师型”教师认定标准研究

“双师型”教师作为职业院校教育教学实践活动的重要主体，其数量及在师资队伍中的占比已成为衡量职业院校师资力量强弱的关键性指标。开展“双师型”教师认定是促进教师专业发展的重要举措，既有现实需求，也有理论依据。其中，认证标准是认定的核心要素，建立科学的认定标准是基础性和先导性工作。区域统一的“双师型”教师资格认定标准，不仅能够适应职业教育改革发展的要求，增强资格认定的实效性，还可以促进教师的专业化发展，对“双师型”教师队伍长效机制的建设起正向作用。

第一节　广西职业教育“双师型”教师认定标准构建的背景、理念与原则

“双师型”教师资格认定是现代职业教育师资队伍建设的重要举措，其标准建设有利于职业教育在宏观政策层面和职业院校人才培养上对“双师型”教师队伍建设做出正确的引导和规范，从而提高技术技能人才培养质量。在认定标准建设过程中，应当充分考虑其内容的科学性、指标的全面性以及形式的规范性，以便形成具有统一性的认定标准。同时，“双师型”教师认定标准制订应适当兼顾和体现区域特征，以便更好地促进区域职教教师的专业发展，为区域高质量、稳定的职教师资队伍建设提供保障。

一、构建“双师型”教师认定标准的背景

在国家职业教育蓬勃发展的动力推动下，广西职业教育取得了长足发展。经

过两轮职教攻坚，职业学校在办学条件、人才培养、招生就业等各个方面都取得了很好的成绩，但也存在“双师型”教师队伍数量不足、水平不高、认定困难等问题，“双师型”教师队伍建设成为制约广西职业教育改革发展的瓶颈之一。

“双师型”教师的资格认定是提高职教师资队伍质量的重要保证，是促进教师专业发展的重要途径，是科学管理教师队伍的重要手段。[①] 要实现自治区提出的加强职业院校“双师型”教师队伍建设的各项任务和目标，不仅需要加快培养“双师型”教师队伍，还需要制定科学可行的职业教育“双师型”教师认定标准、认定办法，并积极推动认定实践，加强“双师型”教师资格认定制度建设，形成资格认定体系和常态化工作机制。建立外在督促机制，引导和激励广大教师不断加强专业技能和专业实践能力培养，不断提高职业素质，并吸引行业企业骨干、专业技术人员和社会力量参与职业教育，以提高我区职业院校培养高素质技术技能型人才的能力，突破制约广西职业教育发展的瓶颈，为职业教育快速发展提供强有力的支撑和保障。

2014 年印发的《中共广西壮族自治区委员会 广西壮族自治区人民政府关于加快改革创新全面振兴教育的决定》（以下简称《关于加快改革创新全面振兴教育的决定》）、《广西壮族自治区人民政府关于加强教师队伍建设的意见》，将“加强职业院校‘双师型’教师队伍建设，建立‘双师型’教师信息资源库，探索建立培养培训、资格认证、聘任管理新机制”作为重点任务。同年，自治区人民政府颁布的《关于贯彻〈国务院关于加快发展现代职业教育的决定〉的实施意见》把“提高教师队伍整体素质和‘双师型’教师比例明显提高”作为总体目标之一，并将“双师型”教师队伍建设工程作为实施现代职业教育发展十大重点工程之一，明确提出面向职业学校和社会认定一批“双师型”教师，建立“双师型”教师信息资源库。

2015 年，自治区教育厅、人力资源和社会保障厅、财政厅、机构编制委员会办公室联合印发《广西壮族自治区职业院校“双师型”教师队伍建设工程实施方案（2015—2020 年）》，明确了加强建设职业院校具有较高教育教学水平和较强职业技能的“双师型”教师队伍实施方案，将探索建立“双师型”教师认证制度作为一项主要任务，设立“双师型”教师认证体系构建项目作为四个重点项目之一，明确提出：制定“广西职业院校‘双师型’教师认定标准”，构建“双师”技能提升激励机制，统一组织推进“双师型”教师认证管理工作；实行初、中、高三级认证，每年定期开展。面向职业学校和社会认定一批“双师型”教师，建

① 贺文瑾.“双师型”职教师资的资格认定研究. 职教论坛，2010（4）：58-60.

立“双师型”教师信息数据库，推进职业院校“双师型”教师资源共享；鼓励文化基础课教师根据自身专业特点及学校教育教学需要向“双师型”专业课教师转型发展；2015 年完成广西中等职业学校“双师型”教师认证试点，建设“双师型”教师资源库平台，完善认定标准，总结试点成效。2016 年，逐步面向全区所有职业院校专兼职教师和社会开展“双师型”教师认证，全面采集“双师型”教师数据，促进数据共享；要实现这样的任务和目标，既需要加快培养“双师型”教师，又要科学制定“双师型”教师认定标准，以认定工作推进为抓手，促进“双师型”教师队伍建设。

二、构建“双师型”教师认定标准的基本理念

为引导职业院校教师不断提升教育教学能力和专业实践能力，提高“双师型”教师专业化发展水平，基于如下理念构建广西职业教育“双师型”教师认定标准。

（一）基于“双师型”教师的内涵要求

“双师型”教师认定标准的制定应以“双师型”教师内涵为依据，职教界对“双师型”教师的概念众说纷纭，有“双职称说”“双证书说”“双师团队说”“双师素质教师”等，充分理解双师内涵并厘清“双师型”概念是制定“双师型”教师认定标准的重要前提。“双师型”教师并不等同于“双职称”教师或“双证书”教师，要注重“双师型”教师的师范性、职业性和学术性。“双师型”教师首先是教师，要掌握教育学、心理学等基础理论知识，并要具备完整的专业能力素养，包括专业知识、技术技能、实操经验等。职业性要求教师要与时俱进，了解当前经济转型和产业升级背景下对人才的真实性需求，掌握和预判行业发展趋势，能够为学生提供就业导向型服务。学术性要求教师要有开展学术研究的意识，引领专业建设和发展，加快职业教育教学改革步伐。①

（二）关注“双师型”教师的专业发展

科学的“双师型”教师认证标准是促进职教师资专业化发展的重要保障，为此，制定“双师型”教师认定标准，应充分体现职业教育教师专业发展的方向，要契合时代发展需要、凸显职业教育特色、遵循教师成长规律。尤其，“双师型”教师认定标准要凸显职业特质，既要将“双师型”教师与普通教育教师区分

---

① 朱少义. 关于制定河北省“双师型”教师认定标准的思考. 张家口职业技术学院学报，2019（3）：7-9.

开，又要与企业工程师或技师区别开，要明确实践要求，强调实践能力，将企业实践工作经验、教学实践能力、实习指导能力、动手操作能力纳入资格认定考核中，确保涵盖“双师型”教师应具备的专业技能和实践能力。[①]

（三）创新“双师型”教师管理制度

建立省级“双师型”教师认定标准并开展认定，是职教师资管理制度改革的一个重要举措。缺乏认定标准抑或认定标准设置不合理，都会影响“双师型”教师专业化发展。即使认定标准合理，如果缺少与之相配套的保障制度，长久来看，也会逐渐弱化其执行力和公信力，最后渐变为流于形式。因此，应建立和完善“双师型”教师认定管理激励机制，教育行政部门、学校要制定和完善有利于“双师型”教师成长的相关政策，出台相关政策鼓励教师参加认定，包括根据实际，适当提高“双师型”教师的工资待遇，并在职称评聘、评先评优、国内外培训进修等方面予以优先；对通过认定的“双师型”教师，要鼓励他们继续通过企业实践、技能培训等形式，取得更高级别的专业技术职务任职资格证书和职业资格证书，使教师的专业发展由外部要求转化为教师内生发展动力，激励教师不断追求卓越，不断提高教育教学能力和专业实践能力。

三、制定广西职业教育“双师型”教师认定标准的基本原则

基于“双师型”教师专业化发展要求，为实现高素质“双师型”教师队伍建设目标，制定广西职业教育“双师型”教师认定标准主要遵循以下原则。

（一）整体与系统相结合原则

“双师型”教师认定标准是对职业院校“双师型”教师的整体要求，以我国职教界对“双师型”教师内涵要求为依据，将“双证书”与“双素质”“双能力”相结合，既要突出职业院校“双师型”教师的职业信念、专业知识能力、教师教育基本素质的要求，又要突出教师对“双师型”教师的专业实践的技能和素质的要求，形成职业教育“双师型”教师的整体而系统性的要求。

（二）定性和定量相结合原则

对“双师型”教师的认定，既要通过对认定对象双师素质的表现、现实状态

① 李梦卿，邢晓.“双师型”教师资格认证标准的制定与实施[J]. 职业与教育，2020（4）：19-26.

和证书、证明等资料的观察和分析，对评价对象做出是否满足“双师型”教师条件的定性判断，也要通过测量指标的量化积分，确定其能够达到的“双师型”教师的等级。①

（三）职业与专业相结合原则

职业院校“双师型”教师认定标准既要考虑教师本身的通用性职业素养属性，又要考虑任教专业相对应的岗位职业（专业）素养属性，还要考虑其专业人才培养所要求的职业素养。充分体现职业教育教师区别于普通教育教师的职业实践活动的“双重”特征。②

（四）静态与动态相结合原则

伴随着经济社会的发展，职业教育也不断发展，对“双师型”教师的认识也在不断深化，其内涵不断创新、丰富，对“双师型”教师的要求也不断发展变化，对教师个人技术技能水平的要求也相应有所提高。因此，“双师型”教师认定标准也应随之调整，体现为对“双师型”教师动态发展的要求。

为引导和激励教师不断提高教育教学和职业技能水平，不断提升双师的素质能力，不断追求卓越，根据专业技能及教育教学水平业绩对“双师型”教师进行分层次激励，把“双师型”教师分为初级、中级、高级 3 个级别认定，级别越高，对专业技能和专业素质能力的要求就越高。同时，考虑到行业职业岗位技术不断发展变化的特点，设立了“双师型”教师认定的定期复检制和提升机制，建立 5 年一轮的动态认定制度。

（五）科学性与可操作性相结合原则

目前对于“双师型”教师内涵的界定，主要的表述形式有三种，即“双师型教师”“双师素质教师”“一体化教师”。无论是行政标准③，还是学者标准，对“双师型”教师提出的都是宏观的标准范式，量化指标界定模糊，操作性差④。职业院校“双师型”教师认定标准制定，既要充分考虑职教界认可的“双师型”教师的基本要求，又要考虑广西职业院校“双师型”教师队伍建设水平的实际，明

---

① 王昊.“双高计划”背景下的“双师型”教师：内涵、标准和评价. 中国成人教育，2021（5）：66-69.

② 吴炳岳，等. 职业院校“双师型”教师专业标准及培养模式研究. 北京：教育科学出版社，2014：165.

③ 关于开展高职高专院校人才培养工作水平评估试点工作的通知. http://www.moe.gov.cn/srcsite/A08/s7056/200302/t20030212_124423.html.（2003-02-12）[2022-04-25].

④ 刘韵琴，文红. 国内“双师型”教师概念及资格认证标准研究述评. 怀化学院学报，2010（6）：134-137.

晰资格认定标准的量化指标条件，准确把握标准的难易程度，使认定标准具有可操作性。

（六）封闭与开放相结合原则

职业院校教师队伍的主体是学校的专职教师，但是行业企业的技术骨干、能工巧匠作为社会兼职教师，也是学校“双师型”教师队伍的重要力量。因此，“双师型”教师认定不仅要对学校的专职教师开展认定，也要面向社会开放，面向企事业单位、社会各类技术技能型人员开展“双师型”教师认定，以吸引行业专家、企业工程技术人员、高技能人才、能工巧匠、技艺传人从事职业教育工作。

四、制定广西职业教育“双师型”教师认定标准的工作路径

按照自治区确立开展“双师型”教师认定的工作目标：定标准、出规范，创新“双师型”教师管理机制，引导职业院校教师的专业发展，激励学校加强教师队伍建设，从制度上保障“双师型”教师队伍持续健康发展，遵循科学性与可操作性统一、理性与现实平衡、应然愿景与实然状态兼顾、静态与动态合一的要求，确立了广西职业教育“双师型”教师认定标准建设的工作路径。

（一）成立“广西职业教育‘双师型’教师认定标准研究”项目工作组

为做好广西职业教育“双师型”教师认定制度建设，使“双师型”教师认定在职业院校教师队伍建设中充分发挥积极的导向作用，调动广大教师加强“双师”素质和能力发展的积极性，2014年，自治区教育厅设立“广西职业教育‘双师型’教师认定标准研究”项目工作组（以下简称“项目组”）。项目组由来自不同学科专业、不同岗位、不同单位的职业教育专家、管理干部、一线骨干教师、信息技术骨干教师组成。项目组开展“双师型”教师研究相关理论和实践研究，为研制认定标准奠定基础。

（二）广西职业教育“双师型”教师认定标准研制的四个阶段

在广西职业教育“双师型”教师认定标准研制阶段，项目组的工作主要经历了四大阶段。

1. 文献分析阶段

项目组查阅了大量的"双师型"教师认定标准的相关资料，包括吉林、安徽、江西和重庆等省份的"双师型"教师认定标准、技工学校一体化教师认定标准以及一大批职业学校的认定标准等，并进行比较分析。

2. 实地调研阶段

项目组分赴吉林、安徽、江西、重庆、浙江和广东等省份进行"双师型"教师认定实地专题调研，了解兄弟省份开展认定的做法和经验。同时，项目组分赴自治区内的南宁、柳州、桂林、百色、贺州、来宾等市的教育主管部门、职业院校进行实地调研，并通过召开座谈会、研讨会、咨询会和访谈调研等方式，收集"双师型"教师认定标准制定、认定制度建设的意见和建议。

3. 编写广西职业教育"双师型"教师认定标准初稿阶段

在对国家"双师型"教师相关论述和学者关于职业教育"双师型"教师专业发展相关理论研究的基础上，项目组搭建了认定标准框架，编制了广西中等职业学校"双师型"教师认定标准初稿，认定标准初稿分为不分级认定，以及分初级、中级和高级三级认定两个版本。

4. 修订完善广西职业教育"双师型"教师认定标准阶段

认定标准初稿编写出来后，项目组发给部分职业教育专家、相关部门和职业学校管理干部和教师、区内外的"国培"学员和"省培"学员、行业企业骨干，采用研讨会、论证会、咨询会、电话交流等方式，对认定标准初稿进行了数次修改。自治区教育厅发文至广西各职业学校征求意见，同时，项目组以所编制的《广西中等职业学校"双师型"教师认定标准（初稿）》为基础，进一步开展实地调研，广泛征求意见。项目组对所收集的意见和建议分类分析，反复研讨、反复修改，历时一年三个月，最后形成以分级别认定、"双证书"与"双师素质、双师能力"结合、专业课教师与文化课教师兼顾、工作年限与业绩兼顾、专职教师与兼职教师兼顾的《广西中等职业学校"双师型"教师认定标准》，获教育厅的审核通过，用于认定试点。

第二节　广西职业教育"双师型"教师认定标准内容构架

构建"双师型"教师认定标准，应有明确的目标定位和方向导向，引导职业教育教师注重专业理论、职业实践与教育教学相结合，持续提高技术技能水平和专业教学能力。

一、广西职业教育“双师型”教师认定标准内容架构依据分析

“双师型”教师认定标准的构建作为现阶段职教师资建设领域的重要工作，拥有明确的目标定位和方向导向，引导职业学校教师既拥有教育者的特质，又具备行业者的特质，将学科知识和能力、教学法知识和技术、动手实践能力、行业企业文化有机结合起来，促使职教师资真正具备跨界能力；同时尽可能吸纳兼职教师，引入高技术能手、能工巧匠从事职业学校的教学工作，加强实践教学环节，优化教师队伍结构，提升职教师资质量，在纵深层面推进职业学校教师的专业发展。为确保这些目标达成，认定标准的构建是核心内容和重要保障。[①]

（一）关注职业和技术，确保标准的针对性

从宏观层面来看，“双师型”教师认定标准至少应把握两方面内容：一方面为行业标准，即与行业企业、技术技能、动手实践紧密关联的内容，在实践中主要通过职业资格证书、行业企业实践经历或者具有较高认可度的“能工巧匠”“高技能能手”等荣誉称号证书来表征；另一方面为教师标准，即与教师职业相关的教育教学能力等教师综合素质的体现，在实践中主要通过教师资格证书或相关的教师教育教学培训证明其能力和水平。通常情况下，作为“双师型”教师认证的入门条件，两方面内容缺一不可，这是职业教育和教师职业能够有机结合的不可或缺的内容。对于投身或即将投身职业教育领域的人来说，这两方面内容是职教教师必须关注和努力达成的素质，是其努力的方向。

（二）协调稳定性和灵活性，促进标准的可持续发展

“双师型”教师认定标准中，如何协调稳定性和灵活性、促进标准的可持续发展是重要的考量内容。稳定性侧重于标准的核心内容，即标准遵循的总体原则是始终如一的；灵活性侧重于标准的拓展性内容或针对某些特殊人才所进行的破格认证机制。稳定性是国家体制下政策的连续性、统一性、整体性和规范化的体现，展示了国家力量在教育领域内的统筹安排；灵活性是市场经济体制下师资供

① 张晓玲，罗秋兰．“双师型”教师认证标准研究——基于教师专业发展的视角．中国职业技术教育，2019（27）：36-40.

需特点对教师筛选和评价的影响。协调两者，能够使其共同促进“双师型”教师认证标准的可持续发展。

（三）立足现实，根据教师专业发展的不同阶段确立不同层级的标准

教师专业发展是一个持续进步的过程，“双师型”教师认定也不是一蹴而就的，需要循序渐进，结合不同区域的职教师资发展特点和教师发展的不同阶段，设立不同层级的“双师型”教师认定标准，继而引导教师或教师团体根据细化的层级标准，分层渐进确定目标，并据此推动教师专业实践的有序开展。在“双师型”教师认定上，可从初级“双师型”教师、中级“双师型”教师和高级“双师型”教师来进行层级的确认。

构建广西职业教育“双师型”教师认定标准体系，达到以“双师型”教师资格认定制度改革作为加强职业学校“双师型”教师队伍建设的一个重要抓手的目标，既考虑“双师型”教师内涵的要求，又考虑广西职业院校教师队伍建设水平的实际，以及认定工作的公平、公正和可操作性，科学研制“双师型”教师认定标准体系。因此，以国家职业教育“双师型”教师的标准要求、“双师型”教师内涵为切入点，借鉴国外职教师资标准、兄弟省份和部分职业院校校本“双师型”教师认定标准，结合广西职业院校师资队伍建设实际，构建广西职业教育“双师型”教师认定标准。

二、广西职业教育“双师型”教师认定标准内容架构

广西构建了以明晰的职业教育“双师型”教师要求为内核的认定标准体系，该体系由“一融合、二兼顾、三分级、四结合”的认定标准和技术技能证书体系两部分构成。

（一）构建以职业教育教师专业发展为目标的“一融合、二兼顾、三分级、四结合”的认定标准

长期以来，我国缺乏专门的法规或文件对“双师型”教师资格认定做出明确的规定，使得学校和教师对“双师型”教师的内涵理解有偏差。科学构建“双师型”教师认定标准，既是认定体系建设的基础，又是认定开展工作的主要依据。广西制定认定标准，既要考虑职业教育发展的政策要求，又要符合广西民族地区教师队伍建设的实际和特点，具有积极导向性和实际可操作性。广西职业教育

“双师型”教师认定标准构架如图 5-1 所示。

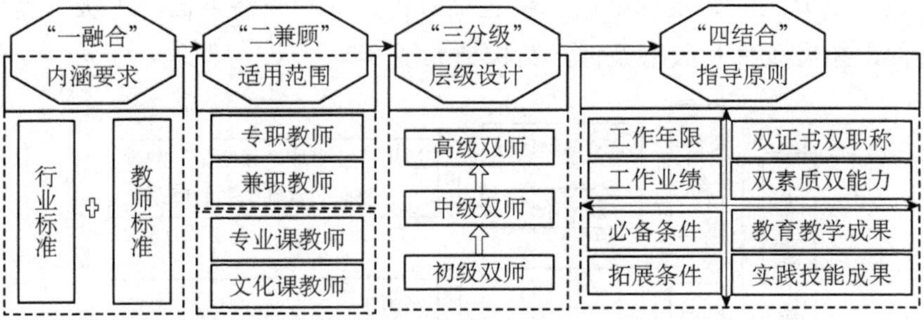

图 5-1　广西职业教育“双师型”教师认定标准构架

构建的认定标准的内涵如下。

1）“一融合”：认定标准将行业标准与教师标准相结合。以国家和广西对职教教师的总体要求为依据，以“双师型”教师内涵要求为基础，将教师标准与对应的行业标准进行有机融合，按照职业院校教师（尤其是专业课教师）专业技术技能和教学能力的目标要求，充分考虑经济社会发展、技术发展，注重教师实践教学环节能力的要求，包括教育教学能力和专业实践能力、操作技能的要求要素。认定标准要素如图 5-2 所示。

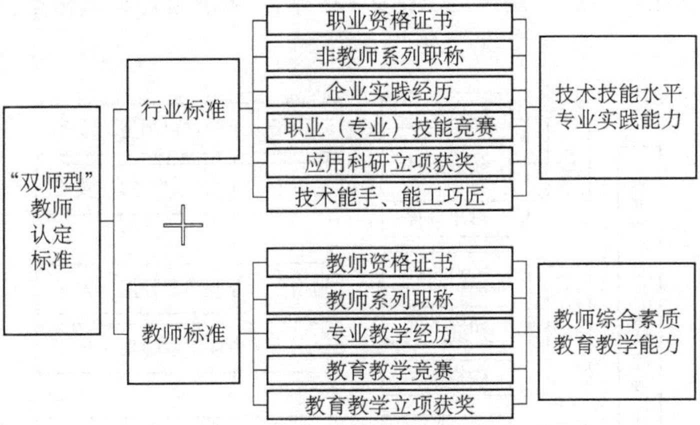

图 5-2　广西职业教育“双师型”教师认定标准要素

2）“二兼顾”：认定标准既设计对专职教师的认定标准，也设计对兼职教师认定标准，即专职教师与兼职教师兼顾；同时，认定标准对专业课教师、文化（公共基础）课教师均适用，即专业课教师与文化（公共基础）课教师兼顾。

3）“三分级”：认定标准分为初级、中级和高级三个级别的标准，认定标准框架条件基本相同，级别越高，专业技能和专业素质能力要求越高。引导不同类型和不同层次的教师不断持续提升、追求卓越。构建的中等职业学校“双师型”教师认定“三分级”认定标准，初级包括必备条件和破格条件，中级、高级包括必备条件、拓展条件和破格条件，其构架如图 5-3 所示。

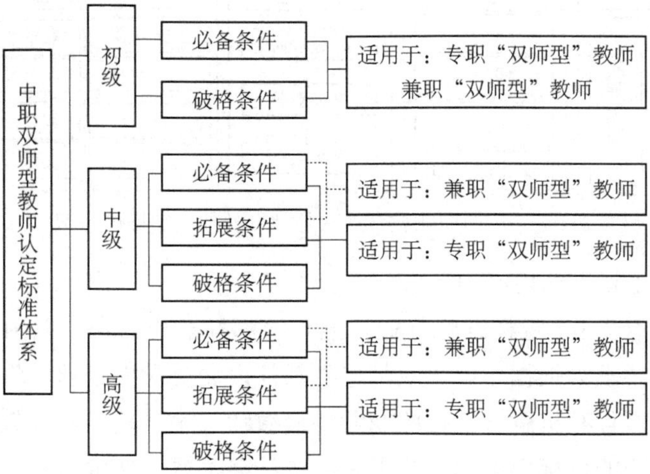

图 5-3　广西中等职业学校“双师型”教师认证标准体系

与中等职业学校有所不同，高等职业院校“双师型”教师认定“三分级”认定标准中，初级、中级、高级均包括必备条件、拓展条件和破格条件，其构架如图 5-4 所示。

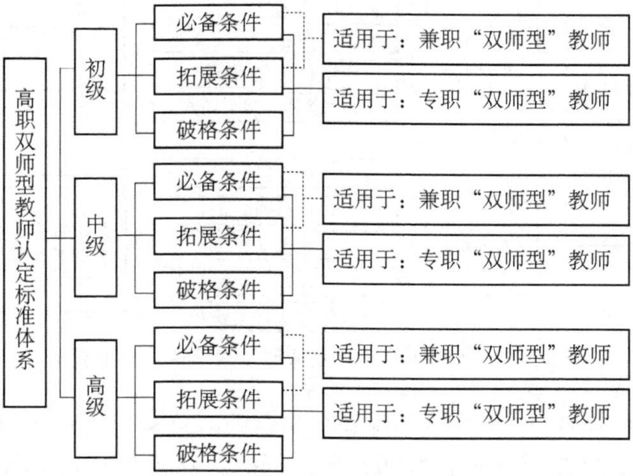

图 5-4　广西高等职业院校“双师型”教师认定标准体系

4）“四结合”：认定标准将“双证书”“双职称”与“双素质”“双能力”结合、每级均需具备的“必备条件”与仅需具备部分的“拓展条件”结合、工作年限与工作业绩结合、体现本专业的教育教学成果与实践技能成果相结合。

（二）研制覆盖职业学校所有专业以体现专业技术技能水平为主线、与认定标准相配套的技术技能证书体系

为达到引导职教教师的专业技术技能水平提升与所从事教学工作的专业相匹配的目的，采用“职业资格证书”“非教师系列专业技术职称证书”与专业实践能力水平联动考核的认定体系。即以教育部颁布的中等职业学校、高等职业学校专业目录的专业分类为框架，结合人力资源和社会保障部及相关行业企业制定的职业标准、职业资格许可等相关制度，对广西职业院校开设所有专业的相关职业、行业领域进行了详细甄选，将“双证书”“双职称”与“双素质”“双能力”相结合，研制了较为完善的专业技术技能证书体系。体系构架如图 5-5 所示。

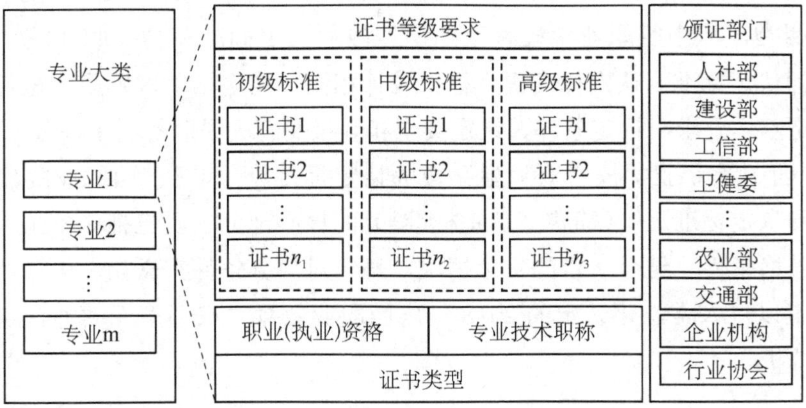

图 5-5　广西职业教育“双师型”教师专业技术技能证书体系构架

对于广西高等职业院校开设的 19 个专业大类、中等职业学校开设的 18 个专业大类所涉及的所有专业，专业技术技能证书体系均规定了所对应的专业技术技能证书名称、级别、发证部门，以及对于各级别“双师型”教师认定应达到的最低等级证书的要求，每套体系字数为 3 万—4 万。

第三节　广西职业教育“双师型”教师认定标准

广西职业教育“双师型”教师认定标准主要包括两部分，一部分为“认定标准”，另一部分为专业技术技能证书体系的“非教师系列专业技术证书目录”。认定标准是广西职业学校“双师型”教师认定的依据。

一、“双师型”教师认定标准

广西结合人力资源和社会保障等部门及相关行业制定的职业标准、执业资格等相关制度，对职业学校专业所涉及的相关职业、行业领域进行了详细甄选，将“双职称”“双证书”与“双素质”“双能力”的要求相结合作为认定标准。认定标准分为必备条件和拓展条件两类：必备条件体现对教师的“双证书”要求，即具有中等职业学校相应的“教师系列专业技术职务”和相关的“执业资格（职业资格），或非教师系列专业技术职务任职资格”；拓展条件体现对教师的专业实践能力上“素质”“能力”的要求，即将教学、教改、竞赛、科研和荣誉等体现教师在与专业相关的实践能力的成果纳入拓展条件认定指标。

“双师型”教师内涵，中等职业学校和高等职业学校的要求和条件有所不同，因此，认定标准按照广西职业教育“双师型”教师认定标准，以及学校的层次分为两类，即中等职业学校“双师型”教师认定标准和高等职业院校“双师型”教师认定标准。认定标准内容框架设计相同，均包括“双师型”教师认定范围、认定基本要求、认定条件、认定类型和等级及有关说明等五个部分。

《广西中等专业学校“双师型”教师认定标准》[①]和《广西职业院校“双师型”教师认定标准》[②]（简称《认定标准》）的核心部分主要包括必备条件、拓展条件和破格条件。结合认定的实际情况，每年对部分条件有微调，但总体框架不变，以下以进入常态化认定的2018年广西职业教育“双师型”教师认定标准为例进行分析。

（一）必备条件

“必备条件”主要体现教师的“双证书”要求和教学经历。中等职业学校的“双师型”教师要求具有中等职业学校相应的“教师系列专业技术职务”、相关的“执业资格（职业资格），或非教师系列专业技术职务任职资格”和一定年限的教学经历，详见表5-1。

高等职业院校的“双师型”教师要求具有高等职业院校相应的“教师系列专业技术职务”、相关的“执业资格（职业资格），或非教师系列专业技术职务任职资格”和一定年限的教学经历，详见表5-2。

---

① 关于开展2018年广西中等职业学校“双师型”教师认定工作的通知. http://jyt.gxzf.gov.cn/zfxxgk/fdzdgknr/tzgg_58179/t3123604.shtml.（2018-06-08）[2022-04-25].

② 关于全面开展2018年广西高等职业院校“双师型”教师认定工作的通知. http://jyt.gxzf.gov.cn/zfxxgk/fdzdgknr/tzgg_58179/t3123953.shtml.（2018-11-08）[2022-04-25].

表 5-1　广西中等职业学校“双师型”教师认定必备条件

级别	具体项	必备条件
初级（必须同时具备 4 项）	教师资格	具有中等职业学校教师资格（含实习指导教师）
	教师职称	具有中等职业学校教师系列初级以上专业技术资格（含实习指导教师）
	职业资格	具有本专业或相近专业非教师系列初级以上专业技术资格，或具有本专业初级以上“双师型”教师应具备的职业资格证书
	教学经历	从事本专业课程教学累计满 2 年
中级（必须同时具备 4 项）	教师资格	具有中等职业学校教师资格（含实习指导教师）
	教师职称	具有中等职业学校教师系列中级以上专业技术资格（含实习指导教师）
	职业资格	具有本专业或相近专业非教师系列中级以上专业技术资格，或具有本专业中级以上“双师型”教师应具备的职业资格证书
	教学经历	从事本专业课程教学累计满 3 年
高级（必须同时具备 5 项）	教师资格	具有中等职业学校教师资格（含实习指导教师）
	教师职称	具有中等职业学校教师系列高级专业技术资格（含实习指导教师）
	职业资格	具有本专业或相近专业非教师系列高级专业技术资格，或具有从事本专业高级“双师型”教师应具备的职业资格证书
	教学经历	从事本专业课程教学累计满 5 年
	企业实践	近五年中有累计不少于 6 个月在企业或生产服务一线本专业实践经历

表 5-2　广西高等职业院校“双师型”教师认定必备条件

级别	具体项	必备条件
初级（必须同时具备 4 项）	教师资格	具有高校教师资格
	教师职称	具有高校教师系列（含实验系列）初级及以上专业技术资格
	职业资格	具有本专业或相近专业非教师系列初级及以上专业技术资格，或具有本专业初级及以上“双师型”教师应具备的职业资格证书
	教学经历	从事本专业课程教学满 2 年，并曾独立承担本专业或相近专业实践教学任务 1 年或实训课程 1 门
中级（必须同时具备 5 项）	教师资格	具有高校教师资格
	教师职称	具有高校教师系列（含实验系列）中级及以上专业技术资格
	职业资格	具有本专业或相近专业非教师系列中级及以上专业技术资格，或具有本专业中级及以上“双师型”教师应具备的职业资格证书
	教学经历	从事本专业课程教学满 3 年，并曾独立承担本专业或相近专业实践教学任务 2 年或实训课程 2 门
	企业实践	近五年中有累计不少于 6 个月在企业或生产服务一线本专业实践经历
高级（必须同时具备 5 项）	教师资格	具有高校教师资格
	教师职称	具有高校教师系列（含实验系列）高级及以上专业技术资格
	职业资格	具有本专业或相近专业非教师系列高级及以上专业技术资格，或具有从事本专业或相近专业高级“双师型”教师应具备的职业资格证书
	教学经历	从事本专业课程教学满 5 年，并曾独立承担本专业或相近专业实践教学任务 3 年或实训课程 3 门
	企业实践	近五年中有累计不少于 6 个月在企业或生产服务一线本专业实践经历

总体上看，中等职业学校和高等职业院校“双师型”教师的必备条件基本相同，都包括教师资格条件、专业技术职务资格条件、职业资格证书条件、教学经历条件和企业实践条件。但高等职业院校的教学经历条件不仅有教学经历年限要求，还有承担实践类课程的要求，比中等职业学校的要求高。企业实践条件在中等职业学校“双师型”教师必备条件中仅是高级“双师型”教师作为必备条件要求，而高等职业院校的中级和高级“双师型”教师均要求具备企业实践条件。

（二）拓展条件

“拓展条件”体现教师的专业实践能力上“素质”“能力”的要求，即将教学、教改、竞赛、科研和荣誉等体现教师在与专业相关的实践能力的成果纳入“拓展条件”认定指标。在中等职业学校“双师型”教师认定标准中，初级未设置拓展条件的要求，中级“双师型”教师要求满足 9 条中的 1 条，高级“双师型”教师要求满足拓展条件 7 条中的 2 条，而且高级双师的拓展条件级别要求高于中级的相应条件，详见表 5-3。

表 5-3　广西中等职业学校“双师型”教师认定拓展条件

级别	拓展条件
初级	初级“双师型”教师无拓展条件要求
中级	中级“双师型”教师必须符合下列条件之一： 1. 近五年指导学生参加市厅级以上与本专业相关的职业技能大赛获奖项（市厅级二等以上奖项或省部级三等以上奖项，并排名前 3；或国家级获奖）。 2. 近五年本人参加市厅级以上与本专业相关的教学或职业技能（专业技能）比赛获奖项（市厅级二等以上奖项或省部级三等以上奖项，并排名前 3；或国家级获奖）。 3. 近五年主持完成或者参与完成省部级以上与本专业相关的教科研项目（市厅级主持，省部级排名前 5，国家级排名前 20）；或近五年获市厅级以上教育教学成果奖（市厅级排名前 5，省部级排名前 10，国家级排名前 20）。 4. 近五年具有与本专业相关的省部级或国家级职教师资 3 个月以上的脱产培训经历。 5. 近五年在企业生产、建设、管理、服务第一线累计有 2 年以上专业工作经历，或坚持每 2 年到企业进行不少于 2 个月的专业实践。 6. 近五年主持完成或参与完成市厅级以上大中型工程项目设计或技术改造项目。 7. 近五年获得与本专业相关的发明专利授权（排名前 3），或实用新型专利授权（排名前 2），或外观设计专利授权（排名前 1）。 8. 获得市厅级以上星火科技奖、技术革新奖、技术发明奖、科技进步奖。 9. 具有行业企业认可或市厅级以上政府授予的与本专业相关的“能工巧匠”“高技能能手”“生产标兵”等荣誉称号
高级	高级“双师型”教师必须符合拓展条件至少 2 项： 1. 近五年指导学生参加省部级以上与本专业相关的职业技能大赛获奖项（省部级一等以上奖项，并排名前 3；国家级获奖）。 2. 近五年本人参加省部级以上与本专业相关的教学或职业技能（专业技能）比赛获奖项（省部级一等以上奖项，并排名前 3；国家级获奖）。 3. 近五年主持完成或者参与完成省部级以上与本专业相关的教科研项目（省部级主持，国家级排名前 5）；或近五年获市厅级以上教育教学成果奖（市厅级主持，省部级排名前 5，国家级排名前 10）。 4. 近五年主持完成或参与完成市厅级以上且项目经费达 10 万元人民币以上的重大工程项目设计或技术改造项目。

续表

级别	拓展条件
中级	5. 近五年获得与本专业相关的发明专利授权 1 项或实用新型专利授权 3 项或外观设计专利授权 5 项（均排名前 1）。 6. 获得市厅级以上星火科技奖、技术革新奖、技术发明奖、科技进步奖。 7. 具有行业企业认可或省部级以上政府授予的与本专业相关的“能工巧匠”“高技能能手”“生产标兵”等荣誉称号

在广西高等职业院校“双师型”教师认定标准中，初级、中级和高级均设置有拓展条件，初级“双师型”教师要求满足 11 条中的 1 条，中级“双师型”教师要求满足 10 条中的 1 条，高级“双师型”教师要求满足拓展条件 9 条中的 2 条，且高级“双师型”教师的拓展条件级别要求高于中级的相应条件，详见表 5-4。

表 5-4　广西高等职业院校“双师型”教师认定拓展条件

级别	拓展条件
初级	初级“双师型”教师，应具备以下拓展条件之一： 1. 具有本专业或相近专业非教师系列中级及以上专业技术资格。 2. 有五年以上企业第一线从事本专业技术工作经历。 3. 近五年中有累计不少于 6 个月在企业或生产服务一线的本专业实践经历，或坚持每 2 年到企业进行不少于 2 个月的专业实践。 4. 近 5 年指导学生参加国家级、省部级、市厅级和行业职业教育教学指导委员会（简称行指委）举办社会认可度高且与本专业相关的职业院校职业（专业）技能比赛获得奖项（市厅级和行指委举办获三等奖以上排名前 1，省部级获二等奖以上排名前 10 或三等奖排名前 5，国家级获奖并参与），或近五年获得市厅级以上教育主管部门颁发的职业（专业）技能比赛指导教师奖。 5. 近五年本人参加国家级、省部级、市厅级和行指委举办社会声誉好且与本专业相关的教师教育教学职业（专业）技能比赛获得奖项（市厅级和行指委举办获三等奖以上排名前 1，省部级获二等奖以上排名前 10 或三等奖排名前 5，国家级获奖并参与）。 6. 近五年主持完成或主要参与完成 1 项市厅级以上本专业或相关专业的教育教学研究项目（市厅级排名前 5，省部级排名前 10，国家级排名前 15），或近五年获市厅级以上教学成果奖（市厅级三等奖以上排名前 5，省部级三等奖以上排名前 10，国家级获奖并排名前 15）。 7. 近五年主持完成或主要参与完成 1 项市厅级以上本专业或相关专业的应用性科研项目（市厅级排名前 5，省部级排名前 10，国家级排名前 15）。 8. 近五年主持完成或主要参与完成 1 项企事业单位委托的本专业或相关专业的应用技术开发研究项目（排名前 3），且成果已被企事业单位使用和认可。 9. 近五年获得与本专业相关的国家发明专利（或农作物新品种授权）1 项或实用新型专利 3 项或外观设计专利 6 项（均排名前 3）。 10. 获得市厅级以上星火科技奖、技术发明奖、科技进步奖、应用性社会科学优秀成果奖。 11. 获得市厅级以上政府授予的与本专业相关的“高技能能手”“生产标兵”“能工巧匠”等荣誉称号
中级	中级“双师型”教师，应具备以下拓展条件之一： 1. 具有本专业或相近专业非教师系列高级及以上专业技术资格。 2. 有 8 年以上企业一线从事本专业技术工作经历。 3. 近五年指导学生参加国家级、省部级、市厅级和行指委举办社会声誉好且与本专业相关的职业院校职业（专业）技能比赛获得奖项（市厅级和行指委举办获一等奖以上排名前 1，省部级获二等奖以上排名前 5 或三等奖排名前 1，国家级获奖并参与），或近五年获得市厅级以上教育主管部门颁发职业（专业）技能比赛指导教师奖。 4. 近五年本人参加国家级、省部级、市厅级和行指委举办社会认可度高且与本专业相关的教师教育教学职业（专业）技能比赛获得奖项（市厅级和行指委举办获一等奖以上排名前 1，省部级获二等奖以上排名前 5 或三等奖排名前 1，国家级获奖并参与）。

续表

级别	拓展条件
中级	5. 近五年主持完成或主要参与完成 1 项市厅级以上本专业或相关专业的教育教学研究项目（市厅级主持，省级排名前 5，国家级排名前 10），或近五年获市厅级以上教学成果奖（市厅级三等奖以上排名前 1，省部级获三等奖以上排名前 5，国家级获奖并排名前 10）。 6. 近五年主持完成或主要参与完成 1 项市厅级及以上本专业或相关专业的应用性科研项目（市厅级主持，省级排名前 5，国家级排名前 10）。 7. 近五年主持完成 1 项以上企事业单位委托的本专业或相关专业的应用技术研发项目，且项目经费累计达到 10 万以上，成果已被企事业单位使用和认可。 8. 近五年以第一发明人获得与本专业相关的国家发明专利（或农作物新品种授权）1 项或实用新型专利 3 项或外观设计专利 6 项。 9. 获得市厅级以上星火科技奖、技术发明奖、科技进步奖、应用性社会科学优秀成果奖（市厅级获一等奖以上排名前 10 或三等奖以上排名前 5，省部级获二等奖以上排名前 15 或三等奖排名前 10，国家级获奖并参与）。 10. 获得市厅级以上政府授予的与本专业相关的“高技能能手”“生产标兵”“能工巧匠”等荣誉称号
高级	高级“双师型”教师，应具备以下拓展条件至少 2 项： 1. 有 10 年以上企业一线从事本专业技术工作经历。 2. 近五年指导学生参加省部级以上且与本专业相关的职业院校（专业）技能比赛获得奖项（省部级获一等奖以上排名前 5 或三等奖以上排名前 1，国家级获奖并排名前 10），或近五年获得省部级以上教育主管部门颁发职业（专业）技能比赛指导教师奖。 3. 近五年本人参加省部级以上且与本专业相关的教师教育教学职业技能（专业）技能比赛获得奖项（省部级获一等奖以上排名前 5 或三等奖以上并排名前 1，国家级获奖并排名前 10）。 4. 近五年主持完成或主要参与完成 1 项省部级以上本专业或相关专业的教育教学研究项目（省部级主持，国家级排名前 5）；或近五年获省部级以上教学成果奖（省部级获一等奖以上排名前 5 或三等奖以上排名前 1，国家级获奖并排名前 5）。 5. 近五年主持完成或主要参与完成 1 项省部级以上本专业或相关专业的应用性科研项目（省部级主持，国家级排名前 5）。 6. 近五年主持完成 2 项以上企事业单位委托的本专业或相关专业的应用技术研发横向项目，且项目经费累计达到 30 万以上，成果已被企事业单位使用和认可。 7. 近五年以第一发明人获得与本专业相关的国家发明专利（或农作物新品种授权）2 项或实用新型专利 6 项。 8. 获得市厅级以上星火科技奖、技术发明奖、科技进步奖、应用性社会科学优秀成果奖（市厅级获三等奖以上排名前 1，省部级获一等奖以上排名前 10 或二等奖排名前 5 或三等奖排名前 1，国家级获奖并排名前 15）。 9. 获得省部级以上政府授予的与本专业相关的“高技能能手”“生产标兵”“能工巧匠”等荣誉称号

（三）破格条件

为鼓励教师尤其是青年教师掌握更高水平的专业技能，将工作年限与业绩兼顾，认定标准中设计有破格条件，对于必备条件在教师职称条件或职业资格条件不完全满足，但有突出的教育教学能力或业绩成果突出的专业技术技能业绩，也可以“破格”认定。中等职业学校“双师型”教师认定标准的破格条件设置有特殊条款，即对于县级中等职业学校教师或年满 50 周岁的教师，适当放宽破格条件，详见表 5-5。

高等职业院校“双师型”教师认定标准的破格条件设置有与中等职业学校的相类似，但没有设置特殊条款，详见表 5-6。

表 5-5 广西中等职业学校“双师型”教师认定破格条件

级别	破格条件
初级	符合下列条件之一者，可以申请破格认定： 1. 不具备中等职业学校教师系列专业技术资格条件（含实习指导教师），但具备初级“双师型”教师的其余3项必备条件，从事本专业课程教学累计满3年，具备中级“双师型”教师拓展条件2条或高级“双师型”教师拓展条件1条，并在行业企业作出突出贡献，具有市厅级以上学术和技术带头人等荣誉称号，或具有市厅级以上与本专业相关的教学奖励（市厅级三等奖以上主持，省部级三等奖以上排名前5，国家级三等奖以上排名前15）。 2. 不具备初级“双师型”教师应具备的“职业资格条件”，但具备初级“双师型”教师的其余3项必备条件，从事本专业课程教学累计满3年，具备中级“双师型”教师拓展条件2条或高级“双师型”教师拓展条件1条，并在行业企业作出突出贡献，具有市厅级以上学术和技术带头人等荣誉称号，或具有市厅级以上应用科研奖励（市厅级二等奖以上排名前5或三等奖以上主持，省部级三等奖以上排名前10，国家级三等奖以上排名前20）。 3. 县级中等职业学校教师或年满50周岁（1968年6月30日前出生）的教师，不具备中等职业学校教师系列专业技术资格条件（含实习指导教师），但具备初级“双师型”教师的其余3项必备条件，从事本专业课程教学累计满3年，并具备中级“双师型”教师拓展条件2条或高级“双师型”教师拓展条件1条。 4. 县级中等职业学校教师或年满50周岁（1968年6月30日前出生）的教师，不具备初级“双师型”教师应具备的“职业资格条件”，但具备初级“双师型”教师的其余3项必备条件，从事本专业课程教学累计满3年，并具有中级“双师型”教师拓展条件2条或高级“双师型”教师拓展条件1条
中级	符合下列条件之一者，可以申请破格认定： 1. 仅具备中等职业学校教师系列初级专业技术资格（含实习指导教师），但具备中级“双师型”教师的其余3项必备条件，且具有中级“双师型”教师拓展条件2条或高级“双师型”教师拓展条件1条。 2. 仅具备初级“双师型”教师应具备的“职业资格条件”，但满足中级“双师型”教师的其余3项必备条件，且具有中级“双师型”教师拓展条件2条或高级“双师型”教师拓展条件1条。 3. 不具备中等职业学校教师系列专业技术资格条件（含实习指导教师），但具备规定的教师资格证条件，具备本专业或相近专业非教师系列高级专业技术资格，从事本专业课程教学累计满5年，并在行业企业作出突出贡献，具有市厅级以上学术和技术带头人等荣誉称号，或具有市厅级以上本专业相关的教学奖励（市厅级一等奖主持，省部级二等奖以上排名前5或三等奖主持，国家级三等奖以上排名前10）。 4. 不具备“职业资格条件”，但具备规定的教师资格证条件，具备本专业或相近专业教师系列高级专业技术资格，从事本专业的专业课程教学累计满5年，并在行业企业作出突出贡献，具有市厅级以上学术和技术带头人等荣誉称号，或具有市厅级以上应用科研奖励（市厅级一等奖主持，省部级二等奖以上排名前10或三等奖主持，国家级三等奖以上排名前15）
高级	符合下列条件之一者，可以申请破格认定： 1. 仅具备中等职业学校教师系列中级专业技术资格（含实习指导教师），但具备高级“双师型”教师应具备的其余4项必备条件，具有高级“双师型”教师拓展条件3条。 2. 仅具备中级“双师型”教师应具备的“职业资格条件”，但具备高级“双师型”教师应具备的其余4项必备条件，具有高级“双师型”教师拓展条件3条。 3. 仅具备中等职业学校教师系列初级专业技术资格（含实习指导教师），但具备高级“双师型”教师的其余4项必备条件，从事本专业课程教学累计满8年，具有高级“双师型”教师拓展条件3条，并在行业企业作出突出贡献，具有省部级以上学术和技术带头人等荣誉称号或具有省部级以上与本专业相关的教学奖励（省部级一等奖以上主持，国家级二等奖以上排名前5）。 4. 仅具备初级“双师型”教师应具备的“职业资格条件”，但具备高级“双师型”教师的其余4项必备条件，从事本专业课程教学累计满8年，具有高级“双师型”教师拓展条件3条，并在行业企业做出突出贡献，具有省部级以上学术和技术带头人等荣誉称号或具有省部级以上应用科研奖励（省部级二等奖以上主持，国家级三等奖以上排名前10）

表 5-6 广西高等职业院校“双师型”教师认定破格条件

级别	破格条件
初级	申报者符合下列条件之一者，可以申请破格认定：

续表

级别	破格条件
初级	1. 不具备初级“双师型”教师应具备的“教师职称条件”，但具备初级“双师型”教师的其余3项必备条件，具备初级“双师型”教师拓展条件2条，并在行业企业作出突出贡献，具有市厅级以上学术（技术）带头人等荣誉称号或具有市厅级以上与本专业相关的教学奖（市厅级三等奖以上排名前1，省部级二等奖以上排名前5或三等奖排名前1，国家级二等奖以上排名前15或三等奖排名前10）。 2. 不具备初级“双师型”教师应具备的“职业资格条件”，但具备初级“双师型”教师的其余3项必备条件，具备初级“双师型”教师拓展条件2条，并在行业企业作出突出贡献，具有市厅级以上学术（技术）带头人等荣誉称号或具有市厅级以上与本专业相关的应用性科研奖（市厅级二等奖以上排名前5或三等奖以上排名前1，省部级一等奖参与或二等奖排名前15或三等奖排名前10，国家级三等奖以上并参与）或完成1项市厅级以上与本专业相关的应用性科研项目（市厅级主持，省部级排名前5，国家级排名前10）
中级	申报者符合下列条件之一者，可以申请破格认定： 1. 仅具备初级高校教师系列（含实验系列）专业技术资格条件，但满足中级“双师型”教师其余4项必备条件，且具有中级“双师型”教师拓展条件2条，并在行业企业作出突出贡献，具有市厅级以上学术和技术带头人等荣誉称号或具有市厅级以上与本专业相关的教学奖（市厅级一等奖以上排名前1，省部级一等奖以上排名前5或三等奖以上排名前1，国家级二等奖以上排名前10或三等奖排名前5）。 2. 仅具备初级“双师型”教师应具备的职业资格证书，但满足中级“双师型”教师其余4项必备条件，且具有中级“双师型”教师拓展条件2条，并在行业企业作出突出贡献，具有市厅级以上学术（技术）带头人等荣誉称号或具有市厅级以上应用性科研奖（市厅级一等奖以上排名前5或三等奖以上排名前1，省部级一等奖以上排名前15或二等奖排名前10或三等奖排名前5，国家级三等奖以上并参与）或完成1项省部级以上与本专业相关的应用性科研项目（省部级排名前3，国家级排名前5）。 3. 不具备高校教师系列（含实验系列）专业技术资格条件，但满足中级“双师型”教师其余4项必备条件，且具备本专业或相近专业非教师系列高级专业技术资格，具有中级“双师型”教师拓展条件2条，并在行业企业作出突出贡献，具有市厅级以上学术（技术）带头人等荣誉称号或具有省部级以上本专业相关的教学奖（省部级二等奖以上排名前1，国家级二等奖以上排名前5或三等奖排名前1）。 4. 不具备初级“双师型”教师应具备的“职业资格条件”，但满足中级“双师型”教师其余4项必备条件，且具备本专业或相近专业教师系列高级专业技术资格，具有中级“双师型”教师拓展条件2条，并在行业企业作出突出贡献，具有市厅级以上学术（技术）带头人等荣誉称号或具有市厅级以上应用性科研奖（市厅级一等奖以上排名前1，省部级一等奖以上排名前10或二等奖排名前5或三等奖排名前1，国家级三等奖以上并排名前15）或完成1项省部级以上与本专业相关的应用性科研项目（省部级主持，国家级排名前3）
高级	申报者符合下列条件之一者，可以申请破格认定： 1. 仅具备中级高校教师系列（含实验系列）专业技术资格条件，但具备高级“双师型”教师应具备的其余4项必备条件，并具有高级“双师型”教师拓展条件3条。 2. 仅具备中级“双师型”教师应具备的“职业资格条件”，但具备高级“双师型”教师应具备的其余4项必备条件，且具有高级“双师型”教师拓展条件3条。 3. 仅具备初级高校教师系列（含实验系列）专业技术资格条件，但具备高级“双师型”教师的其余4项必备条件，具有高级“双师型”教师拓展条件3条，并在行业企业作出突出贡献，具有省部级以上学术（技术）带头人等荣誉称号或具有省部级以上与本专业相关的教学奖（省部级一等奖以上排名前1，国家级一等奖以上排名前5或三等奖以上排名前1）。 4. 仅具备初级“双师型”教师应具备的“职业资格条件”，但具备高级“双师型”教师的其余4项必备条件，具有高级“双师型”教师拓展条件3条，并在行业企业作出突出贡献，具有省部级以上学术（技术）带头人等荣誉称号或具有省部级以上应用性科研奖（省部级二等奖以上排名前5或三等奖排名前1，国家级三等奖以上排名前10）或完成1项国家级与本专业相关的应用性科研项目（国家级主持）

（四）校外兼职教师“双师型”教师认定标准

广西中等职业学校校外兼职教师“双师型”教师认定与学校专职教师认定采用同一套标准，但对于不具备“教师资格条件”或“教师职称条件”的兼职教师，可用“参加自治区级以上教育主管部门组织的不少于120学时职业教育教师教学技能专项培训，并取得合格证书”替代，比专职教师认定的条件要求有所放宽。

广西高等职业院校兼职“双师型”教师认定的条件，则制定有专门的认定标准，分初级、中级和高级认定，但仅用必备条件认定，没有拓展条件的要求，详见表 5-7。

表 5-7　广西高等职业院校兼职“双师型”教师认定条件一览表

级别	必备条件（兼职）
初级	兼职初级“双师型”教师，同时具备以下 3 项条件： 1. 具有高校教师资格，或参加自治区级以上教育主管部门组织的不少于 120 学时教师教育教学技能培训，并取得合格证书。 2. 具有本专业或相近专业非教师系列初级及以上专业技术资格，或具有本专业初级及以上“双师型”教师应具备的职业资格证书。 3. 从事本专业课程教学满 1 年，并曾独立承担本专业或相近专业实训教学任务 1 年或实训课程 1 门
中级	兼职中级“双师型”教师，同时具备以下 4 项条件： 1. 具有高校教师资格，或参加自治区级以上教育主管部门组织的不少于 120 学时教师教育教学技能培训，并取得合格证书。 2. 具有本专业或相近专业非教师系列中级及以上专业技术资格，或具有本专业中级及以上“双师型”教师应具备的职业资格证书。 3. 具有高校教师系列（含实验系列）中级及以上专业技术资格，或具有校内专任教师中级“双师型”教师拓展条件之一。 4. 从事本专业课程教学满 3 年，并曾独立承担本专业或相近专业实训教学任务 2 年或实训课程 2 门
高级	兼职高级“双师型”教师，同时具备以下 4 项条件： 1. 具有高校教师资格。 2. 具有本专业或相近专业非教师系列高级及以上专业技术资格，或具有本专业高级“双师型”教师应具备的职业资格证书。 3. 具有高校教师系列（含实验系列）高级及以上专业技术资格，或具有校内专任教师高级“双师型”教师拓展条件 1 条。 4. 从事本专业课程教学满 5 年，并曾独立承担本专业或相近专业实训教学任务 3 年或实训课程 3 门

二、专业技术技能证书目录

结合人力资源和社会保障等部门及相关行业制定的职业标准、执业资格等相关制度，广西对自治区中等职业学校可能涉及的相关职业、行业领域进行了详细甄选，将“双证书”与“双素质”“双能力”的要求相结合作为认定标准。与广西职业院校“双师型”教师认定标准部分配套使用的《“双师型”教师认定非教师系列专业技术证书目录》（简称《证书目录》），规定了广西中等职业学校和高等职业院校各专业大类主要专业对应的非教师系列专业技术证书名称、级别、发证部门。《证书目录》作为认定标准体系的一个重要部分，规范和完善了所认定的“双师型”教师专业实践能力和技能水平的规格要求。

《证书目录》所形成的专业技术技能证书体系，是《认定标准》的一部分，与《认定标准》共同构成了广西职业教育“双师型”教师认定体系。广西职业教育“双师型”教师认定，以《认定标准》和《证书目录》共同作为认定的依据，即《证书目录》与《认定标准》配套使用，认定各级“双师型”教师，应取得证书目录规定的对应等级的职业资格证书或专业技术证书，并符合相应等级的认定标准条件，方能认定。

（一）广西中等职业学校“双师型”教师认定的证书目录

广西中等职业学校的证书目录（例见表 5-8）按照教育部颁布的《中等职业学校专业目录（2010 年修订）》的 18 个专业大类分类制定，包括 01 农林牧渔类、02 资源环境类、03 能源与新能源类、04 土木水利类、05 加工制造类、06 石油化工类、07 轻纺食品类、08 交通运输类、09 信息技术类、10 医药卫生类、11 休闲保健类、12 财经商贸类、13 旅游服务类、14 文化艺术大类、15 教育与健身类、16 教育类、17 司法服务类、18 公共管理与服务类。总数目录规定了所申报专业的初级、中级和高级“双师型”教师应达到的职业资格证书最低标准。

表 5-8 广西中等职业学校“双师型”教师认定非教师系列专业技术证书目录
农林牧渔类（部分）

专业名称	证书名称	初级最低标准	中级最低标准	高级最低标准	认定形式	颁证部门
现代农艺技术 010200 植物保护 010600	农艺师	助理农艺师	农艺师	高级农艺师	技术职称	人社部
	农艺工	三级/高级农艺工	二级/技师	一级/高级技师	职业资格	农业部
	农作物植保员	三级/高级农作物植保员	二级/技师	一级/高级技师	职业资格	农业部
观光农业生产经营 010300	花卉园艺师	三级花卉园艺师	二级花卉园艺师	一级花卉园艺师	职业资格	人社部
	农艺师	助理农艺师	农艺师	高级农艺师	技术职称	人社部
	农艺工	三级/高级农艺工	二级/技师	一级/高级技师	职业资格	农业部
	果、茶、桑园艺工	三级/高级果、茶、桑园艺工	二级/技师	一级/高级技师	职业资格	人社部
	导游员	中级导游员	高级导游员	特级导游员	执业资格	国家旅游局
	蔬菜园艺工	三级/高级蔬菜园艺工	二级/技师	一级/高级技师	职业资格	农业部
果蔬花卉生产技术 010700 蚕桑生产与经营 010900	化学检验工	三级/高级化学检验工	二级/技师	一级/高级技师	职业资格	人社部
	花卉园艺师	三级花卉园艺师	二级花卉园艺师	一级花卉园艺师	职业资格	人社部
	蔬菜园艺工	三级/高级蔬菜园艺工	二级/技师	一级/高级技师	职业资格	农业部
	桑园艺工	三级/高级果、茶、桑园艺工	二级/技师	一级/高级技师	职业资格	农业部
	菌类园艺工	三级/高级菌类园艺工	二级/技师	—	职业资格	农业部

续表

专业名称	证书名称	初级最低标准	中级最低标准	高级最低标准	认定形式	颁证部门
茶叶生产与加工 010800	茶叶加工工	三级/高级茶叶加工工	二级/技师	一级/高级技师	职业资格	人社部
	评茶员	三级/高级评茶员	二级/评茶师	一级/高级评茶师	职业资格	人社部
	果、茶、桑园艺工	三级/高级果、茶、桑园艺工	二级/技师	一级/高级技师	职业资格	人社部
中草药种植 011000	中草药栽培师	中草药栽培师	高级中草药栽培师	—	职业资格	人社部
	农艺工	三级/高级农艺工	二级/技师	一级/高级技师	职业资格	农业部

（二）广西高等职业院校“双师型”教师认定的证书目录

广西高等职业院校的证书目录（例见表5-9）按照教育部颁布的《普通高等学校高等职业教育（专科）专业目录2015年》的19个专业大类分类制定，包括51农林牧渔大类、52资源环境与安全大类、53能源动力与材料大类、54土木建筑大类、55水利大类、56装备制造大类、57生物与化工大类、58轻工纺织大类、59食品药品与粮食大类、60交通运输大类、61电子信息大类、62医药卫生大类、63财经商贸大类、64旅游大类、65文化艺术大类、66新闻传播大类、67教育与体育大类、68公安与司法大类、69公共管理与服务大类。

表5-9　广西高等职业院校“双师型”教师认定非教师系列专业技术证书目录
农林牧渔大类（部分）

专业名称	证书名称	初级最低标准	中级最低标准	高级最低标准	认定形式	颁证部门
作物生产技术 510101 种子生产与经营 510102	农艺师	助理农艺师	农艺师	高级农艺师	技术职称	人社部
	农艺工	三级/高级农艺工	二级/技师	一级/高级技师	职业资格	农业部
	农作物植保员	三级/高级农作物植保员	二级/技师	一级/高级技师	职业资格	农业部
	花卉园艺师	三级花卉园艺师	二级花卉园艺师	一级花卉园艺师	职业资格	农业部
植物保护与检疫技术 510108 农产品质量检测师 510111	农产品质量检测师	农产品质量检测师	高级农产品质量检测师	—	职业资格	人社部
	化学检验工	三级/高级化学检验工	二级/技师	一级/高级技师	职业资格	人社部
	农产品质量安全检测员	高级农产品质量安全检测员	农产品质量安全检测师	高级农产品质量安全检测师	职业资格	人社部
	肉制品加工	三级/高级肉制品加工	二级/技师	一级/高级技师	职业资格	人社部
	乳品检验员	高级检验员	检验师	高级检验师	职业资格	农业部
	营养师	三级营养师	二级营养师	一级营养师	从业资格	人社部
	食品检验工	三级/高级食品检验工	二级/技师	一级/高级技师	职业资格	人社部

续表

专业名称	证书名称	初级最低标准	中级最低标准	高级最低标准	认定形式	颁证部门
园艺技术 510107 茶树栽培与 茶叶加工 510109	蔬菜园艺工	三级/高级蔬菜园艺工	二级/技师	一级/高级技师	职业资格	人社部
	花卉园艺师	三级花卉园艺师	二级花卉园艺师	一级花卉园艺师	职业资格	人社部
	果、茶、桑园艺工	三级/高级果、茶、桑园艺工	二级/技师	一级/高级技师	职业资格	人社部
	桑园艺工	三级/高级果、茶、桑园艺工	二级/技师	一级/高级技师	职业资格	农业部
	菌类园艺工	高级菌类园艺工	二级/技师	—	职业资格	农业部
	茶叶加工工	三级/高级茶叶加工工	二级/技师	一级/高级技师	职业资格	人社部
茶艺 510112	茶艺师	三级/高级茶叶加工工	二级/技师	一级/高级技师	职业资格	人社部

第四节 广西职业教育“双师型”教师认定标准特色分析

在广西职业教育“双师型”教师认定标准建立的实践中，考虑职教师资队伍建设的实际情况，可优先行业标准；针对区域特点、教师专业发展的不同阶段，需协调标准的稳定性和灵活性，并设置不同层级的标准；同时，认定标准的制定应充分吸纳专业团体的参与。认定标准基于国家职业教育教师标准和相关要求和“双师型”教师内涵要求，充分考虑广西民族地区职业教育发展实际，以职业学校教师教育教学能力和专业技术技能提升为目标，将职业教育“双师型”教师的要求变成可量化的标准，建立了符合广西民族地区职业教育“双师型”教师认定的地方标准，引领职业教育教师专业发展，助推学校、政府创新管理制度和培养培训制度改革。

一、强调“双师型”教师的职业能力

广西职业教育“双师型”教师认定标准设计按照“双师型”教师的职业能力要求设计认定标准，意即“双师型”教师不仅是一个教学专家，更是一个行业专家。这是职业教育教师工作的本质决定的，也是“双师型”教师区别于普通教师的一个关键能力群①。在认定标准体系中，将“双证书”与“双素质”“双能力”的要求相结合考虑，既体现了对“双师型”教师“教学专家”的职业道德修养、教育教学基础理论、教师职业道德规范、专业基础、教育教学能力、教学经历和教师资格证书、教师职称、教育科研等条件要求，又体现了“双师型”教师“行

① 吴炳岳，等. 职业院校“双师型”教师专业标准及培养模式研究. 北京：教育科学出版社，2014：187.

业专家”的专业技术技能、应用实践能力、企业经历、应用技术成果、专业技能竞赛和职业资格证书、执业资格证书、非教师系列专业技术职务等条件要求。强调“双师型”教师的职业能力，引导职业教育教师的专业发展。

二、强调“双师型”教师专业的一致性

广西职业教育“双师型”教师认定要求申报教师按照中等职业学校 18 个专业大类和高等职业院校 19 个专业大类申报，认定标准中均要求申请认定的教师所承担教学任务、职业（执业）资格证书、专业培训、职业技能业绩、荣誉称号等条件，均应与所申报专业一致，避免了各学校自行认定中教学专业与所具有的职业（执业）资格证书专业不对应、体现“双师型”教师专业素质能力的业绩与所教学专业不对应等“张冠李戴”的现象，保证了“双师型”教师的基本水平。

三、凸显“双师型”教师的分层分类激励

为加强“双师型”教师认证相关制度建设，形成资格认证常态化工作机制，达到通过“认定”促“建设”的目的，积极推进职业教育“双师型”教师队伍建设工作，广西职业教育“双师型”教师认定的激励措施，既有对学校的激励，又有对教师个人的激励。对学校的激励为：将学校“双师型”教师比例作为学校办学水平评估、专项督导检查的重要参考指标。对教师个人的激励为：要求各学校结合“双师型”教师认定情况及学校实际，按“优劳优酬”原则完善学校奖励性绩效工资分配办法，重点向“双师型”教师倾斜；“双师型”教师在评优评先、学科带头人、专业负责人、教学骨干、外出考察、学习培训、学术交流和教学科研项目评定等方面，同等条件下，予以优先考虑；将体现“双师型”教师素质、能力特点的成果纳入广西职业教育教师专业技术职务评审条件，“双师型”教师在申请专业技术职务晋升中可适当放宽其科研成果要求。同等条件下，“双师型”教师在职称评审中予以优先考虑。

四、凸显“双师型”教师资源的开放共享

一方面，是认定对象的开放。广西职业教育“双师型”教师认定，不仅对学校的专职教师开展认定，同时，也面向社会开展认定，即专门设置了兼职“双师型”教师条件的标准，向企事业单位、社会开展兼职“双师型”教师认定，以吸

引行业专家、企业工程技术人员、高技能人才、能工巧匠、技艺传人从事职业教育工作。

另一方面，借助现代信息技术，研制开发了“双师型”教师资源管理信息系统，实现了广西“双师型”教师信息资源的开放和共享。系统可以实现将经过认定的“双师型”教师信息数据，按照教育主管部门或学校的需要，自动按条件移库到“广西‘双师型’教师资源管理信息系统”，建立广西职业教育“双师型”教师人才库。广西各职业院校、各行企业可以按权限在此平台上进行职教师资的共建、技术技能型人才培训与开发等合作。最终，该系统将成为一个集信息平台、部分政务服务平台为一身的综合“双师型”教师管理信息系统，也是广西“双师型”教师认定与管理推行政务公开、信息公开、“便师”信息公开及服务的窗口。

五、注重“双师型”教师认定制度的刚柔兼顾性

广西职业教育“双师型”教师认定标准体系，规定了许多“刚性”条款，如教师资格证书、教师专业技术职务、职业资格证书、教学经历等条件要求，同时也设计了一些“柔性”条件，主要体现在以下两个方面。

一是所设置的各类“兼顾”制度，包括专业课教师与文化课教师兼顾，认定不仅面向专业课教师，文化课教师只要具备相关条件，也可以参加认定；工作年限与业绩兼顾，认定指标设置有破格条件，鼓励教师掌握更高水平的专业技能；教学、教改、竞赛、科研、荣誉兼顾，认定标准设计中将与专业相关的教学、教改、竞赛、科研和荣誉均纳入认定指标；严格要求与实际状况兼顾，如对于兼职教师的认定，考虑到兼职教师的教师资格和专业技术资格一般达不到，可用“参加自治区级以上教育主管部门组织的不少于120学时教师教育教学技能培训，并取得合格证书”替代。

二是设计有不同类型的“高条件”与“低条件”的匹配，包括教师职称与职业资格证书级别的匹配、工作经历与条件的匹配等，使在工作经历、教育教学成果、专业实践技能成果等各自不同“特长”的教师可以匹配，从而得到认定。例如，拓展条件中要求“近五年获得”的各项条件，对于具有本专业教学经历有10年以上者，可以将“近五年获得”的条件放宽至“近十年获得”。再如，“双师型”教师认定标准破格条件的设计如果不具备规定的教师职称条件，就可用实践教学经历和更高要求的拓展条件代替；如果不具备相应的职业资格证书条件，就可用更高要求的拓展条件代替。

第六章　广西职业教育“双师型”教师认定制度研究

科学、规范和可操作的认定标准是开展“双师型”教师资格认定的基础，在明确“双师型”教师认定标准的同时，制定相配套的“双师型”教师认定办法，建立相应的管理模式和激励制度，则是“双师型”教师认定取得实效的保障。系统构建“双师型”教师资格认定管理模式以及与之匹配的激励制度、培养培训体系，搭建“双师型”教师专业发展平台，形成教师教育教学能力和职业技术技能水平提升的长效机制，方能推动“双师型”教师队伍的健康持续发展。

第一节　广西职业教育“双师型”教师认定管理模式

只有规范认定过程，建立科学合理并具有操作性的认定办法，包括认定的组织机构、流程和管理模式，才能保证“双师型”教师资格认定的质量和证书的权威性，提升“双师型”教师资格认定的有效性。

一、广西职业教育“双师型”教师认定的组织架构

建立分工明确、职责清晰合理完善的“双师型”教师认定组织机构，支撑认定的申报、审核、评审等组织实施和管理的全过程、全方位工作，是认定工作得以顺利开展的保证。广西职业教育“双师型”教师认定组织架构如图 6-1 所示。

（一）成立广西职业教育“双师型”教师认定工作领导小组

自治区教育厅成立以管工作副厅长为组长，由教育厅相关处室干部、认定第三方机构负责人、首席专家等相关人员参加的广西职业教育“双师型”教师认定

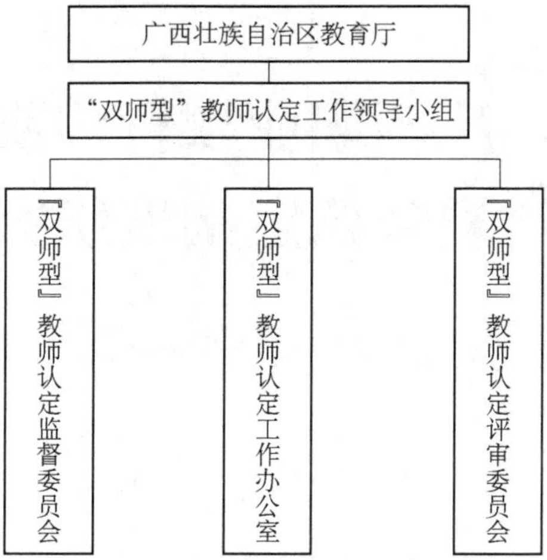

图 6-1　广西职业教育“双师型”教师认定组织架构

工作领导小组，负责“双师型”教师认定相关政策制度办法设计的审定、决策和认定的总体组织、协调、监督、指导及推进工作。

（二）设立广西职业教育“双师型”教师认定工作办公室

广西设立自治区职业教育“双师型”教师认定工作办公室（简称“认定办”），自治区认定办挂靠广西科技大学全国重点建设职业教育师资培养培训基地，作为认定的第三方机构。自治区认定办负责“双师型”教师认定的日常组织及管理工作，包括组织专家研讨修订完善“双师型”教师认定标准，标准、相关政策、制度、办法和相关文件解读咨询，草拟认定申报、认定评审工作方案等评审的相关文件、通知，组织各设区市、学校申报，并代表教育厅对所有对申报材料作资格审核、评审专家抽取、评审会议的组织、双师信息管理系统平台的维护、评审结果公示、双师证书制作等“双师型”教师认定过程的具体工作进行组织实施和管理。同时，自治区认定办还负责开展收集“双师型”教师认定的意见和建议，统计分析认定通过和不通过的情况，草拟每轮认定的总结分析报告，开展“双师型”教师认定培训等工作。

（三）建立专家资源库，成立专家委员会

广西建立专家资源库，专家由职业教育研究专家、骨干“双师型”教师、资深师资管理人员和行业企业专家构成。专家库人员的专业领域覆盖中等职业学校和高等职业院校的所有专业大类。每次认定评审按照申报教师所申报专业人数，按照一定比例从专家资源库中挑选相对应专业大类的专家组成评审专家组，负责

对申报教师的认定评审工作。“双师型”教师认定评审委员会（以下简称“评审委员会”）不是固定的成员机构，每轮评审都从专家组成员中选取资深专家和认定第三方机构相关人员组成评审委员会，负责当次认定评审的组织实施和咨询、指导等全过程的工作。

（四）成立“双师型”教师认定监督委员会

为加强“双师型”教师认定工作纪律，维护公平、公正的原则，确保各项工作的顺利完成，广西成立了由认定第三方机构的党委书记、纪委干部等人员组成的“双师型”教师认定监督委员会，负责认定的申报、评审等工作进行监督。其工作职责包括：①对评审现场的监督，包括监督员对评审过程进行全程监督，发现违反保密要求、违规使用电子通信工具等现象须及时制止；对评审期间发现的重大问题应及时上报处理；对违反评审纪律的评审专家，应及时批评；对于严重违反评审纪律的专家，可取消其评审专家资格。②对评审结果的监督，包括申报材料的真实性、审核评审结果、公示公开情况、投诉处理、违纪惩处等是否符合国家、自治区的有关文件要求，如发现重大问题应及时上报处理。

二、广西职业教育“双师型”教师认定的基本程序设置

广西建立了流程清晰、设计合理、运行顺畅的“双师型”教师认定基本程序，包括个人申报、审核、评审、认证反馈等环节，形成从组织申报到公布认定结果的闭环管理。

根据学校分管属性，市属和县属中等职业学校需经所属市教育局审核，直属中等职业学校与高等职业院校具有相同的运行办法。中等职业学校“双师型”教师认定程序为：自治区教育厅下文开展认定工作；教师自主提出申请；各中等职业学校负责对申报材料的初审；市教育局负责县属和市属中等职业学校申报材料的复审，直属中等职业学校直接由自治区认定办负责申报材料的复审；自治区认定办负责所有申报材料的形式审核；自治区认定办负责组织专家评审并公示评审结果；教师可对认定评审结果提出复议，自治区认定办组织专家复审；教育厅下文公布认定结果（图 6-2）。

设计的高等职业院校“双师型”教师认定程序为：自治区教育厅下文开展认定工作；教师自主提出申请；各高等职业院校负责对申报材料的初审；自治区认定办负责所有申报材料的审核；自治区认定办负责组织专家评审并公示评审结

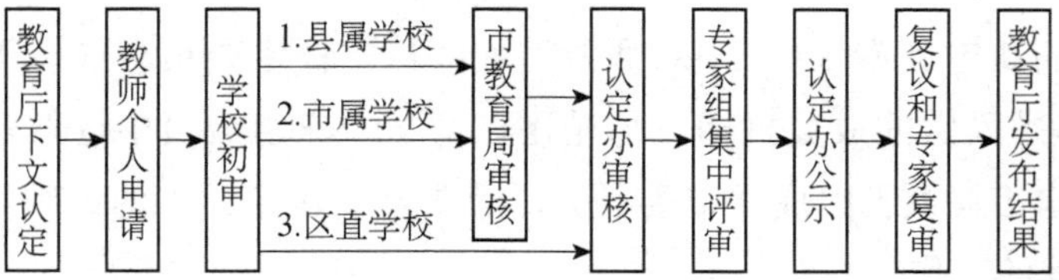

图 6-2　广西中等职业学校“双师型”教师认定工作流程

果；教师可对认定评审结果提出复议，自治区认定办组织专家复审；教育厅下文公布认定结果（图 6-3）。

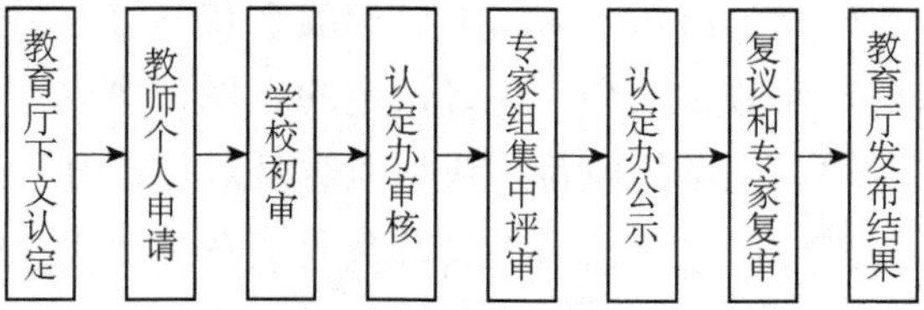

图 6-3　广西高等职业院校“双师型”教师认定工作流程

（一）教育厅发文组织认定

广西职业教育“双师型”教师认定是自治区层面组织开展的认证，自治区教育厅代表自治区颁布认定文件，各区市教育主管部门、学校和第三方机构共同组织实施，具有“政府主导，多方参与”的特征。自治区教育厅印发的“双师型”教师认定文件主要包括认定范围、认定标准、组织机构、认定程序、激励措施等，并明确认定工作的时间安排和工作要求。其中，认定标准是认定的最基本内容，主要包括广西“双师型”教师认定标准和广西“双师型”教师认定非教师系列专业技术证书目录两大部分，是教师申报认定和审核、评审的依据。

（二）教师个人申报认定

广西职业教育“双师型”教师认定面向广西各类公办、民办中等职业学校和高等职业院校的专职教师及兼职教师开展。为营造教师自主规划发展的政策环境，广西“双师型”教师认定不是强制性制度，即不硬性规定教师必须申报，教师可以根据自己具备的条件对照认定标准自行申报，并自行确定申报的等级（初级、中级或高级），可以越级申报。教师应学习认定文件，准确把握认定标准要求，找准定位，依据认定标准和文件要求进行申报。

（三）认定申报审核

申报审核分为学校初审、上级主管部门审核和自治区审核三个环节。

1. 学校初审

“双师型”教师认定的最终目的是促进教师的专业发展，提升职教师资队伍建设水平。学校作为用人单位在认定工作中负有组织、指导和审核的责任。学校初审是“双师型”教师认定审核的基础环节，发挥着重要的基础作用。一方面，学校须对教师个体提供资料的真实性进行审核，如参评教师的身份界定、相关证书的真伪、任教和相关业绩情况等，同时，学校应根据教师的实际需要，提供指导和相关支持条件；另一方面，学校根据认定标准要求和教师申报实际情况，发现本校“双师型”教师队伍建设中存在的不足，对教师普遍存在的薄弱环节有针对性地修订、完善学校教师队伍建设和管理的政策、制度，引导教师专业发展，进一步加强教师培训提升机制和平台建设，为教师专业发展提供更好的环境条件。

2. 上级主管部门审核

上级主管部门审核分为两大类情况：一是各区市教育行政主管部门负责对市属和县属中等职业学校认定申报的审核，以把握所管辖的中等职业学校认定申报的基本情况和“双师型”教师队伍建设情况；二是高等职业院校和区直中等职业学校的认定申报直接由自治区认定办审核。

3. 自治区审核

自治区审核主要由自治区认定办组织，通过对全区所有申报“双师型”教师认定的材料进行形式审核，掌握申报的基本情况，包括申报材料的缺项、明显不符合条件、申报材料质量等问题进行汇总分析，为专家评审提供基本信息。通过自治区认定办审核的申报材料方能进入专家评审环节。

（四）认定专家评审

只有认真、公平、公正地完成认定评审任务，方能保证“双师型”教师认定结果的质量。评审专家须按照认定标准各条款对申报材料逐一进行审定。认定评审专家的主要职责包括：认真学习教育厅文件，掌握“双师型”教师认定的标准，熟悉认定工作的办法和规则；认真评阅每份申报材料，实事求是地给出评审意见，对不通过认定的教师，须说明不通过的理由；对于一些有争议性的内容或个人把握不准的，应提交组长讨论或专家委员会裁定；严格遵循评审工作中的保密、勤勉、尽责等工作纪律。

为保证认定评审质量，实施分组分级评审。一是每轮评审都按照所申报教师的专业大类分组评审小组评审。二是在评审小组中，每位教师的个人申报资料需经过三个层级才能最终确定是否审核通过，其中包括：两名专家的个人评审；评审小组组长复核，如果有争议的，可提交专家委员会进行争议性评审；各小组评审结束后，评审委员会合议审定。

认定评审小组组长一般由有评审经验的资深专家担任，其主要职责包括：认真学习教育厅文件，掌握“双师型”教师认定的标准，熟悉认定工作的办法和规则；分配评审复核任务，统筹安排本小组评审工作，把握评审进程；研讨解决小组成员关于评审标准疑难问题；汇总并向评审委员会提交本组评审中出现的争议性问题以及本评审小组评审的总体情况；严格遵循评审工作中的保密、勤勉、尽责等工作纪律。

（五）认定评审公示和复议

专家评审会议结束后，自治区认定办负责公示评审结果。在公示期内，对评审结果有异议的教师，可以个人或学校统一汇总提交的方式向自治区认定办提出复议。公示期结束，自治区认定办汇总整理复议材料，聘请专家对提出复议的申报材料再次进行评审。复议评审结束后，形成评审结论上报自治区教育厅。

（六）教育厅颁布认定评审结果

每轮认定评审结束后，自治区认定办将经过评审、公示和复议后的最终认定评审结果形成评审报告提交教育厅业务主管部门，经过审核后，自治区教育厅下文公布本轮“双师型”教师认定评审结论的文件，向全区公布认定结果。

三、广西职业教育“双师型”教师认定的管理模式

为加强职业院校“双师型”教师队伍建设，广西于 2014 年出台的《关于加快改革创新全面振兴教育的决定》明确提出要在全区统一开展“双师型”教师认定，其目的是：定标准，出规范，创新“双师型”教师管理机制，从制度上保障“双师型”教师队伍持续健康发展。为此，构建了与之相应的“四统一”（统一认定标准、统一组织实施、统一颁发证书、统一信息管理）的广西职业教育“双师型”教师认定管理模式（图 6-4）。

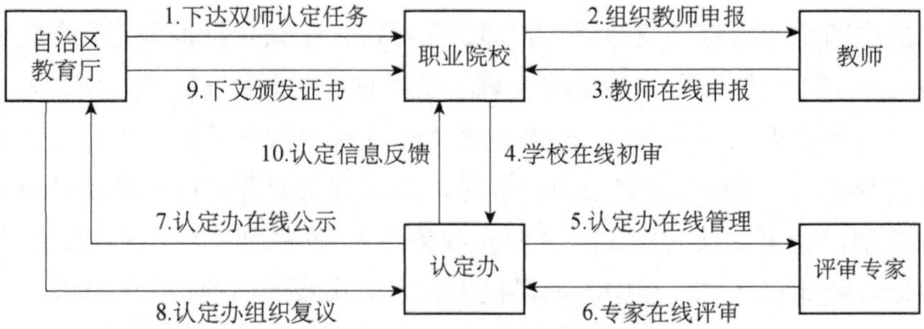

图 6-4　广西职业教育“双师型”教师认定管理模式示意图

（一）统一认定标准

“双师型”教师认证资格标准建设必须考虑区域实际，遵循教师专业发展规律，从职教教师的工作要求出发。[①] 广西职教师资队伍建设存在教师队伍数量不足、水平不高以及“双师型”教师质量无度量标准、认证制度不健全、“双师型”教师资源不共享、兼职教师从事教育教学工作无资质等问题，“双师型”教师队伍建设是制约广西职业教育改革发展的瓶颈之一。为改变普遍对职业教育“双师型”教师认识模糊、认定标准不统一、各学校对“双师型”教师要求参差不齐的局面，广西职业教育“双师型”教师认定采用全区统一认定标准，以强化“双师型”教师认证标准制度性统一，引导教师不断加强双师素质能力提升，为职业院校师资队伍建设提供可比性依据，从根本上保证了职教师资专业化发展，为广西建设高素质的职教师资队伍提供保障。诚然，考虑到广西职业教育发展和教师队伍建设水平不均衡的实际，认定标准也设计了个性化标准。例如，针对县级职业教育发展水平较低、师资队伍特别薄弱的现状，稍微降低了破格认定中等职业学校初级“双师型”教师的条件要求。

（二）统一组织实施

“双师型”教师的数量和比例作为衡量学校教师队伍建设水平的一个重要指标，如果由各校自行评审，学校“既是运动员、又是裁判员”，容易导致“放宽”要求、提高通过认定的数量和比例。截至 2021 年 10 月，广西开展职业教育“双师型”教师认定以来，共开展认定 13 批次，每批统一评审认定的通过率为 60%—70%，每位申报教师在学校初审都认为是通过的前提下才提交自治区参加统一认定的，而自治区认定评审后，约有 1/3 的教师未能通过认定。同时，虽然

① 李梦卿，刘倩楚.“双师型”教师资格认证标准的制度性统一与区域性特征. 职教论坛，2017（25）：33-39.

有统一的广西职业教育“双师型”教师认定标准，但认定标准是定性与定量相结合，对其中有“定性”成分的条款判断，理解的尺度也存在差异。例如，认定标准中的“教师企业实践条件”，要求提供“有反映申报者承担实践任务过程及成果的佐证材料”，一种比较宽松的理解是，如果有企业开具的企业实践证明和企业实践总结，就可以认为满足“企业实践条件”。而在现实中，企业开具的证明效力较低，因此在评审过程中，如果仅提供企业实践证明的，均不被认定为有企业实践过程性材料。广西“双师型”教师认定的实践可见，统一组织实施“双师型”教师认定，有利于统一认定尺度、统一管理，保证认定结果的“含金量”。

（三）统一颁发证书

为加强广西职业教育“双师型”教师认定的管理，体现认定的规范性、权威性和区域适用性，为通过认定的教师颁发广西中等职业学校“双师型”教师或广西高等职业院校“双师型”教师证书。证书包括所认定的“双师型”教师级别（初级、中级、高级）、专业、类别（专职或兼职）、通过认定的时间等体现广西“双师型”教师认定主要特征的信息。

（四）统一信息管理

根据认定标准、认定流程和管理模式的要求，借助现代信息技术，教育主管部门研制开发了广西职业教育“双师型”教师管理信息系统，实现全区“双师型”教师信息统一管理和资源共享。该系统包含认定标准库、技术技能证书目录库、评审规则库、评审专家库和申报教师信息库 5 部分信息组成的资源库，具有信息采集、信息传递、信息存储、信息处理等齐全的功能模块，可实现从教师申报、审核、评审到认定全过程的“电子化流程处理”，以及认定的电子政务功能。经过系统认定的“双师型”教师信息数据，可按照教育主管部门或学校的需要，自动按条件移库，实现认定工作信息化和全区“双师型”教师资源共享，提高了认定工作效率和管理水平。同时，该系统可以利用关联规则挖掘双师系统的数据，找出制约“双师型”教师队伍建设的瓶颈问题，有针对性地开展教师培训，成为广西各职业院校、各行企业按权限在此平台上进行职教师资的共建共享、技术技能型人才培训与开发等合作的平台。该系统旨在建设成集信息平台、业务处理、政务服务及数据分析于一体的综合性“双师型”教师管理信息系统，成为广西职业教育“双师型”教师认定与管理推行政务公开、信息公开、信息公开及服务的窗口。此外，为便于认定工作开展，建立了广西职业教育“双师型”

教师管理信息系统网站。网站设计了“双师型”教师认定文件、新闻报道、申报指南、常见问题解答等栏目，并利用微信公众号推送“双师型”教师认定新闻报道等相关信息。

第二节　广西职业教育“双师型”教师认定管理制度

广西将建立完善的管理制度作为“双师型”教师资格认定的关键性环节，以“双师型”教师认定标准为基础，健全职业学校“双师型”教师资格认定制度，建立常态化“双师型”教师认定机制，完善职业学校相关教师管理制度，推动各项对策的有效实施，激发教师专业化发展的内生动力，为教师提升教育教学能力和专业实践能力创造良好的条件，推动“双师型”教师队伍的可持续发展。

一、健全广西职业教育“双师型”教师认定制度

（一）建立“双师型”教师认定评价制度

完善的认定标准是“双师型”教师评价的依据。基于目前尚未出台国家级“双师型”教师认定标准的现实，依据“双师型”教师内涵和国家对职业教育“双师型”教师的政策要求，广西出台的“双师型”教师认定标准，充分考虑了标准的区域性特征，着眼于本区域的区位优势、产业结构、经济发展水平、技术条件等，建立了符合广西实际的省级“双师型”教师资格认定标准。该标准是广西职业教育“双师型”教师资格认定的依据，目的是促进职业教育教师专业发展，推动职业院校“双师型”教师队伍建设水平的提升。主要解决标准在广西的普适性、约束性和可操作性问题，它是广西职业教育“双师型”教师应达到的最低质量标准。条件成熟的高水平职业院校可综合考虑学校的发展阶段、专业办学特点、“双师型”教师队伍建设水平等实际，在自治区级标准的基础上，制订符合院校发展的院校标准，以促进学校建立高水平的师资队伍，广西许多职业学校制定有校本“双师型”教师认定标准，校本标准一般不低于广西标准。如广西职业技术学院《广西农业职业技术学院“双师型”教师资格认定及管理办法（试行）》，将农业科技特派员的“近五年来，经批准担任农业科技特派员时间不少于3年，参与科技服务并产生显著经济效益，并被评为优秀特派员3次以上”条款纳入校本“双师型”教师认定的条件。又如广西卫生职业技术学院制定了《广西卫生职业技术学院校级双师型教师认定管理办法》，认定标准增加了符合学校学

科专业特征的“通过国家组织的中级及以上专业技术职务考试取得国家承认的中级及以上专业技术职务任职资格”等条件。

（二）构建“双师型”教师认定等级制度

教师在不同阶段具备不同的特点，因此，针对“双师型”教师在职业生涯发展过程中的变化，充分认识其规律及特点，以教师专业发展为基准，设立不同等级相应的“双师型”教师资格认定标准，以促进教师不断提升自身的双师素质和教育教学能力，有效地促进教师专业发展。“双师型”教师资格认定标准分为初级、中级和高级三个等级，不同的等级设计了不同的标准，从初级到中级再到高级各自所涉及的内容都是不同的，标准的要求逐级递增。各等级标准为教师的自我定位提供参考，在不同等级范围之内，教师可充分正视自身专业发展实际水平，克服懈怠心理，不断提升。同时，通过对不同等级认定的“双师型”教师数量分析对比，自治区层面和各职业院校可以发现“双师型”教师队伍建设情况，发现存在的不足，并有针对性地制定职教师资队伍建设发展规划方案，不断改进完善，为“双师型”教师队伍建设持续健康发展创造良好的条件。

（三）规范“双师型”教师认定实施制度

将兼顾科学性和可操作性相结合，严格规范“双师型”教师资格的认定程序。当前，我国的“双师型”教师资格认定机构、认定程序等尚未明确统一，为保证广西“双师型”教师资格认证工作的有序开展，本着“政府主导，学校是基础，教师是主体，第三方机构支持，专家保障”的指导思想，自治区教育厅和“双师型”教师认定第三方机构制定了严格规范的“双师型”教师资格认定的程序制度，从宏观的角度对“双师型”教师资格认定进行分析，正视各责任主体所发挥的效用，有针对性地组织实施各项工作任务。

各主体具体职责为：自治区教育部门出台认定标准和相关政策制度，引导“双师型”教师队伍建设方向；职业院校是“双师型”教师资格认定的基础单位，需要从“双师型”教师认定的不同环节出发，全面参与组织实施，严把“双师型”教师认定的准入关口；教师是认定的对象，是“双师型”教师认定的主体，通过“双师型”教师认定制度实施，促进教师不断提升双师素质能力；第三方机构按照教育行政部门制定和颁布的“双师型”教师资格认证标准的严格执行，做好认定组织实施的各项支持工作，确保“双师型”教师认定过程的规范性和严谨性；专家要遵循公平公正原则，以认定标准条件与程序办法要求为基准，实事求是地执行评判相关工作，不得主观判定，高水平的专家是评判所认定“双师型”教师质量的保障。为此，广西职业教育“双师型”教师认定体系中明确了教育主管部门、学校、教师、专家和自治区认定办（第三方机构）的职责，制定了认定的路径、流程和相关办法，设立了教师自主申报制度、逐级审核制度、专家评审制度和常态认定制度，严格规范了“双师型”教师认定过程，以保证认定的质量和水准，提升资格认定有效性和公信力。

二、建立广西职业教育“双师型”教师认定动态管理机制

广西建立了较为完善的“双师型”教师认定管理机制，运用动态调整制度、激励制度，激发教师的内生动力，不断加强双师素质能力培养的积极性，提升职教师资队伍的整体水平。

（一）建立“双师型”教师资格动态调整制度

当今时代，科学技术促进产业转型的同时也促使职业教育的改革发展，新工业革命将以科技化、全球化、互联化、数字化、绿色化、定制化等综合特征出现，这样的转型要求职业院校教师具备良好的创新品质和可持续发展的职业能力，因而“双师型”教师认定标准也应与时俱进不断调整。教师职业融实践性和创造性于一体，复杂变化的专业背景下，职业院校教师的知识、技能应保持与时俱进。再认定制度是激励并检测教师专业成长的有效方式之一[①]。为此，广西建立了较为完善的“双师型”教师资格定期再认定制度。

1. 动态调整认定标准，不断优化认定实施制度

广西定期更新认定标准，不断优化认定实施制度。广西通过自治区教育厅和第三方认定机构认定办下文征集意见，组织一线教师、专家和资深管理人员专题研讨，开展实地调研，同时，对每轮组织开展的“双师型”教师认定的具体情况进行分析总结，分析存在的问题，对“双师型”教师标准的制定以及实施办法进行修订，静态与动态相结合，适度调整与更新。例如，先后于 2015 年、2016 年开展的第一轮、第二轮广西中等职业学校“双师型”教师认定，其认定标准未设置有破格条件，通过认定实施发现，部分教师未能通过认定，其主要原因是有某些类型“证书”上的缺项。因此，经过广泛征集意见、深入研讨，第三轮及之后的认定标准就增加了“破格条件”，对于不具备“双师型”教师认定所要求具备

① 周可欣，南海. 高职“双师型”教师资格认定标准研究. 教育与职业，2020（21）：66-71.

的“教师职称条件”或“职业资格条件”，可以用体现“教师职称条件”或“职业资格条件”相应成果替代而加以认定。再如，虽然制定了“双师型”教师认定标准和较完善的认定制度，但实施过程中对有些条件和认定要求会理解得不透彻甚至有误解，为此，在认定标准部分增加了较为翔实的“有关说明”部分，对认定条件、方式等进行具体阐释。通过实行多层级更新认定标准和认定制度，认定标准更为完善，认定标准与职教教师的专业化发展更为紧密和适切。

2. 建立“双师型”教师资格认定重新审核制度

基于教育教学改革不断深化及行业职业岗位技术的不断发展变化，应将先进的教育理念与科学技术融入人才培养过程中，教师个人的教育教学能力和技术技能水平也应不断提高，因此，认定标准中体现双师素质能力成果的“拓展条件”规定了时限要求（一般是近五年）。同时设计了“双师型”教师认定的定期复检制和提升机制，建立五年一轮的动态认定制度，定期对教师资格认定进行重新审核，使教师能够及时发现自身存在的问题并进行调整，适时更新自身的知识与技能，推动教师自我发展，增强对职业的适应性与紧迫感，以保证认定标准和制度的实效性，适应时代发展的要求。

（二）构建“双师型”教师认定激励制度

“双师型”教师认定是手段，应以政策为引导、制度为保障，建立切实可行的“双师型”教师队伍建设的保障与激励机制，营造良好的教师发展空间与氛围，才能调动教师的积极性和创造性，激发教师不断学习和提升热情，促进“双师型”教师专业化发展，助推高水平“双师型”教师队伍建设。

从自治区、学校和教师三个层面设计了“双师型”教师认定的激励措施，并写入认定文件。具体包括：一是将各学校“双师型”教师的比例作为学校办学水平评估、专项督导检查和亚行贷款项目评审的重要参考指标；二是各学校结合“双师型”教师认定情况及学校实际，按“优劳优酬”原则完善学校奖励性绩效工资分配办法，重点向“双师型”教师倾斜；三是“双师型”教师在评优评先、学科带头人、专业负责人、教学骨干、外出考察、学习培训、学术交流和教学科研项目评定等方面，同等条件下，予以优先考虑；四是将体现“双师型”教师素质、能力特点的成果纳入自治区职业院校教师系列专业技术职务资格评审条件，“双师型”教师在申请专业技术职务晋升中可适当放宽其科研成果要求，同等条件下，“双师型”教师在职称评审中予以优先考虑。

近年来，随着广西职业教育“双师型”教师认定工作的不断推进，在职业院校、教师和社会产生了广泛良好的反响，各项激励措施也不断得到应用。如2018年7月制定的《广西壮族自治区中等职业学校教师系列高、中、初级专业技术资格评审条件（试行）》，将“取得经教育行政部门认定的高级‘双师型’教师资格”作为专业技能条件要求之一；各高等职业院校也将通过自治区“双师型”教师认定纳入本校的教师系列专业技术职务资格评审条件。广西大部分中等职业学校和高等职业院校将获得自治区“双师型”教师认定纳入学校的教师队伍管理制度，并制定了相应的激励制度。

三、设立广西职业教育“双师型”教师认定督导评估制度

（一）建立“双师型”教师认定动态持续改进的反馈机制

“双师型”教师认定工作是否有效，很大程度上表征为认定对象的教育教学能力提升情况和职业院校“双师型”教师队伍建设水平高低状况。职业学校的教师作为认定对象，从开始参加认定到最后通过认定，继而通过努力进一步向高一级的“双师型”教师迈进，这是一个不断向前、有始有终、循环进步的过程，也是教师个体专业自主发展的过程。广西职业教育“双师型”教师认定建立了动态持续改进的闭环反馈机制：一是认定标准制定、认定办法、认定制度的设计、修订完善和双师信息管理系统的优化，均广泛征求职业学校一线教师、管理干部和职业教育专家的意见和建议；二是每批开展“双师型”教师认定，均分析总结申报、审核、评审、复议各环节的基本情况和不足，将之作为调整完善认定标准和认定办法的依据；三是广西职业教育“双师型”教师认定的第三方机构自治区认定办作为常设机构，随时接受教师和学校的咨询，并将相关意见建议分级处理，将相关意见建议上报教育厅或反馈给各设区市教育行政部门和各职业学校；四是根据认定情况，召开全区经验总结会议、专家研讨会，及时总结认定的经验、发现存在的问题，不断持续改进（图6-5）。

（二）建立“双师型”教师认定评估制度

对认证结果进行有效评估，以关注“双师型”教师认定的实施效应。从认定工作的内部效益来看，需考查职业院校教师专业成长情况、所教学生的发展情况，如学生就业率、学业统考成绩、相关证书考证通过率、动手实践情况、技能大赛获奖等情况。从认定结果的社会效益来看，可考查社会（尤其是行业企业）

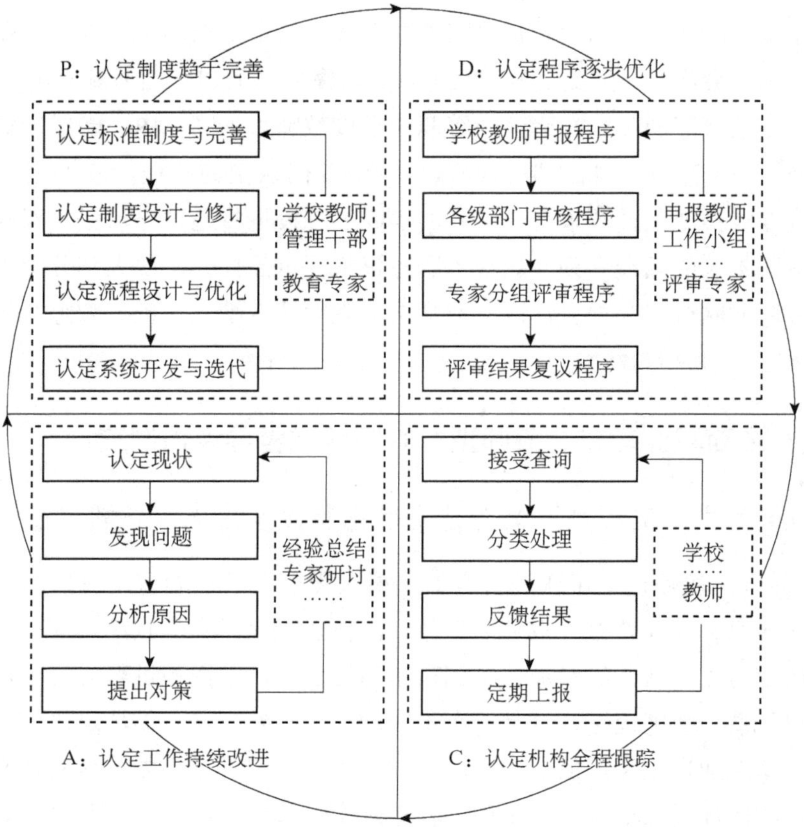

图 6-5 广西职业教育“双师型”教师认定反馈机制框架

对获得“双师型”教师称号的职教师资的总体评价以及对人才培养质量的评价。从认定关注的核心要点来看，需着重考查教师的专业实践能力提升情况。随着广西职业教育“双师型”教师认定工作不断推进，认定第三方机构自治区认定办每年均整理认定申报和通过认定的相关数据和事实，撰写认定工作分析报告，分析认定的基本情况、成效和问题，对政策的执行效益、效率及价值进行判断，提出改进建议，上报自治区教育厅，并反馈至各设区市教育行政部门和各职业院校。

（三）设立“双师型”教师认定督导制度

一方面，为保证“双师型”教师认定的公平、公正，广西成立了“双师型”教师认定评审监督小组，负责认定的申报、评审等工作进行监督；另一方面，为推动“双师型”教师认定各项政策有效落实建立完善各级政府教育督导制度，落实“双师型”教师政策落实的责任主体，建立问责机制，切实加强对“双师型”教师政策的督导评估。在督导评估过程中，要对“双师型”教师认定相关政策制度的执行过程和落实结果进行评估。

第三节　构建与“双师型”教师认定相衔接的职教师资培养制度和服务体系

“双师型”教师是职业院校人才培养质量的核心要素，“双师型”教师认定作为促进职教师资队伍建设水平提升的一项主要举措，要发挥认定的效应，不仅有赖于认定标准和认定体系自身的完备，还需从整体和全局上对与其相互关联的制度安排与制度环境进行同步改革与创新，创设有利于“双师型”教师专业发展的良好外部条件。

一、构建广西职业教育“双师型”教师队伍建设配套政策制度

（一）“双师型”教师认定政策持续改进、不断深化

2014 年 1 月召开的全区教育发展大会上，自治区决定开展“双师型”教师认证，自治区印发的《关于加快改革创新全面振兴教育的决定》和《广西壮族自治区人民政府关于加强教师队伍建设的意见》提出，加强职业院校“双师型”教师队伍建设，建立“双师型”教师信息资源库，探索建立培养培训、资格认证、聘任管理新机制。2014 年 12 月颁布的《广西壮族自治区人民政府关于贯彻〈国务院关于加快发展现代职业教育的决定〉的实施意见》明确了“双师型”教师认证的主要要求，提出面向职业学校和社会认定一批“双师型”教师，建立“双师型”教师信息资源库。

2015 年 3 月，自治区教育厅、人力资源和社会保障厅、财政厅和机构编制委员会办公室四部门联合发布《广西壮族自治区职业院校“双师型”教师队伍建设工程实施方案（2015—2020 年）》。该实施方案将“双师型”教师认证体系构建项目作为“十三五”时期广西加强职教师资队伍建设的四大重点项目之一，明确了广西“双师型”教师认证体系构建的目标、任务、组织实施路径、管理机制、措施和工作要求，探索建立“双师型”教师认证制度。同时，该实施方案进一步明确提出要制定《广西职业院校“双师型”教师认定标准》，构建“双师”技能提升激励机制，统一组织推进“双师型”教师认证管理工作；实行初、中、高三级认证，每年定期开展；面向职业学校和社会认定一批“双师型”教师，建立“双师型”教师信息数据库，推进职业院校“双师型”教师资源共享；鼓励文化基础

课教师根据自身专业特点及学校教育教学需要向“双师型”专业课教师转型发展。该实施方案对认定工作推进提出了具体安排和要求，包括2015年完成广西中等职业学校“双师型”教师认证试点，建设“双师型”教师资源库平台，完善认定标准，总结试点成效。2016年，逐步面向全区所有职业院校专兼职教师和社会开展“双师型”教师认证，全面采集“双师型”教师数据，促进数据共享。通过建立健全政府主导、院校多方参与、行业企业积极配合的“双师型”教师队伍建设机制，拓展职业教育教师培养途径，形成一支数量充足、质量较高，能满足广西职业教育改革发展需要的“双师型”教师队伍。

为扎扎实实推进广西职业教育“双师型”教师认定各项工作，自治区将实施“双师型”教师认定试点工作纳入2016年广西教育改革重点改革任务，自治区党委改革办督办。自治区教育厅也将认定工作作为加强职业院校“双师型”教师队伍建设的一项任务纳入2016年工作要点，明确各项工作要求，提出积极推动“双师型”教师资格认定，在柳州市试点基础上，继续完善认定标准体系和操作程序，将认证范围扩大到符合条件、积极性高的其他中等职业学校和高等职业院校，继续加强“双师型”教师认定相关制度建设，形成资格认证常态化工作机制。

2018年7月下发的《关于全面深化新时代教师队伍建设改革的实施意见》对“双师型”认定从制度建设层面提出了要求：完善具有广西特色的双师型教师认定制度，将双师型教师认定与职业院校教师职称评审挂钩。2018年12月印发的《广西壮族自治区人民政府办公厅关于深化产教融合的实施意见》提出，逐步完善职业院校、本科高校“双师型”和“一体化”教师认定标准和办法，探索符合职业教育和应用型高校特点的专业技术职务（职称）评聘办法，并将“双师型”教师认定范围，从职业教育教师扩大到应用型高校教师，探索建立“中等职业—高职—应用本科”职教体系建设相对应“双师型”教师认定体系。

2021年11月，自治区教育厅办公室印发《关于推动广西现代职业教育高质量发展的实施意见（征求意见稿）》，将“强化双师型教师队伍建设”作为广西现代职业教育高质量发展、深化教育教学改革的重要举措，提出“将专业技术技能水平和教学能力、企业实践经历纳入‘双师型’教师认定范畴，建立具有广西特色的分层分类‘双师型’教师认定标准体系”。

（二）“双师型”教师认定作为职教师资队伍建设和改革的重要举措

2014年7月印发的《广西壮族自治区人民政府关于贯彻〈国务院关于加快发展现代职业教育的决定〉的实施意见》提出，实施现代职业教育发展的十大重点工程之一是“双师型”教师队伍建设工程。该工程提出“落实和建立教师企业实践制度，企业高级管理人员与院校长、技术技能骨干与骨干教师相互兼职、任职制度”“完善企业工程技术人员、高技能人才到职业院校担任专兼职教师的相关政策，实施职业学校‘双师型’教师资助计划，支持职业学校每年聘请100名专业技术人员和高技能人才任教”“面向职业学校和社会认定一批‘双师型’教师，建立‘双师型’教师信息资源库”等一系列“双师型”教师队伍建设的举措以及开展认定的要求。

2018年3月出台的《广西职业院校教师素质提高行动计划（2018—2020年）》将“双师型”教师认定项目纳入广西职业院校教师素质提高行动计划的重点任务，提出“采取统一标准、统一认定、统一发证、统一管理的方式，组织认定9000名职业院校不同层次‘双师型’教师，打造一支具有较高职业技能和专业水平的‘双师型’教师队伍，提升广西‘双师型’教师队伍建设水平”的要求。

2018年7月颁布的《关于全面深化新时代教师队伍建设改革的实施意见》将健全职业院校教师管理制度作为“深化教师管理综合改革，切实理顺体制机制”举措的一项主要内容，提出要“完善具有广西特色的双师型教师认定制度，将双师型教师认定与职业院校教师职称评审挂钩”。

2020年9月，自治区教育厅、发展和改革委员会、财政厅、人力资源和社会保障厅等四部门关于印发《深化新时代职业教育“双师型”教师队伍建设改革工作方案》，将深化“双师型”导向的教师考核评价改革作为深化新时代职业教育“双师型”教师队伍建设改革的一项主要举措，明确了主要目标：到2023年，职业院校“双师型”教师占专业课教师的比例超过一半。提出要“完善自治区‘双师型’教师资格认定体系。将体现技能水平和专业教学能力的‘双师’素质纳入认定标准体系”。

二、搭建广西职业教育“双师型”教师专业发展新平台

（一）“双师型”教师建设作为职业教育改革发展的重要举措

2015年12月，自治区教育厅等六部门印发《广西壮族自治区现代职业教育体系建设规划（2015—2020年）》，在“构建职业教育质量保障体系”主要任务中，将加强职业院校“双师型”教师队伍建设作为一项主要内容，提出要“建立教师成长激励机制”“完善企业工程技术人员、高技能人才到职业院校担任专兼职教师的相关政策”“将专业技能水平、教学实绩、技术开发能力等作为教师职

务评聘、晋升、评优的重要依据”举措。

2018 年 1 月印发的《广西教育提升三年行动计划（2018—2020 年）》提出，要实施教师队伍提质增量工程实施职业院校教师素质提高计划，加强职业院校“双师型”教师队伍建设。

2019 年 8 月印发的《广西职业教育改革实施方案》，提出“‘双师型’教师占专业课教师总数超过一半”的总体目标要求，并将打造“双师型”教师队伍作为办好新时代职业教育的 20 条举措之一，主要内容：一是职业院校教师招聘，包括“职业院校、应用型本科高校相关专业教师原则上从具有 3 年以上企业工作经历并具有高职以上学历的人员中公开招聘。特殊高技能人才（含具有高级工以上职业资格人员）可适当放宽学历要求。在职业院校实行高层次、高技能人才以直接考察的方式公开招聘”。二是兼职教师聘任，包括“建立健全职业院校自主聘任兼职教师的办法，推动企业工程技术人员、高技能人才和职业院校教师双向流动”。三是落实职业院校教师企业实践制度，包括“职业院校、应用型本科高校教师每年至少在企业或实训基地实训 1 个月。落实教师 5 年一周期的全员轮训制度。相关实践经历达不到要求的职业院校专业课专任教师不得晋升高一级职称”。四是职业院校教师社会服务激励制度，包括“职业院校通过技术服务、社会培训、自办企业等所得收入，可按一定比例作为绩效工资来源”等。广西多措并举，打造高水平“双师型”教师队伍。

2019 年 8 月印发的《广西壮族自治区教育厅 广西壮族自治区财政厅关于实施广西高水平高职学校和高水平专业建设计划的通知》（简称“双高”计划），其中“建设高水平双师队伍”是“双高”建设的九项内容及举措之一，提出要“以‘四有’标准打造数量充足、师德高尚、理念先进、业务精湛、专兼结合的高水平‘双师型’教师队伍。建立健全符合高等职业教育教师特点的岗位聘任及管理制度。”的要求，并将“双师型”教师比例纳入“双高”建设学校师资队伍建设的评价指标，根据“双师型”教师比例情况，赋予相应的分值。

（二）搭建教师企业实践平台

2018 年 12 月印发的《广西壮族自治区人民政府办公厅关于深化产教融合的实施意见》将“加强产教融合师资队伍建设”作为推进产教融合人才培养改革的一个重要内容，提出“强化职业院校、应用型本科高校‘双师型’和‘一体化’教师队伍建设”等一系列举措：①鼓励校企聘任兼职教师和开展应用科研的政策，包括“鼓励企业经营管理人员、专业技术人员、高技能人才、非物质文化遗产传承人才担任职业院校、应用型本科高校专业教师或兼职教师。支持有条件的职业院校、应用型本科高校探索实施产业教师（导师）特设岗位计划。支持高校选聘科研院所、企业优秀人才担任兼职教授、兼职导师或开展科研合作。允许职业院校和本科高校依法依规自主聘请兼职教师并确定兼职报酬”“支持职业院校、应用型本科高校利用自身资源和优势，通过依法从事经营活动、提供技术服务等方式取得合法收入，可从中提取不超过50%的收入用于发放绩效工资并纳入绩效工资总量管理”。②鼓励校企业共建教师培养培训基地，包括“推动职业院校、应用型本科高校与大中型企业合作建设‘双师型’和‘一体化’教师培养培训基地”。③落实教师企业实践制度，包括“落实职业院校、本科高校专业教师到企业实践制度，支持在职教师带薪定期到企业实践锻炼。专业教师到企业的生产或服务岗位实践，每5年累计不少于6个月，新入职专业教师前3年应在企业连续实践6个月以上。完善职业院校和应用型本科高校教师假期实践制度，支持在职教师定期到企业实践锻炼，学校有实践经历的教师比例达60%以上”等，搭建教师企业实践平台，积极推进产教融合师资队伍建设。

三、改革职业教育“双师型”教师培训体系①

（一）完善职业教育教师培训制度体系

按照5年一周期的职业院校教师全员培训目标，整体设计、统筹推进广西职业教育教师培训制度建设，自治区教育厅先后出台《广西职业院校教师素质提高行动计划（2018—2020年）》《广西中小学（中等职业）教师培训“十三五”规划》两个专项培训规划，明确了自治区、市、县（市、区）、学校职责分工，分级开展培训并确保有序衔接，系统构建了广西“十三五”教师培养培训体系框架；同时制定《广西职业院校教师素质提升行动计划项目管理办法》《中等职业教师培训学分认定登记管理办法（试行）》及其教师培训项目管理办法、教师培训绩效评估实施办法和教师培训项目支出定额标准等10余个配套制度文件，完善职业教育教师培训制度体系。

（二）建立职业教育教师培训经费投入长效机制

一是健全经费稳定投入长效机制。广西坚持以地方为主、对接需求、协同创

① 刘雪梅，李卫东，黄明宇．广西职业教育“双师型”教师培训体系建设研究．职业技术教育，2020（12）：64-68.

新、规范管理、确保质量的实施原则，有效利用中央和自治区经费支持，带动各市县、职业院校建立健全教师培训经费投入长效机制。按教师工资总额2%、生均公用经费5%的比例足额落实教师培训经费，对校长、专任教师实行全员培训。二是多渠道优化经费筹措来源，积极吸引行业和优质企业为职业教育教师培养培训提供人才、设备、技术、资金等方面的支持。包括积极推进广西现代职业教育发展示范项目等国际金融组织贷款项目，对接落实亚行贷款，新增职教师资培训经费，进一步加强职业教育“双师型”教师队伍建设。

（三）深化职业教育师资培训改革

1. 多元化设置培训项目

按照广西现代职业教育体系建设对“双师型”教师队伍的要求，自治区教育厅对接广西“双师型”教师认证制度，优化项目设置，改革培训模式，开展了“双师型”教师专业技能培训、紧缺领域技术技能传承创新“匠师工作室”、中高职教师企业实践项目等“双师型”教师知识和技能的专项培训；对接广西职业院校管理水平提升行动计划中对职业院校管理队伍能力建设行动的要求，开展了中等职业名校长培养、中高职卓越校长培养、中等职业转岗教师专业素养提升培训等管理能力和水平的培训项目；服务创新驱动发展战略，开展了广西高等职业院校教师“双创”教育培训项目。

2. 创新培训模式改革

广西师培项目首次引入顶岗置换的教师培训模式解决教师“工学矛盾”和师范生“带薪实习”问题，采用“结构化与个性化结合、技能性与研究性并举、导师制与学徒制共融”的策略，实施“多元开放、理实交融”的教师培训模式，将阶段性集中培训和中长期跟踪指导有机结合，通过集中学习、企业跟岗实践、课题研究、名校考察交流、示范教学展示、主题研讨论坛、网络自主研修等多种方式，着力打造下得去、留得住、用得着的教师培训者队伍。同时，广西打造多元主体参与培训，出台《广西壮族自治区职业院校“双师型”教师队伍建设工程实施方案（2015—2020年）》《广西壮族自治区职业教育集团化办学指导意见》，以及职教园区指导意见及职教集团建设工程实施方案等文件，鼓励建立行业企业人员和职业院校人员双向交流制度，明确支持企业建立生产性实训基地，鼓励行业企业积极参与职业教育教师培训全过程，依托企业真实的生产工作环境，提升职业院校教师专业实践能力。

（四）建立可持续发展的教师培训支持服务体系

一是加强培训管理智库保障。广西教师培训项目办组建由20人组成的广西职业教育师资培训专家指导委员会，专家指导委员会负责职业院校教师培训的政策咨询、专项调研、项目规划、项目遴选、过程监督、绩效考核。在专家指导委员会的指导下，按照专任教师数1∶100建立了由高校、一线、研训三级教师培训人员230人组成的专家库和自治区职业院校教师培训项目库。二是加强职教师资培训队伍建设，自治区教育厅通过师培经费配套、项目扶持、优惠政策倾斜等多举措重点支持打造一支名师名校长队伍。三是加强师资培训基地建设，利用国内优质教育资源，加强培训项目合作，整合广西区内优质职业教育教学资源，加大校内外培训、实训基地建设，并积极推进校企合作建设职教师资培养培训基地，包括推动广西职业教育教师培训项目承担单位与广西汽车集团有限公司、广西柳工机械股份有限公司、南宁铝业有限责任公司等龙头企业无缝对接，建立职业院校教师实践培训基地，提升教师专业技能水平，深化产教协同育人。

（五）实施绩效评价，推进管办评分离改革

一是积极开展培训项目绩效评价。广西建立了统筹项目规划、统筹实施、统筹机构遴选、统筹经费使用、统筹绩效管理的“五个统筹”教师培训保障机制，保障国培和区培项目的设置、实施、管理和评价等过程的规范性和有效性。同时，组建省级督查组分赴有关区内培训院校开展项目督查和质量监控，通过与培训机构开一次座谈会、听一节培训课、投放一次调查问卷“三个一”的督查方式，实地了解培训机构的项目执行情况。通过“广西中小学教师培训公共服务平台”，广西组织学员开展培训绩效匿名评估，按照制定的绩效评估指标体系进行绩效考核，考核结果与下一年度机构遴选、任务分配、经费支持相挂钩。二是加强培训项目单位管理，严格遴选培训项目承担单位，建立择优遴选和动态调整机制。坚持公平、公正、公开原则，根据广西职业院校教师素质提高计划项目方案的要求，在资质入围的基础上，自治区教育厅聘请专家采用线上线下评审的方式开展项目承担机构的遴选，并结合年度绩效考评结果对绩效考评较差的单位进行动态调整。

第七章　广西职业教育“双师型”教师管理信息系统开发研究

自 2013 年，广西经过多年的探索和试点，已经制定完善的“双师型”教师认定标准和管理制度。为更好、更快地推进“双师型”教师队伍建设与管理工作，在全区“四统一”管理模式下，为确保“双师型”教师资格认定的规范性、完整性和权威性，提高工作效率，自治区认定办和教育厅设计和开发了广西职业教育“双师型”教师管理信息系统（简称“双师信息系统”），将“双师型”教师的评定及管理工作纳入信息化的范畴①，实现“双师型”教师认定过程的各项管理工作由线下转到线上进行管理，主要包括申报、审核、评审和专家库、“双师型”教师资源库建设管理等关键环节，使用信息化手段做到各个流程环节的审批流转，对“双师型”教师认定进行“一站式”服务和管理。同时，双师信息系统实现认定工作信息化和双师相关资源共享，既是广西职业教育“双师型”教师认定工作的重要组成部分，也为其他地区的“双师型”教师认定和管理工作提供参考借鉴。

第一节　广西职业教育“双师型”教师管理信息系统分析

广西职业教育“双师型”教师管理信息系统（简称“双师信息系统”）是为了实现自治区教育厅对广西各职业院校进行“双师型”教师认定工作和管理功能而设计开发的，可以有效提升广西职业教育“双师型”教师认定管理的综合能力，实现认定的组织、执行、控制、统计等全过程和全要素管理。该系统是根据认定标准、认定流程和管理模式的要求，借助现代信息技术研制和开发的，包含认定标准库、技术技能证书目录库、评审规则库、评审专家库和申报教师信息库

① 李明，罗秋兰，蒋长春. 职业教育“双师型”教师管理信息系统设计与开发. 工业和信息化教育，2017（2）：90-94.

5部分信息组成的资源库，具有信息采集、信息传递、信息存储、信息处理等齐全的功能模块，可实现从教师申报、审核、评审到认定全过程的“电子化流程处理”，以及认定的电子政务功能。经过系统认定的“双师型”教师信息数据，可按照教育主管部门或学校的需要，自动按条件移库，实现认定工作信息化和全区“双师型”教师资源共享，提高了认定工作效率和管理水平；同时利用关联规则挖掘双师系统的数据，找出制约“双师型”教师队伍建设的瓶颈问题，有针对性地开展教师培训。该系统是一个集信息采集、业务处理、政务服务及数据分析于一体的综合性“双师型”教师管理信息平台。

一、双师信息系统开发可行性分析

（一）经济可行性分析

双师信息系统属于校企合作、自主开发，作为自治区认定办依托的单位广西科技大学，已经具备充足的硬件设备及网络资源。该信息系统的经济可行性还包括：一是系统开发并投入使用后，可以大大增强教师申报的便利性，有利于降低全区教师的申报成本；同时，统一申报格式，教师的申报材料时如有错误可直接在系统修改调整，降低申报的运行成本。二是方便职业学校、学校主管部门、认定办等各环节的审核和评审专家的评审，大幅度提高认定工作效率，节省认定工作时间，有利于降低评审与认定成本。三是可以在系统中形成广西“双师型”教师信息资源库，统一管理广西的“双师型”教师资源，有利于降低自治区教育厅的运行管理成本。因此，双师信息系统在经济上是可行的。

（二）技术可行性分析

双师信息系统的设计与实现采用的是当下比较流行的浏览器/服务器（browser/server，B/S）架构，以B/S结构的开发技术与数据库相结合。系统以Lua作为后台脚本开发语言，以JavaScript对象表示法（JavaScript object notation，JSON）、JavaScript作为前台脚本开发语言，以Micro Soft SQL Server 2012作为后台数据库，采用Ext进行界面开发，将以Internet信息服务（Internet information service，IIS）管理器作为网页服务器，而且有效性强，不管是在安全性、可用性上还是在可靠性等性能上都是有保证的。用户在使用系统时，可以通过IE10以上或者谷歌浏览器进行登陆。通过配置应用、数据库及报表等服务器，将会形成一个开放模式的总体框架，能够满足不同用户角色对系统上所有的要求。该系统采用B/S

架构，要求使用性能较高的服务器，有快速数据处理能力和大数据存取容量，随着现代科技的快速发展，条件不断改善，均可以满足。因而，该系统在技术层面上也是可行的。

（三）操作可行性分析

考虑到用户对计算机的使用能力情况，该系统在操作设计界面时，以简单、清晰、直观为导向，给予用户轻松明了的体验，同时在每个登录界面配备详细到位的系统使用说明书，帮助用户在短时间内快速熟悉系统功能结构，并学会系统操作。教师在使用系统时，要求使用本人有效身份证号进行注册，同时还要求填写个人有效联系电话、邮件等基本信息，避免信息混乱。如果教师忘记登录密码，可以根据提示自行找回密码，减轻了系统开发人员的负担。教师填报材料时，系统还支持中途保存、增删改查等操作，教师可以查看申报材料提交后的状态。审核环节还提供网上在线预览和下载查看等功能，实用性强，所有审核结果最终会传递给自治区认定办和教育厅进行最终审核，它们还可以根据通过审核情况进行通过率情况分析。因此，在操作上，该系统也是可行的。

二、双师信息系统开发业务流程分析

针对广西“双师型”教师资格认定及管理工作要求，系统需要实现自治区认定办制定的评审计划与申报流程、教师申报与学校审核、专家评审与教育厅发布等主要功能。业务流程中主要包括八个用户角色：教育厅、教师、学校、认定办、专家组成员、专家组长、委员会成员、委员会主任。

在“双师型”教师资格认定过程中，不同角色一起完成一系列活动。不同活动之间存在严格的顺序。同时，不同活动在方式、形式、内容等方面也都有相应的规定，以确保在进行“双师型”教师资格认定的过程中，不同角色的用户能够快捷方便地进行接洽，从而提高工作效率。双师信息系统的研发，需要对认定办制定的评审计划与申报流程、教师申报与学校审核、专家评审与教育厅发布三大核心业务进行详细的业务流程分析，并绘制业务流程图。对业务流程图所涉及的图例说明如表 7-1 所示。

表 7-1　双师信息系统业务流程图图例说明

图标	说明
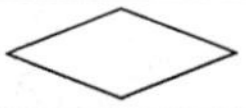	判定

续表

图标	说明
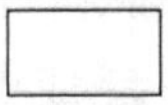	进程
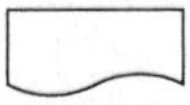	文档
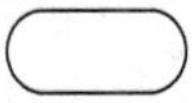	开始与终结符
	控制符

（一）认定办评审计划与申报流程分析

根据“双师型”教师资格认定工作中公平、公正、公开和实事求是的管理要求，自治区认定办制定的评审计划与申报流程需要满足认定的各级各类审核流程的要求和管理制度的要求。由自治区教育厅向自治区认定办下达“双师型”教师评审任务，自治区认定办进行“双师型”教师认定评审标准的修订和核定，制定评审计划，将认定标准与计划表上报自治区教育厅进行审核，审核合格后，自治区教育厅发文下达相关认定工作的通知。“双师型”教师认定的评审计划与申报流程如图 7-1 所示。

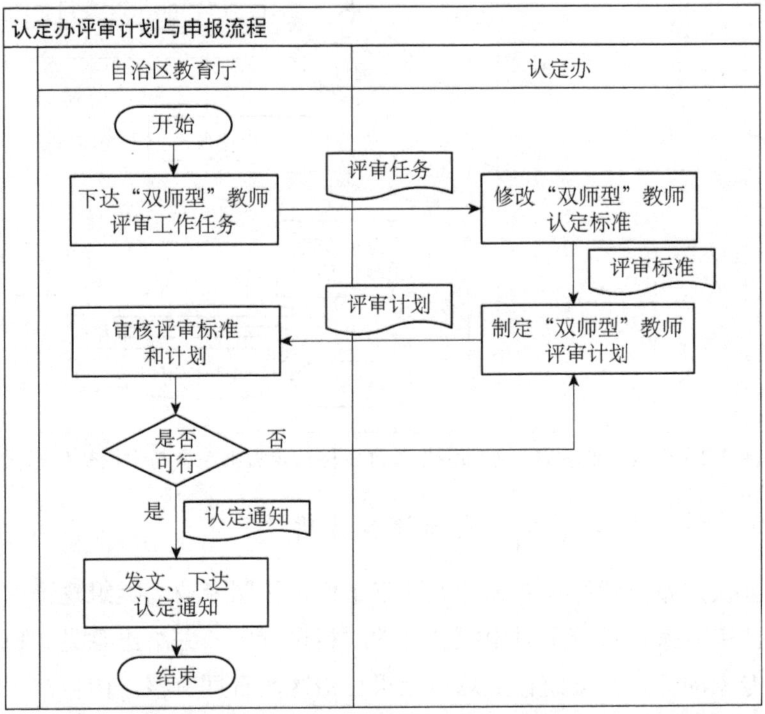

图 7-1　广西职业教育“双师型”教师资格认定评审计划与申报流程

（二）教师申请与学校初审流程分析

自治区教育厅发布广西“双师型”教师评定工作的通知，教师按照要求在“双师型”教师管理信息系统上注册，填写个人相关基础资料，完成电子申报表的填写，学校审核后，电子申报信息上报给学校上级行政主管部门审核或者备案，之后上报自治区认定办。详细的流程如图 7-2 所示。

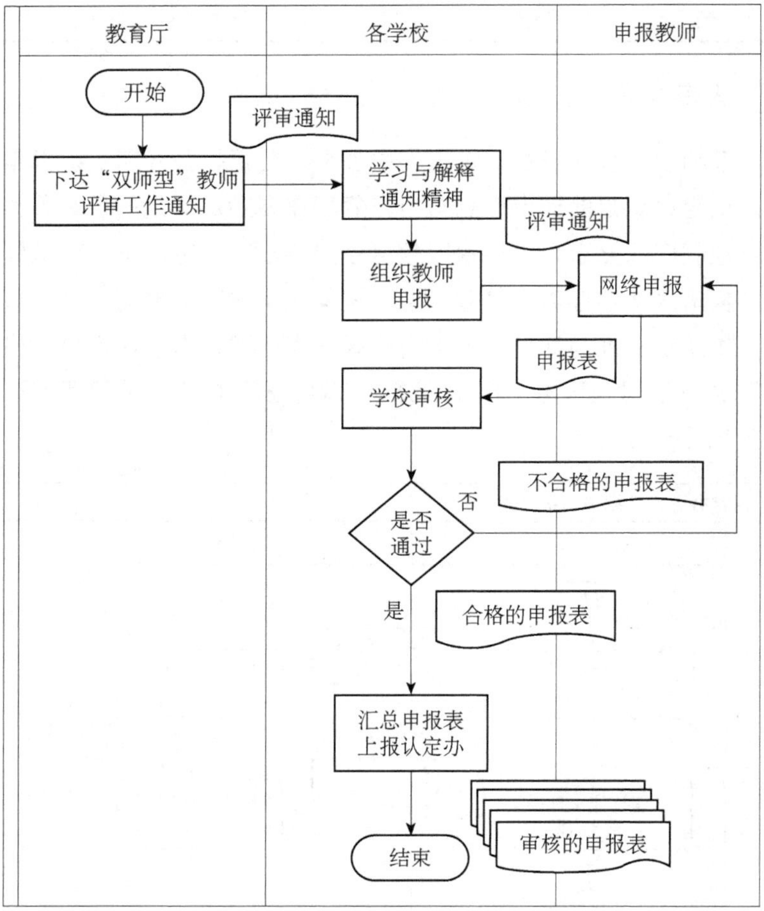

图 7-2　广西职业教育“双师型”教师资格认定教师申请与学校初审流程

（三）专家评审与教育厅发布流程分析

自治区认定办负责组织专家开展评审工作，按照专业大类组建评审小组，选定组长。评审专家在系统上对申报教师的材料进行审核并给出意见。自治区认定办将评审专家的评定结果统计汇总后上报自治区教育厅审核，由自治区教育厅发布最终评审结果。

自治区认定办具体负责组织专家展开评审工作，根据专业类别成立评审小组、评审委员会，选定组长、委员会组长。由专家组长组织专家组成员进行评审，各位专家的评审结果经由组长进行确认；评选委员会成员对专家组长提交的申报信息进行再次评审，评审结果再由委员会主任进行确认；认定评审专家、委员通过系统对申报教师的材料进行审核，并给出相应的意见；最后由教育厅负责进行最终的审核确认，发布认定结果。详细的流程如图 7-3 所示。

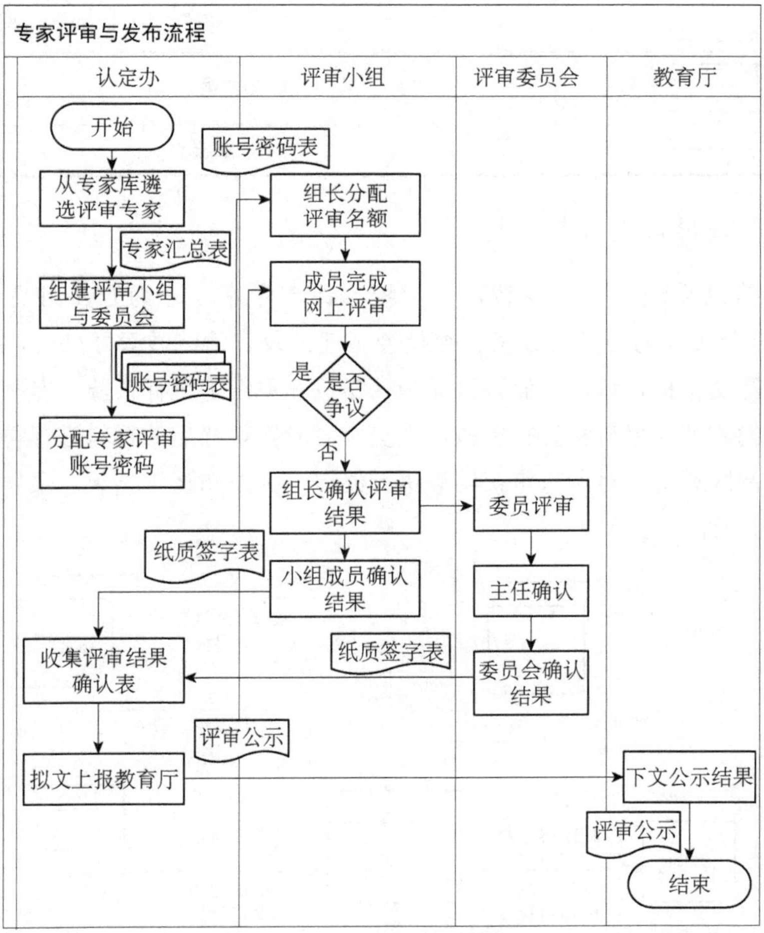

图 7-3　广西职业教育“双师型”教师资格认定专家评审与发布流程

三、双师信息系统开发数据流程分析

数据流程分析主要借助数据流程图的手段形象地将数据在“双师型”教师管理信息系统中的流向、处理以及存储等情况表示出来。在具体描述时，采用分层的方式，主要分为顶层、一层和二层。数据流程图主要是由外部实体、处理过程、数据存储、系统数据流四个部分，图例说明见表 7-2。

表 7-2　双师信息系统数据流程图图例说明

图标	说明
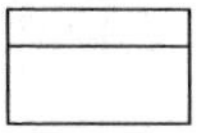	数据处理过程
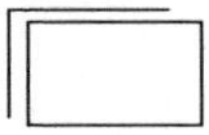	外部实体
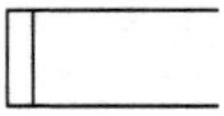	数据存储
	数据流

（一）顶层数据流程分析

双师信息系统主要涉及教师、学校、评审专家（分为专家组员、专家组长）、委员会（分为委员会成员、委员会主任）及自治区教育厅外部实体。教师在系统上提交申报材料，存储到系统中，学校在系统上进行核验，专家对学校核验通过后的教师申报材料进行审核，委员会对专家审核后的材料进行再次审核，最后由自治区教育厅对所有审核结果进行终审，并发布认定结果。顶层数据流程如图 7-4 所示。

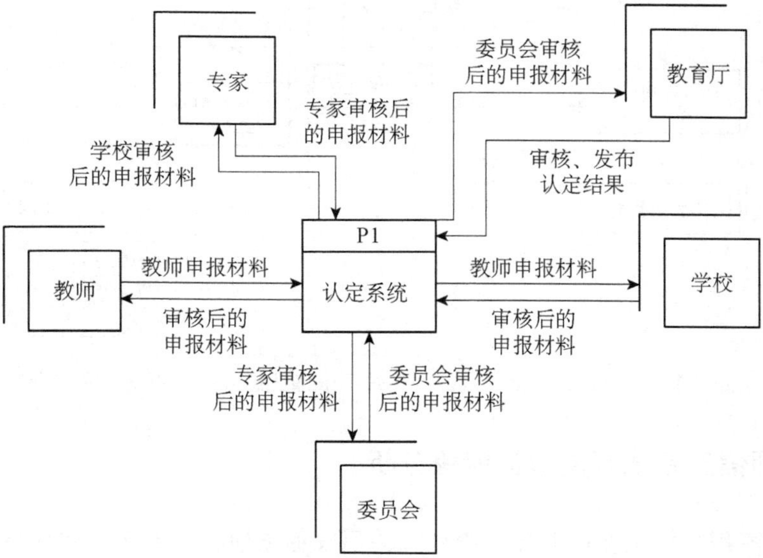

图 7-4　双师信息系统顶层数据流程

（二）一层数据流程分析

一层数据流程图是对顶层数据流程图的进一步细分，教师申请到专家、委员会、自治区教育厅审核等过程中的数据信息更为详细，并将其在流通过程中的变化形式表示出来。一层数据流程如图 7-5 所示。

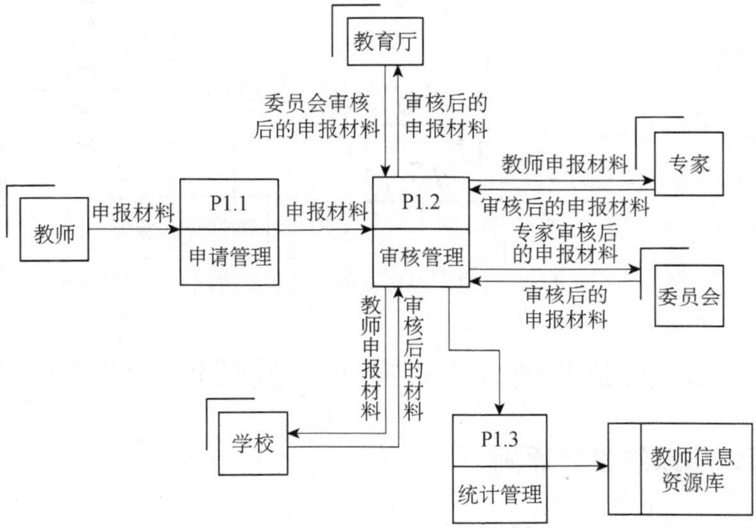

图 7-5　双师信息系统一层数据流程

（三）二层数据流程分析

二层数据流程图是对一层数据流程图中的审核管理功能进行更为详细的分解，教师在系统上进行申报之后，材料经由学校进行核验，核验通过后的材料才会继续传递下去，核验不通过的材料将会返回给教师，教师可根据自身条件进行申报信息的修改，再次在系统上进行提交；专家对核验通过的教师信息进行初次评审，对教师提交的材料与申请相关的等级进行认真匹配，给出审核意见，并进行对应通过与不通过等操作；委员会则对专家审核操作后的申报材料进行进一步检查和审核，参考专家意见，给出自己审核的意见；自治区教育厅对所有申报信息进行最终的检查、审核操作，确保认定工作的严密性。经过审核后的教师信息会存储在数据库中，形成教师信息资源库；自治区教育厅还可以对认定的结果进行统计分析，向教师下文公布认定情况[①]。二层数据流程如图 7-6 所示。

① 雷树奇. 广西“双师型”教师认定管理信息系统的设计与开发. 柳州：广西科技大学，2017.

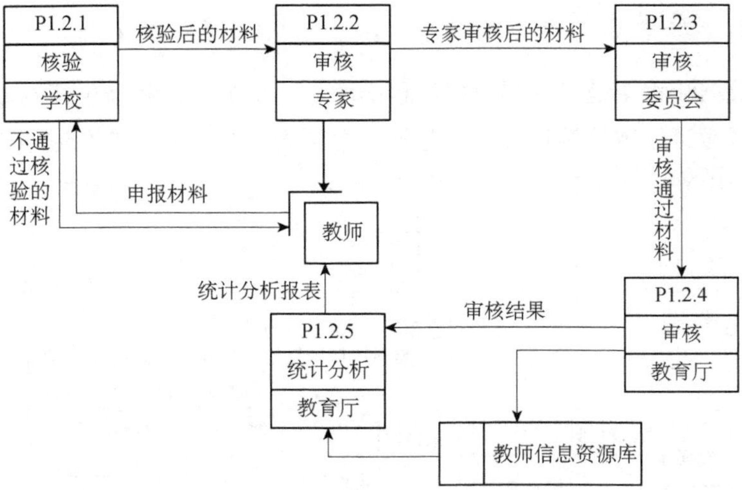

图 7-6 双师信息系统二层数据流程

第二节 广西职业教育“双师型”教师管理信息系统设计

一、双师信息系统设计原则

系统设计以自治区教育厅下发的认定文件为基础，满足教师申报及学校主管部门、教育主管部门、自治区认定办、自治区教育厅审核等核心功能要求，应用软件工程的思维，结合实际需要，为保证认定工作组织管理的科学合理性，运用信息技术，更好地实现无纸化认定和建立“双师型”教师资源库。

该系统在设计时遵循如下原则。

一是系统设计时应确保使用的代码和通信协议的准确性和先进性。系统能够适应今后的发展方向，在未来很长一段时间内具有一定的技术先进性，可以较好地与其他系统兼容。同时，系统设计应保持良好的程序编辑风格，提高程序的稳定性，以方便后期运行维护。

二是确保系统的安全性。由于申报材料涉及申报教师、专家的详细信息均是个人的重要数据信息，因此，必须做好完善的系统安全性能防备，要求系统有较强的保密功能。要求数据库对各申报教师的个人信息做到充分保密，对使用系统的用户进行有效身份的认证，确保信息的安全性，防止信息数据泄露。

三是系统应操作方便，准确度高。系统界面尽量美观、简洁、清晰。在完成预定功能的基础之上，要考虑到教师对计算机掌握的水平不同，保证系统流程操作简单易懂、准确度高，使计算机知识薄弱的用户也可以轻松学习、熟练使用。

因此，强调系统界面简洁和功能模块操作简单。

四是要求系统有较强的稳定性。因为系统要代替传统纸质审核方式，涉及的数据信息量大，所以对系统的响应速度要求很高，需要系统有很强的稳定性。

五是系统要有较强的有效性。从软件运营者角度来看，要求系统具备较强的有效性，易于扩展，并有较强的可移植性。对用户而言，系统不仅要界面简洁清晰，在操作方式上简单方便，更要对申报有充分的帮助。

六是系统要有较强的灵活性。若用户有需求，例如操作方式、系统的浏览器类型、运行环境、数据精确度、快捷方式与其他软件需求发生变化的时候，相关系统设计要能够做到适当、合理、可行地进行调整，使系统具有较强的灵活性，以便不断改进和优化。

二、双师信息系统总体架构

双师信息系统采用目前流行的 B/S 模式，其中教师端、学校端、认定办公室、评审专家及教育厅用户通过浏览器登录系统，设置应用服务器、数据库服务器及报表服务器，形成一个开放式的总体框架，以满足不同用户角色对系统的要求[①]。总体设计如图 7-7 所示。

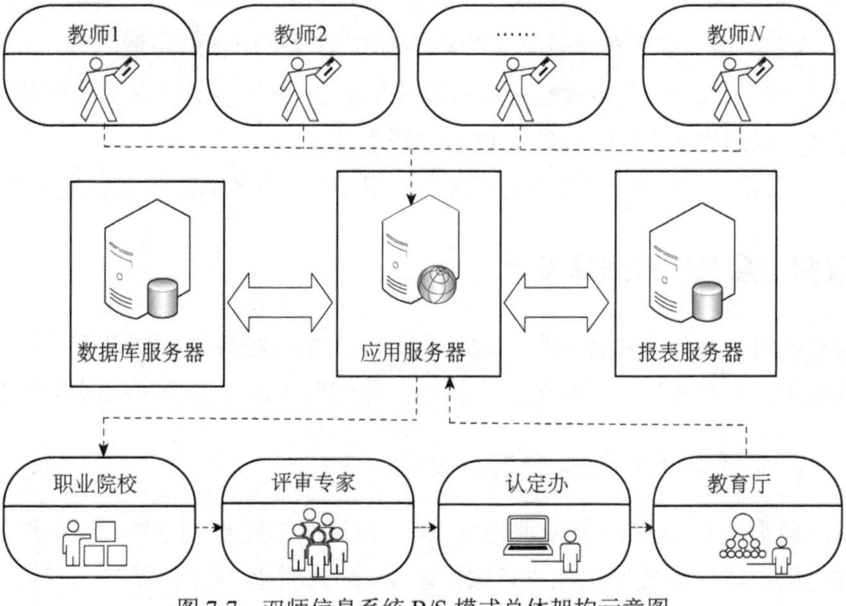

图 7-7　双师信息系统 B/S 模式总体架构示意图

① 郭宏锦. 基于 B/S 架构的教师信息管理系统设计与实现. 长春：吉林大学，2015.

三、广西职业教育“双师型”教师管理信息系统功能模块设计

“双师型”教师管理信息系统主要分成六大核心功能模块，包含了系统管理、基础数据、专家管理、认定申请、单位审核及专家评审等6个核心功能（图7-8）。

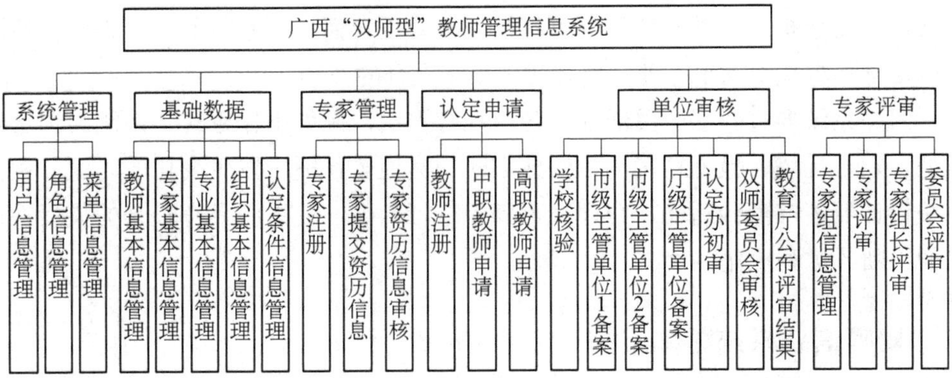

图7-8 广西职业教育“双师型”教师管理信息系统功能模块

1）系统管理：包含用户信息管理、角色信息管理及菜单信息管理。

2）基础数据：包含教师基本信息管理、专家基本信息管理、专业基本信息管理、组织基本信息管理及认定条件信息管理。

3）专家管理：包含专家注册、专家提交资历信息及专家资历信息审核。

4）认定申请：包含教师注册、中职教师申请及高职教师申请。

5）单位审核：包含学校核验、市级主管单位备案、厅级主管单位备案、认定办初审、双师委员会审核及教育厅公布评审结果。

6）专家评审：包含专家组信息管理、专家评审、专家组长评审及委员会评审。

四、双师信息系统数据库设计

数据库设计是用来构建双师信息系统数据采集、处理、存储及利用的核心任务，是系统开发和建设过程中的技术核心，分为概念模型设计与物理模型设计。

（一）双师信息系统概念模型设计

概念模型主要以用户的需求为依据，有针对性地建立模型，详细地反映数据，方便用户能够比较明确地进行数据表示，是数据库系统的基础与核心。概念模型采用E-R图把各实体进行联系起来，各实体间的关系有多种，常见的主要有一对一（1∶1）、一对多（1∶N）、多对一（N∶1）以及多对多（N∶M）等类型

的关系。该系统 E-R 模型见图 7-9。

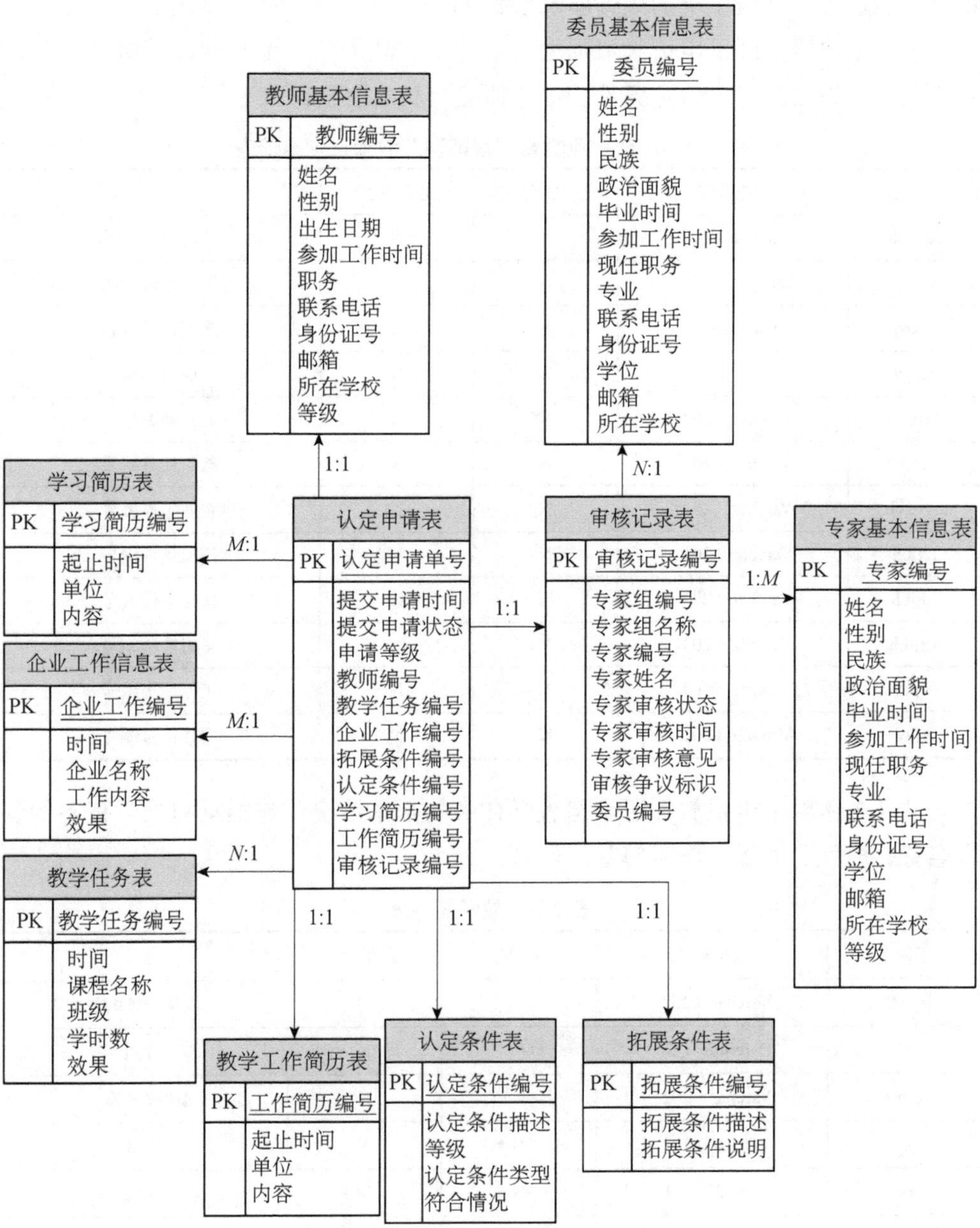

图 7-9　双师信息系统 E-R 模型

（二）双师信息系统物理模型设计

该系统中最复杂的就是教师角色的申报数据，主要包含教师信息表、教学任务表、企业工作信息表、认定条件表、拓展条件表、学习简历表、教学工作表、审核记录表等。系统主要的数据库表格有 11 个（表 7-3—表 7-13）。

表 7-3 主要体现了申请“双师型”教师认定教师的申报时间、等级、专业、具备条件，以及满足的认定条件、审核情况等基本信息。

表 7-3 广西职业教育“双师型”教师认定申请表

字段名	数据类型	主键	是否为空	说明
rdsqbh	Varchar（20）	Y	N	认定申请单号
tjsqsj	Datetime（8）	N	N	提交申请时间
tjsqsj	Char（4）	N	N	提交申请状态
tjsqzt	Char（4）	N	N	申请等级
jsbh	Varchar（20）	N	N	教师编号
jxrwbh	Varchar（20）	N	N	教学任务编号
qygzbh	Varchar（20）	N	N	企业工作编号
tztjbh	Varchar（20）	N	N	拓展条件编号
rdtjbh	Varchar（20）	N	N	认定条件编号
xxjlbh	Varchar（20）	N	N	学习简历编号
gzjlbh	Varchar（20）	N	N	工作简历编号
shjlbh	Varchar（20）	N	N	审核记录编号

表 7-4 体现了申报教师所承担教学任务的基本情况，包括承担教学任务的课程名称、时间、对象、学时等基本信息。

表 7-4 教学任务表

字段名	数据类型	主键	是否为空	说明
jxrwbh	Varchar（20）	Y	N	教学任务编号
sj	Datetime（8）	N	N	时间
kcmc	Varchar（20）	N	N	课程名称
bj	Varchar（10）	N	N	班级
xss	INTEGER（4）	N	N	学时数
xg	Char（10）	N	N	效果

表 7-5 主要体现评审专家的姓名、编号等基本信息，以及对评审教师申报的级别、满足条件情况、评审意见等审核基本情况。

表 7-5 审核记录表

字段名	数据类型	主键	是否为空	说明
shbh	Varchar（20）	Y	N	审核记录编号
zjzbh	Varchar（20）	N	N	专家组编号
zjzmc	Varchar（10）	N	N	专家组名称
zjbh	Varchar（20）	N	N	专家编号
zjxm	Varchar（15）	N	N	专家姓名
zjshzt	Varchar（10）	N	N	专家审核状态
zjshsj	Datetime（8）	N	N	专家审核时间
zjshyj	Varchar（400）	N	N	专家审核意见
zjzybs	Char（4）	N	N	审核争议标识

表 7-6 主要体现申请“双师型”教师认定教师的姓名、年龄、学历、职称、工作单位、工作简历和联系电话、身份证号等基本信息。

表 7-6 教师基本信息表

字段名	数据类型	主键	是否为空	说明
jsbh	Varchar（20）	Y	N	教师编号
Name	Varchar（15）	N	N	姓名
Sex	Varchar（8）	N	N	性别
csrq	Datetime（8）	N	N	出生日期
cjgzsj	Datetime（8）	N	N	参加工作时间
zw	Varchar（20）	N	N	职务
Tel	Varchar（18）	N	N	联系电话
sfzh	Varchar（20）	N	N	身份证号
Em	Varchar（25）	N	N	邮箱
szxx	Varchar（50）	N	N	所在学校
dj	Char（8）	N	N	等级

表 7-7 主要体现“双师型”教师认定申报的必备条件、拓展条件、破格条件等认定条件情况，以及是否符合认定条件等情况。

表 7-7 认定条件表

字段名	数据类型	主键	是否为空	说明
rdbh	Varchar（20）	Y	N	认定条件编号
rdtjms	Varchar（800）	N	N	认定条件描述
dj	Char（8）	N	N	等级
rdtjlx	Char（8）	N	N	认定条件类型
fhqk	Char（4）	N	N	符合情况

表 7-8 主要体现申报“双师型”教师认定的教师所满足的拓展条件的编号、描述和说明等情况。

表 7-8 拓展条件表

字段名	数据类型	主键	是否为空	说明
tztjbh	Varchar（20）	Y	N	拓展条件编号
tztjms	Varchar（400）	N	N	拓展条件描述
tztjsm	Varchar（400）	N	N	拓展条件说明

表 7-9 主要体现申报“双师型”教师认定教师的学习的时间、单位、内容等学习简历的基本情况。

表 7-9 学习简历表

字段名	数据类型	主键	是否为空	说明
xxjlbh	Varchar（20）	Y	N	学习简历编号
kssj	Datetime（8）	N	N	开始时间
jssj	Datetime（8）	N	N	结束时间
dw	Varchar（50）	N	N	单位
nr	Varchar（400）	N	N	内容

表 7-10 主要体现申报“双师型”教师认定教师所承担的教学工作的时间、单位、内容等教学工作简历的基本情况。

表 7-10 教学工作简历表

字段名	数据类型	主键	是否为空	说明
gzjlbh	Varchar（20）	Y	N	工作简历编号
kssj	Datetime（8）	N	N	开始时间
jssj	Datetime（8）	N	N	时间
dw	Varchar（50）	N	N	单位
nr	Varchar（400）	N	N	内容

表 7-11 主要体现“双师型”教师认定评审专家的姓名、性别、职称（职务）年龄、专业，以及参加工作时间、单位、身份证号等专家基本情况。

表 7-11 专家基本信息表

字段名	数据类型	主键	是否为空	说明
zjbh	Varchar（20）	Y	N	专家编号
xm	Varchar（15）	N	N	姓名
xb	Varchar（8）	N	N	性别

续表

字段名	数据类型	主键	是否为空	说明
mz	Varchar（15）	N	N	民族
zzmm	Varchar（20）	N	N	政治面貌
bysj	Datetime（8）	N	N	毕业时间
cjgzsj	Datetime（8）	N	N	参加工作时间
xrzw	Varchar（20）	N	N	现任职务
zy	Varchar（30）	N	N	专业
lxdh	Varchar（18）	N	N	联系电话
sfzh	Varchar（20）	N	N	身份证号
xw	Varchar（8）	N	N	学位
yx	Varchar（25）	N	N	邮箱
szxx	Varchar（50）	N	N	所在学校
dj	Varchar（4）	N	N	等级

表 7-12 主要体现申报“双师型”教师认定教师的企业工作的单位、时间、内容等企业工作的基本情况。

表 7-12 企业工作信息表

字段名	数据类型	主键	是否为空	说明
qygzbh	Varchar（20）	Y	N	企业工作编号
sj	Datetime（8）	N	N	时间
qymc	Varchar（50）	N	N	企业名称
gznr	Varchar（400）	N	N	工作内容
xg	Char（8）	N	N	效果

表 7-13 主要体现“双师型”教师认定评审专家委员会的专家姓名、性别、职称（职务）年龄、专业，以及参加工作时间、单位、身份证号等专家基本情况。

表 7-13 委员基本信息表

字段名	数据类型	主键	是否为空	说明
zjbh	Varchar（20）	Y	N	委员编号
xm	Varchar（15）	N	N	姓名
xb	Varchar（4）	N	N	性别
mz	Varchar（10）	N	N	民族
zzmm	Varchar（20）	N	N	政治面貌
bysj	Datetime（8）	N	N	毕业时间
cjgzsj	Datetime（8）	N	N	参加工作时间

续表

字段名	数据类型	主键	是否为空	说明
xrzw	Varchar（20）	N	N	现任职务
zy	Varchar（30）	N	N	专业
lxdh	INTEGER（18）	N	N	联系电话
sfzh	INTEGER（20）	N	N	身份证号
xw	Varchar（8）	N	N	学位
yx	Varchar（25）	N	N	邮箱
szxx	Varchar（50）	N	N	所在学校

五、双师信息系统界面设计

在界面设计中采用 ExtJs 技术框架，ExtJs（简称为 Ext）包含有数据（Data）、窗体名（Frm）、微件（Widget）、网格（Grid）、菜单（Menu）等，Grid 是其中最强大的。Ext 运用面向对象编程的思维方法，有良好的扩展性，程序员根据实际需要自行选择扩展和自行定义命名空间。Ext 能为系统提供丰富而且漂亮的界面外观；进行 Web 应用时，通过按需加载类库，就可以保证系统能以较快的速度运行，达到突破 Web 的限制的效果。

（一）双师信息系统登录界面

系统登录界面的设计要尽量美观、简洁。同时，考虑到用户的便利性，把自治区教育厅及自治区认定办的文件公告、系统的操作手册及常见问题解答添加到登录界面上，用户可以根据需要自行下载学习，方便用户更好的获取“双师型”教师资格认定信息及系统的使用说明。完成注册后，教师就可以凭本人身份证号和预设密码进行登录。

（二）双师信息系统注册界面

为了保证每个用户的唯一性，教师在使用本系统时，严格要求在注册时，必须填写本人的有效信息。教师完成注册操作后，登录账号为本人有效身份证号，保证申报教师信息的真实性。同时，可以在注册阶段对申报教师的身份做好限定，例如，该教师是参加中等职业学校还是高等职业院校“双师型”教师资格认定，是属于专职教师还是兼职教师等。

（三）双师信息系统主界面

系统主界面主要由系统功能导航菜单、标题栏、信息显示区域及状态提示栏组成。①功能导航菜单。不同角色的用户对应不同的功能权限，“双师型”教师资格认定相关的业务操作的选择均在此完成。②标题栏。主要显示当前用户的角色，根据“双师型”教师资格认定的工作安排，可以切换评审专家及评审专家组长等不同的用户角色，同时还可以完成密码修改等功能。③信息显示区域。“双师型”教师资格认定相关的业务操作，如认定办的系统管理、教师的申报、学校及专家的评审、统计与查询等功能的显示与操作均在此区域完成。④状态提示栏。系统使用者在线人数、软件的版本等信息均可以显示在主界面显示。

六、双师信息系统输入输出设计

（一）双师信息系统输入设计

用户主要通过系统输入功能录入“双师型”教师资格认定所需的相关数据，因此，只有输入界面清晰简洁，才便于用户使用，并获得用户认可。

教师在进行认定工作时，需要录入大量信息，因此，在教师使用界面模块设计时，要考虑用户操作的便捷性和智能性。例如，对简单固定的信息，可以设置一些下拉框，用户只有通过下拉框才能进行信息选择，这样可减小申报教师的工作量。又如，对有尺寸、格式等要求的控件进行附加说明，让教师一目了然，减少错误操作，保证系统顺畅运行。再如，由于申报信息量庞大，要考虑教师在使用系统时由于时间原因不能一次性填完所有信息的情况，在系统中设置中途暂存功能，这样教师就可以多次填写，直至填写完毕再提交。此外，还可以设计教师对已经填写的信息直接在系统中以 Excel 格式进行下载，方便其进行全面查看。

为方便导入信息，系统管理员可以先编辑 Excel 表格信息，将学校、专家、委员会等信息批量录入电子表格，再批量导入系统中，以节省时间。如果学校的申报教师数量少，也可以逐一录入。

学校管理员应对本校申报教师的申报信息进行初审，初审合格的申报教师才有资格进入自治区认定办的审核和评审阶段。学校初审的设计界面主要是为了方便申报教师信息的展示及学校管理人员的审核操作。

评审专家、专家组长、评审委员会及委员会主任的评审功能与学校管理员功能类似，均需要对教师的申报信息逐一审核，完成规定的评审操作。

（二）双师信息系统输出设计

输出是系统运行之后所产生的结果或提供的数据信息。系统的用户主要依据系统输出信息的质量和界面的舒适度来判定系统开发是否成功。因此，系统输出设计也是系统设计中的一个重要环节。其任务主要是保证输出满足系统使用者需求的信息，其目的是正确、及时地反映和形成用于分析“双师型”教师资格认定通过率情况等信息。根据实际工作需要，“双师型”教师管理信息系统的输出设计主要包含申报汇总表、等级通过率、专业通过率等。为了方便信息处理，系统还提供信息批量查询、下载以及打印等功能，还可以根据输出的汇总表查看审核情况，是否有漏审等。

另外，系统还设计了评审结果统计查询情况的功能，包括可以查询认定通过的初级、中级和高级的人数、比例等统计情况，以及查询各小组和大组的评审结果情况等。

第三节　广西职业教育“双师型”教师管理信息系统的特色与展望

结合现代信息技术、数据库技术，采用基于互联网的B/S模式设计开发的双师信息系统，不仅提高了“双师型”教师认定工作效率，为广西职业教育“双师型”教师认定与管理推行政务公开、职教师资信息公开及服务提供了便捷的平台，还达到资源共享和利用的目的。双师信息系统的开发建设将“双师型”教师认定与职教师资建设相融合，以促进广西职业院校“双师型”建设水平提升为目的，设计定期复检机制和提升机制，以及初级、中级、高级三级“双师型”教师资格晋升制度，以保障认定工作的可持续性。

一、双师信息系统的特色

互联网和信息技术在经济、政治、文化、社会等各个领域的广泛应用产生海量数据，大数据应用与管理对社会发展产生了巨大影响，深刻改变了人们的生产生活方式。在教育领域，大数据深刻作用于教育教学发展过程，推动教育研究与实践从“假设驱动”走向“数据驱动”，教育大数据应用研究愈发受到学界重视。2019年国务院印发的《国家职业教育改革实施方案》提出，多措并举打造“双师型”教师队伍。广西采取科学、实用、有效的措施打造优秀“双师型”教师队伍，利用大数据全面、准确和快速反馈的优势，有力促进职业院校“双师型”教师培养，促进职业教育发展。

（一）利用大数据将“双师型”教师认定与职教师资队伍建设相关联

双师信息系统依据认定工作的需要，建立了认定标准库、证书目录库、双师资源库、专家资源库及评审规则库等底层基础数据，实现了从自治区教育厅下达认定任务、学校组织申报、教师在线申报、学校在线初审、认定办在线管理、专家组评审及委员会组员评审、自治区认定办在线公示到最终自治区教育厅下文确认的全流程信息化管理，为“双师型”教师师资队伍建设及各职业院校专业建设提供大数据的决策参考与依据。其主要作用包括：一是有利于教育主管部门全面了解职业学校师资队伍现状、存在的主要问题和发展趋势，及时调整政策制度，从总体上优化资源配置，引导和支持职业学校师资队伍建设工作；二是有利于职业学校更加重视“双师型”教师的培养，及时掌握师资队伍建设的重点和难点问题，积极为提高教师的教育教学能力和专业技术技能水平创造有利条件；三是有利于激发教师的内在潜能，精准把握教师专业发展存在的主要问题和不足，不断加强教师自身专业知识学习和职业能力提升。该系统的特点如图 7-10 所示。

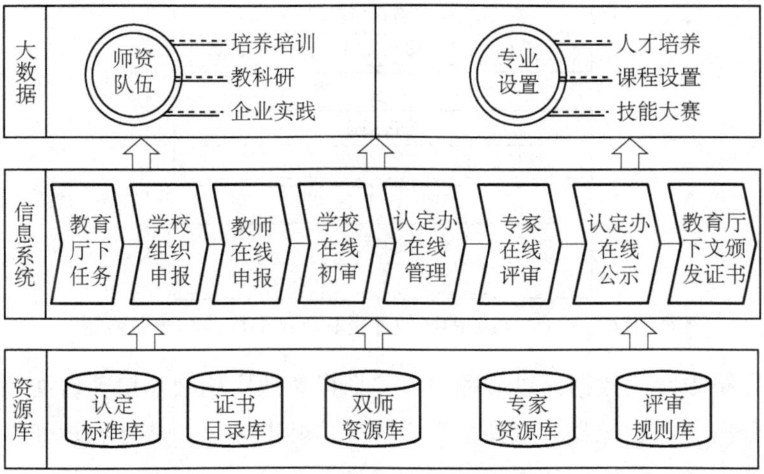

图 7-10　双师信息系统构架的特点

通过对双师信息系统大量认定数据的进一步挖掘，可以方便各级教育管理部门考查基于数据驱动的职业院校“双师型”教师培养现况。例如，开展基于大数据时代背景下对教师专业、专业资格、职称、竞赛、应用科研、企业实践等“双师型”教师培养和培训发展的影响因素研究，以充分发挥教育大数据的潜在价值。

（二）探索大数据背景“双师型”教师精准培养和培训的路径与方法

“双师型”教师的认定将行业标准和教师标准相结合，提取教育教学能力和专业实践能力、技能水平的可量化因素指标，形成广西职业教育“双师型”教师资格认定标准。根据认定标准、认定流程和办法的要求，借助现代信息技术，广西设计开发了双师信息系统。该系统的信息采集、信息传递、信息存储、信息处理等功能模块齐全，可实现从“双师型”教师申报、审核、评审到认定的“电子化流程处理”，以及认定工作的电子政务功能。目前，通过顶层设计，依托信息化理念、工具和内容，一个和谐、精准的职教师资队伍的培养培训环境已基本形成。但要真正实现基于大数据的职教师资队伍精准培养和培训，广西还要在深入理解关键着力点和作用机制的基础上，形成相互联系的环节和措施，安排好精准培养和培训的实施路径（图 7-11）。

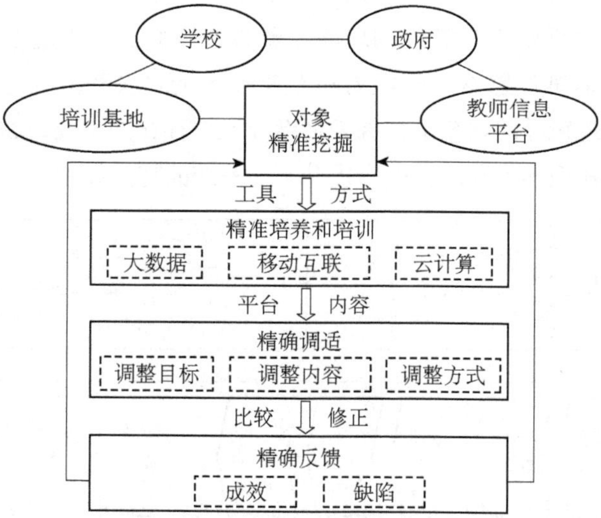

图 7-11　基于大数据的职教师资队伍精准培养和培训路径

广西围绕教育大数据促进教师培养培训以有效实施教师培养培训为目标，基于“双师型”教师画像和“双师型”教师评估标准体系，从常态教师培养培训的挑战与问题出发，探索大数据技术对精准培养和培训“双型师”教师的路径和方法，形成基于大数据分析的精准培养和培训政策举措。

（三）形成有广西特色的“双师型”教师精准培养和培训模式

通过上述对大数据时代背景下“双型师”教师培养和培训路径的研究，各级教育管理部门可以对“双型师”队伍的建构进行深入剖析，充分利用大数据优势，结合职业教育师资队伍培养培训模式，就大数据时代如何精准培养“双型师”教师的模式开展比较和辨析，最终形成一套具有广西特色的“双型师”教师培养和培训模式，为精准制订培养和培训方案与精准实施提供支撑。

广西职业教育“双师型”教师资格认定，正是依托“双师型”教师管理信息系统的运用，通过大数据的收集、整理以及分析结果，抓住当前职业院校“双师型”教师培养和培训契机，在“需求拉动、突出优势、院校联动、专业实施、产教融合、协同创新”的原则下，培养和培训出符合“双师型”教师要求的高素质职业教育教师队伍，开发出新型的“双师型”教师培养和培训模式，促使职业院校教师个人积极转变以适应新时代的发展要求。

二、双师信息系统改进展望

（一）进一步搭建完善广西职业教育教师队伍大数据管理框架

广西职业教育教师队伍大数据管理框架的构建如图 7-12 所示。未来，可以借助大数据、人工智能、云计算技术，开展“双师型”教师标准评估指标体系研究、“双师型”教师画像研究、“双师型”教师综合评估研究、“双师型”教师标准知识库研究、“双师型”教师技能培训推荐研究。搭建一套重点面向职业院校教师的“双师型”教师技能评估和精准培训推荐方案的系统，集“双师型”教师标准体系、教师画像、技能评估、培训方案推荐于一体的智能化“双师型”教师技评估与培训推荐系统，能够实现教师能力精准识别、培训方案推荐、“双型师”技能评判等应用，可以解决难以衡量“双师型”教师队伍建设的质量和水平的难题，解决广西“双师型”教师统一标准实施精准培训路径问题；能够推动政府、学校、培训基地等“双型师”资源普惠共享和教育大数据应用，同时为广西数字社会的建设输送高素质教育人才，进一步为扎实推进教育兴桂事业、奋力谱写新时代广西发展新篇章提供有力支撑。

（二）进一步丰富职业学校“双师型”教师大数据的挖掘

1. 数据预处理技术的提升

利用中间件工具的大数据缓存技术提高数据访问速度，利用统计分析、数据标准化、去重、插补、转换等方法，对双师信息系统同步过来的数据进行预处理，实现数据标准化和数据有效性检验。利用机器学习技术的自适应学习能力应用到数据中错误发现、错误修复方面，拟采用统计分析、线性插补、替代值插补

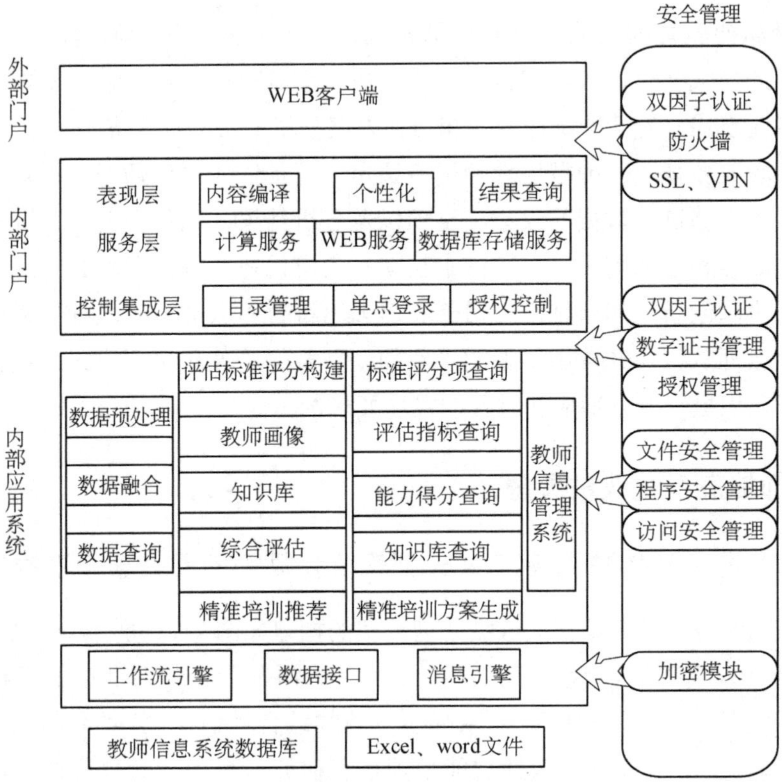

图 7-12　广西职业教育教师队伍大数据管理框架

等方法，实现错误数据的自动检测、告警修改、过滤和修复的数据质量控制技术。

2. “双师型”教师评估标准评分体系的研究技术、理念和方法

利用自然语言处理（natural language processing，NLP）技术、辅以专家样本、专家建议构建“双师型”教师评估标准识别模型，进一步利用深度学习技术，识别新评估标准或标准评分项。探究教师能力与“双师型”教师评估标准的内在关联，分析教师能力特征，拟采用统计分析和正则匹配等方法，提取教师能力特征和评估指标评分项数据以构建“双师型”教师评估标准评分指标体系，进一步利用模糊层次分析法等方法确定指标体系权重，实现教师能力状况评估。

3. “双师型”教师画像的研究技术、理念和方法

利用人工智能技术中聚类分析技术结合“双师型”教师评估标准评分体系结果，构建教师能力评分项标签，以数据化形式精细刻画教师画像，为教师综合能力评估提高数据支持。

4.“双师型”教师评估知识库的研究技术、理念和方法

利用回归分析、NLP摘要和词库技术，分析教师能力与标准的内在关系，分析专家评估案例、专家指标，分析“双师型”教师标准及标准评分项，分析培训基地培训课程、培训成效、提取行业标准，构建“双师型”评估知识库。

5.“双师型”教师能力综合评估的研究技术、理念和方法

利用分类、BP神经网络、模糊评估等方法进行构建评估模型，经过模型测试，优化后，选择准确率最高的方法，进行模型训练优化，直到满足项目的使用要求。经过模型计算，正确反映教师的各项能力、技能缺陷等。

6.“双师型”教师精准培训推荐的研究技术、理念和方法

利用卷积神经网络等研究方法，构建教师能力成长脉络。利用协同过滤技术结合教师综合评价结果，构建教师精准培训实施模型，进一步利用NLP技术，生成精准培训方案。

第八章　广西职业教育“双师型”教师认定现状分析

针对广西“双师型”教师队伍数量不足、水平不高、质量无标准度量等制约广西职业教育改革发展的瓶颈问题，2014 年 1 月，广西教育发展大会上提出了要在全区开展“双师型”教师认证的决定，并在《关于加快改革创新全面振兴教育的决定》中首次提出“建立双师型教师信息资源库，探索建立培养培训、资格认证、聘任管理新机制”。经过八年的实践探索，广西构建了较为完善、科学性与规范性兼备的“双师型”教师认定标准和认定管理制度体系，认定工作稳步推进。

第一节　广西职业教育“双师型”教师认定的实践推进

广西职业教育“双师型”教师认定的改革实践，探索职业院校“双师型”教师培育、认定、管理和发展的长效机制，强化校、政、企等多方协同，以提高教师教育教学能力和专业实践能力，促进职业院校教师专业化发展。基于这样的认定价值取向，自治区教育厅组织专家团队，将理论研究和实践探索相结合，扎扎实实地推进“双师型”教师认定的各项工作。

一、广西职业教育“双师型”教师认定工作推进的指导思想和工作路径

（一）指导思想

根据自治区对“双师型”教师认定工作的要求，即建立“双师型”教师信息资源库，面向职业学校和社会认定一批“双师型”教师，探索建立培养培训、资格认证、聘任管理新机制，按照“明确内涵、统一标准，政府主导、构建体系，持续改进、稳步实施，技术支撑、资源共享，动态管理、政策推动”的建设思

路，确立广西“双师型”教师认定的指导思想为：定标准、出规范，创新“双师型”教师管理机制。该指导思想引导职业院校教师的专业发展，激励学校加强“双师型”教师队伍建设，从制度上保障“双师型”教师队伍持续健康发展的目标要求。

（二）工作路径

为确保广西职业教育“双师型”教师认定工作目标的实现，研究团队按照“收集资料—方案制定—理论研究—调查研究—出台方案—认定试点—征集意见—专家研讨—全面修订—全面实施—常态认定”工作路径开展研究和实践（图 8-1）。

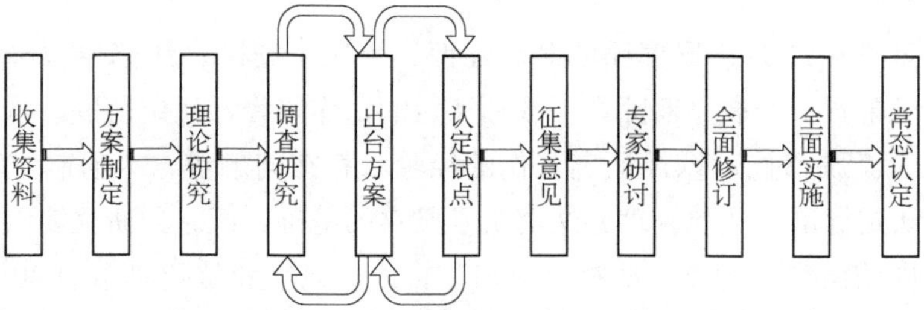

图 8-1　广西职业教育“双师型”教师认定工作路径

1. 收集“双师型”教师相关资料，并整理分析

2014 年 2—5 月：研究团队收集了国内外职业教育教师标准和认定（认证）标准、认定（认证）制度，以及区内外“双师型”教师的概念内涵和发展沿革、认定标准、认定办法等资料，并进行整理分类和分类分析。

2. 制定“双师型”教师认定工作实施方案

2014 年 5—6 月：研究团队制定了《构建广西职业教育“双师型”教师标准体系及其资源库建设实施方案》，其中包括工作推进的目的、任务、认定标准体系建设原则、认定办法制定原则、资源库建设原则、调研对象和提纲、工作组分工和工作要求等，旨在全面规划及推进广西“双师型”教师认定工作。

3. 开展“双师型”教师认定相关理论研究

2014 年 6—12 月：研究团队在广泛收集资料的基础上，开展职业教育教师专业标准、专业资历框架、职业技能证书制度、教师专业发展等“双师型”教师认定相关理论研究，将“双师型”教师相关理论研究与实践调查分析相结合，确立“双师型”教师认定的理论基础，即职业教育教师专业化发展理论、人力资本理论和教师人力资源管理制度。“三位一体”的理论研究框架为研制认定标准和设计认定制度夯实了理论基础（图 8-2）。

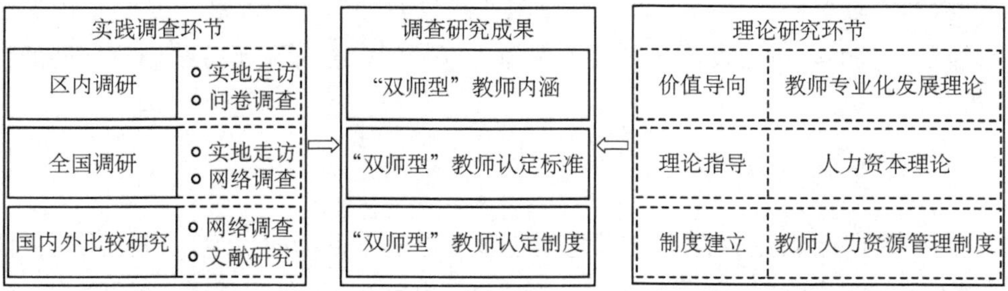

图 8-2　广西职业教育“双师型”教师认证体系建设“三位一体”理论研究构架

4. 开展“双师型”教师认定实地调查研究

2014 年 7—12 月：研究团队分赴江西、重庆、安徽、江苏、吉林和广东等地，调研兄弟省份开展“双师型”教师认定的工作路径、认定范围、认定标准、认定管理、激励措施，以及认定工作的经验、存在问题等，为研制广西“双师型”教师认定标准、认定管理办法奠定了坚实的基础。同时，研究团队组织人员在广西区内的南宁、柳州、桂林、梧州、百色、来宾和贺州等市的 40 余所职业院校、各地教育行政部门开展调研，调研的重点是认定工作开展的认可度、认定标准和激励措施，广泛听取一线教师、学校和教育行政部门管理干部对广西开展“双师型”教师认定的意见和建议。

5. 出台“双师型”教师认定试点方案

2014 年 12 月—2015 年 3 月：研究团队在“双师型”教师相关理论研究，以及梳理了国家各个时期对“双师型”教师要求的基础上，广泛收集分析兄弟省份、职业学校“双师型”教师认定标准和认定办法，草拟了“广西中等职业学校‘双师型’教师认定标准和认定办法”初稿。同时，研究团队组织职业教育专家、行企业专家、职业资格证书专家和教师管理、职称管理干部等人员开展专题研讨，包括认定标准、职（执）业资格证书、技术技能等级证书、职称制度等，夯实认定标准、认定工作办法和相关制度设计的基础。此外，对来自 16 个省份的 500 余名“国培”学员、“区培”学员中开展专题讨论会和问卷调查，征集学员对广西“双师型”教师认定标准初稿的意见和建议。修订完善后，经教育厅审定，出台广西中等职业学校“双师型”教师认定试点认定方案。

6. 开展“双师型”教师认定试点

2015 年 3 月—2017 年 12 月：自治区教育厅挑选在办学类型、专业特点、学校所处地域等有代表性的学校开展认定试点，通过认定试点，发现认定中存在的问题和不足，分析认定标准的适应性，认定工作流程、认定管理的科学性和有效性，不断调整和修订认定标准，优化认定工作程序和认定办法。同时，研究团队设计开发了双师信息系统，构建了以认定标准、认定办法、认定制度和认定信息管理系统为主要内容的广西职业教育“双师型”教师认定体系。

7. 修订完善“双师型”教师认定标准和办法

2015 年 7 月—2018 年 6 月：每批认定试点结束，研究团队和自治区认定办均总结和详细分析认定申报情况，广泛征集职业院校管理干部教师、评审专家和各地市相关业务管理部门的意见和建议，组织职业教育专家、行业企业专家专题研讨，不断总结认定试点经验，全面修订、完善“双师型”教师认定标准和办法，优化认定管理流程和“双师型”教师认定管理信息系统。

8. 全面实施“双师型”教师认定

2017 年 5 月—2018 年 12 月：研究团队经过三批中等职业学校“双师型”教师认定试点、两批高等职业院校“双师型”教师认定试点，全面修订了认定标准、认定办法和认定制度，经过多次调整和优化，认定体系已经较为完善。2017 年 5 月，启动全面开展广西中等职业学校“双师型”教师认定；2018 年 10 月，启动全面开展广西高等职业院校“双师型”教师认定。广西职业教育“双师型”教师认定进入全面实施阶段。

9. 常态化“双师型”教师认定

2019 年 1 月至今：广西职业教育“双师型”教师认定经过认定试点和全面实施两个阶段，中等职业学校和高等职业院校“双师型”教师认定标准、认定办法、认定制度和信息管理系统得到不断优化，认定体系运行良好。2019 年起，广西职业教育“双师型”教师认定步入每年一轮的常态化认定阶段。

二、广西职业教育“双师型”教师认定工作推进

“双师型”教师资格认定是一项开创性工作，所涉及的专业和各类职业资格证书种类繁多，复杂程度高，工作量大，政策性强，涉及面广，影响深远。为确保认证制度的顺利推广，研究团队在大量调研的基础上，经自治区教育厅多次研究决定，采取“先试点，后全面铺开”的方式，稳步推进认定工作。通过认定试点工作，研究团队可以发现存在的问题，进一步完善广西职业教育“双师型”教

师资格认定标准、证书目录和认定程序等相关规定，积累工作经验，为科学合理地组织实施、全面推进“双师型”教师资格认定工作奠定基础。

（一）开展认定试点工作调研，制定试点工作方案

为扎扎实实地组织开展首批认定试点工作，在前期调研和指标研制的基础上，调研围绕认定标准、认定工作流程、认定试点组织机构、激励措施、经费保障等展开，自治区教育厅带领研究团队在区内开展认定试点工作专题调研，并形成“广西中等职业学校‘双师型’教师认证改革试点方案”上报自治区教育厅。自治区教育厅党组高度重视改革试点工作，多次听取认定工作进展情况汇报，并专门召开厅党组会议审议“广西中等职业学校‘双师型’教师认证改革试点方案”。

（二）召开认定试点动员大会，开展认定试点

2015 年 4 月，自治区教育厅印发《关于开展中等职业学校“双师型”教师认定试点工作的通知》，颁布《广西中等职业学校“双师型”教师认定标准（试行）》《广西中等职业学校主要专业“双师型”教师非教师系列专业技术证书目录（试行）》，以及认定办法。考虑到柳州的职业教育基础好，中等职业学校数量比较多、学校类型和所开办专业的专业大类覆盖面比较广，中等职业学校教师队伍建设整体水平较高，尤其近年来围绕构建现代职业教育体系，探索“园区互融、合作共赢，城乡一体、协调发展”，初步形成了规模适宜、布局合理、特色鲜明的职业教育发展新格局，自治区教育厅决定选取具有代表性的柳州市行政辖区的中等职业学校，开展广西首批中等职业学校“双师型”教师认定试点工作。

柳州市以认定试点工作为加强“双师型”教师管理改革的契机，扎扎实实推进各项工作。柳州市教育局牵头负责认定试点工作，并制定《柳州市 2015 年中等职业学校“双师型”教师认定试点工作实施方案》，召开认定试点动员大会，做好宣传发动和组织申报的各项工作。广西首批“双师型”教师认定试点正式开始，柳州市行政辖区的 15 所中等职业学校均参与，共有 801 名教师申报认定。

在 2015 年广西首批中等职业学校“双师型”教师认定试点顺利开展的基础上，2016 年 6 月，面向 20 所南宁市市属中等职业学校启动了第二批中等职业学校“双师型”教师认定试点；2016 年 12 月，面向 38 所广西区直中等职业学校开展了第三批认定试点；2016 年 12 月，选取南宁职业技术学院、柳州职业技术学院、广西国际商务职业技术学院、桂林高等师范专科学校、广西现代职业技术学院 5 所办学类型有代表性的高等职业院校开展首批高等职业学校“双师型”教师

认定试点；2017 年 12 月，充分考虑学科专业特点，选取广西农业职业技术学院、广西卫生职业技术学院、柳州铁道职业技术学院、广西英华国际职业学院开展第二批高等职业院校“双师型”教师认定试点（表 8-1）。

表 8-1　广西职业教育“双师型”教师认定工作开展情况

认定批次	起止时间	认定参与学校	开展认定文件
1	2015.4—2016.3	柳州市行政辖区中等职业学校试点（15 所）	《关于开展中等职业学校“双师型”教师认定试点工作的通知》
2	2016.6—2016.10	南宁市市属中等职业学校试点（20 所）	《关于开展第二批中等职业学校“双师型”教师认定试点工作的通知》
3	2016.12—2017.6	区直中等职业学校试点（38 所）	《关于开展第三批中等职业学校“双师型”教师认定试点工作的通知》
4	2016.12—2017.10	高等职业院校试点（5 所）	《关于开展广西高等职业院校“双师型”教师认定试点工作的通知》
5	2017.5—2018.1	全区中等职业学校（160 所）	《关于全面开展广西中等职业学校“双师型”教师认定工作的通知》
6	2017.12—2018.5	高等职业院校试点（4 所）	《关于开展第二批高等职业院校“双师型”教师认定试点工作的通知》
7	2018.6—2018.9	全区中等职业学校（157 所）	《关于开展 2018 年广西中等职业学校“双师型”教师认定工作的通知》
8	2018.10—2019.1	全区高等职业院校（34 所）	《关于全面开展广西高等职业院校“双师型”教师认定工作的通知》
9	2019.3—2019.7	全区中等职业学校（161 所）	《关于开展 2019 年广西中等职业学校“双师型”教师认定工作的通知》
10	2019.6—2019.9	全区高等职业院校（34 所）	《关于开展 2019 年广西高等职业院校“双师型”教师认定工作的通知》
11	2020.4—2020.7	全区中等职业学校（155 所）	《关于开展 2020 年广西中等职业学校“双师型”教师认定工作的通知》
12	2020.6—2020.10	全区高等职业院校（34 所）	《关于开展 2020 年广西高等职业院校“双师型”教师认定工作的通知》
13	2021.3—2021.7	全区中等职业学校（149 所）	《关于开展 2021 年广西中等职业学校“双师型”教师认定工作的通知》
14	2021.8—2021.12	全区高等职业院校（34 所）	《关于开展 2021 年广西高等职业院校“双师型”教师认定工作的通知》

（三）认定工作全面开展，步入常态化“双师型”教师认定

经过三批中等职业学校认定试点、两批高等职业院校认定试点，自治区教育厅于 2017 年 5 月召开广西中等职业学校“双师型”教师认定试点工作总结暨全区认定工作推进布置会；2018 年 6 月，召开广西高等职业院校“双师型”教师资

格认定研讨暨工作布置会，全面总结了广西中等职业学校和高等职业院校“双师型”教师认定的基本情况和经验，分析了存在的问题，进一步优化认定标准、认证办法和信息管理系统，并于2017年5月面向全区中等职业学校全面开展“双师型”教师认定，2018年10月全面开展高等职业院校“双师型”教师认定。至此，广西职业教育“双师型”教师认定面向全区所有职业院校全面实施。

基于经过多轮认定试点和全面铺开认定，广西已经构建较为完善的中等职业学校和高等职业学校“双师型”教师认定的标准、认定办法和制度体系，开发了满足工作需求、运行顺畅的双师信息系统，积累了丰富的工作经验。随着认定工作的有序推进，职业学校、教师和社会的对认定的认可度不断提升，自治区教育厅决定：2018年全区中等职业学校“双师型”教师认定步入每年一轮的常态化认定，2019年全区高等职业学校“双师型”教师认定步入每年一轮的常态化认定。

2015年4月—2021年12月，广西开展了8批中等职业学校、6批高等职业院校共计14批次的“双师型”教师认定。

第二节 广西职业教育“双师型”教师认定基本情况分析

广西职业教育“双师型”教师认定由自治区教育厅统筹组织实施。自2015年4月启动首批广西中等职业学校和2017年8月开始首批广西高等职业院校“双师型”教师认定试点，2018年开始面向全区所有中等职业学校和高等职业院校全面实施认定，2019年起进入每年一轮的常态化认定阶段，基本情况分析如下。[①]

一、广西职业教育“双师型”教师认定总体情况分析

（一）申报及通过认定教师的总体情况

截至2020年12月，广西实施了中等职业学校7批次、高等职业院校5批次共计12批次的“双师型”教师认定。由图8-3可见，共有教师22 574人次成功申报认定，14 403人次通过广西“双师型”教师认定，总通过率为63.8%。从整体看，在成功申报的教师中，约有2/3的教师通过认定。其中，中等职业学校申报认定共有15 152人次，10 127人次通过认定，通过率为66.8%，高等职业院校

① 广西职业学校“双师型”教师认定相关数据以公布的认定结果文件统计分析而得，以下均相同。

申报认定共有 7422 人次，4276 人次通过认定，通过率为 57.6%，中等职业学校教师认定的通过率高于高等职业院校教师认定的通过率的 9.2 个百分点，说明中等职业学校与高等职业院校认定的通过率有较明显的差异。

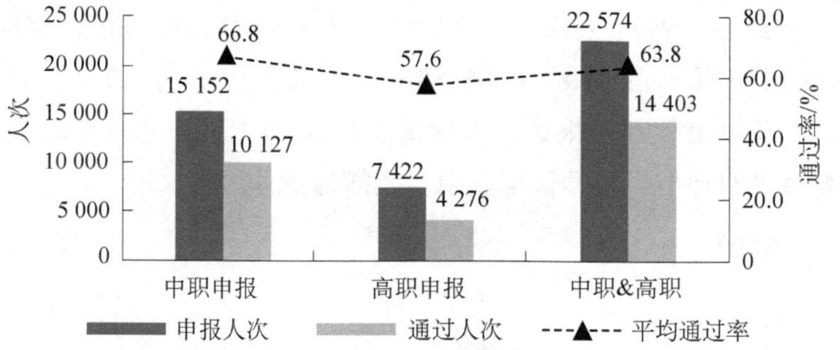

图 8-3　广西职业教育“双师型”教师认定总体情况

（二）申报及通过认定教师的性别情况

在成功申报认定的教师 22 574 人次中，男教师为 9619 人次，占 42.6%；女教师为 12 955 人次，占 57.4%。其中，女教师比男教师多 3336 人次，女教师占比比男教师高 14.8 个百分点（图 8-4）。成功申报认定的男教师中，通过认定的 6053 人，占通过总人次的 42.0%，通过率为 62.9%。成功申报认定的女教师中，通过认定的 8350 人，占通过总人次的 58.0%，通过率为 64.5%。从整体看，女教师通过认定的占比比男教师高 16.0 个百分点，女教师认定通过率比男教师高 1.6 个百分点，说明女教师与男教师申报认定的总人次和占比差异较大，但通过率的差异不明显。

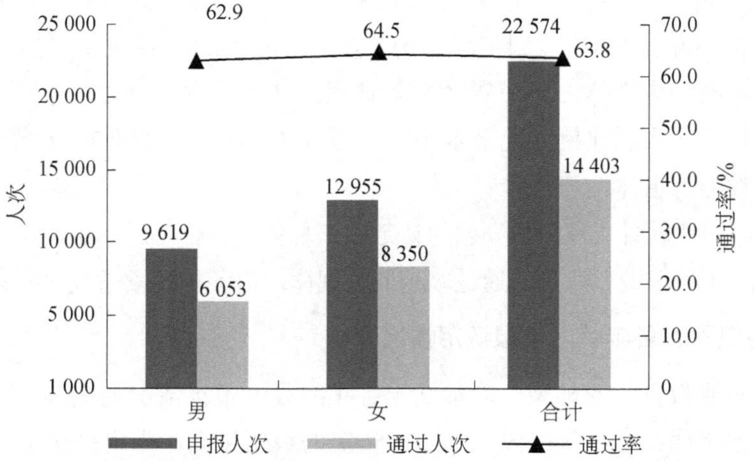

图 8-4　广西职业教育“双师型”教师申报及通过认定的性别情况

（三）申报及通过认定教师年龄分布情况

1. 各年龄段申报及通过认定情况分析

从图 8-5 可以看出，在成功申报认定的教师 22 574 人次中，36—45 岁教师申报认定的人次最多，9931 人次，占 44.0%；46—55 岁教师申报认定的人次排第二，6269 人次申报，占 27.8%；35 岁及以下的青年教师 4677 人次申报，占 20.7%；56 岁及以上教师申报认定人次最少，1697 人次，占 7.5%。这表明申报广西职业教育“双师型”教师认定以中年教师为主体。

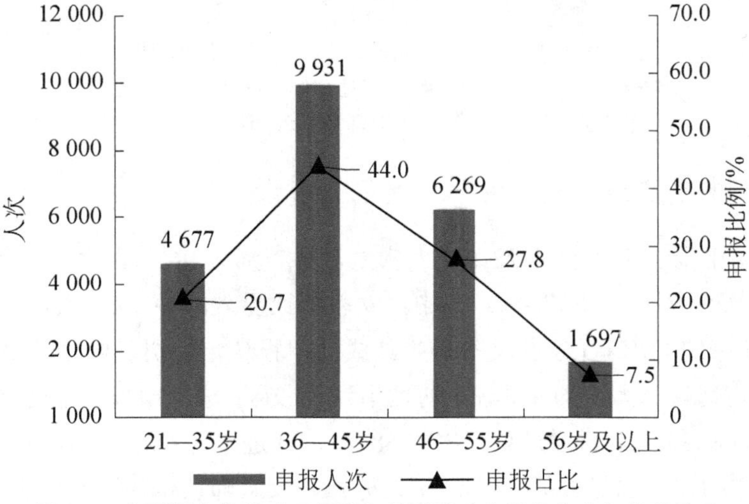

图 8-5　广西职业教育“双师型”教师成功申报认定各年龄段情况

从图 8-6 可以看出，在通过认定的 14 403 人次中，35 岁及以下的青年教师 3133 人次，占 21.8%；36—45 岁教师 6280 人次，占 43.5%；46—55 岁教师 3971 人次，占 27.6%；56 岁及以上教师 1019 人次，占 7.1%。通过认定的“双师型”教师以中年教师为主体，36—55 岁年龄段通过认定的占 71.1%。可见，通过认定占比与申报认定人次比例情况基本相同，通过认定的广西职业教育“双师型”教师以中年教师为主体。

在广西职业教育“双师型”教师认定中，总体上符合年龄越小、申报认定的通过率越高，年龄越大、认定的通过率越低的规律，但各年龄段通过率差异不明显。

2. 各级别、各年龄段申报认定情况分析

广西职业教育“双师型”教师认定各年龄段的申报情况如图 8-7 所示。由此可得出以下规律：①各年龄段教师申报认定的级别越高，则申报认定的人次占比

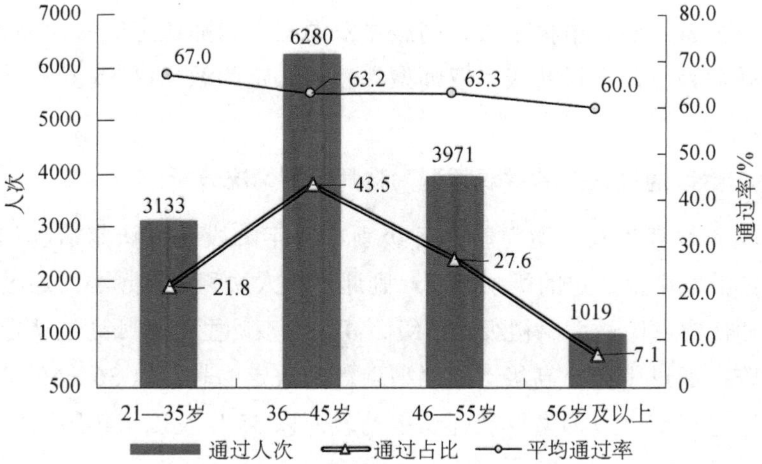

图 8-6 广西职业教育“双师型”教师认定通过各年龄段情况

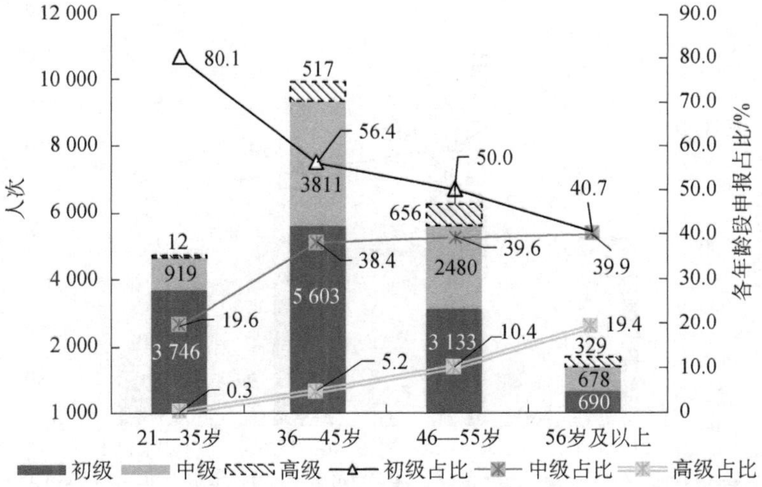

图 8-7 广西职业教育“双师型”教师认定各年龄段申报情况

越小，即申报“双师型”教师认定高级的人次占比低于中级、中级的人次占比低于初级。②申报初级认定教师的年龄大小与申报数量占比成反比，即申报教师的年龄越大，则申报认定初级“双师型”教师的数量占比越小；反之，申报教师的年龄越小，则申报认定初级“双师型”教师的数量占比越大。③申报中级、高级认定教师的年龄大小与申报数量占比成正比，即申报教师的年龄越大，则申报认定中级、高级“双师型”教师的数量占比越大；与之相应，申报教师的年龄越小，则申报认定中级、高级“双师型”教师的数量占比越小。④在 56 岁及以上年龄段，教师申报初级和中级“双师型”教师认定的数量和比例相当。这说明在广西职业教育“双师型”教师认定中，申报认定教师的年龄大小和申报级别高低呈反向变动关系，而且申报中级、高级“双师型”教师认定的教师以 36 岁及以上的中年教师为主，申报初级“双师型”教师认定的教师以 35 岁及以下的青年教师为主。

3. 各年龄段通过认定的“双师型”教师级别情况分析

广西职业教育“双师型”教师各级别、各年龄段通过认定情况如图 8-8 所示。在各年龄段申报认定的级别越高，则通过的人次和占比越小；通过初级“双师型”教师认定占比最大，初级、中级、高级“双师型”教师通过认定的人次占比依次下降；通过中级、高级“双师型”教师认定的教师以 36—55 岁的中年教师为主，通过初级“双师型”教师认定的教师以 45 岁及以下年龄段的中青年教师为主。

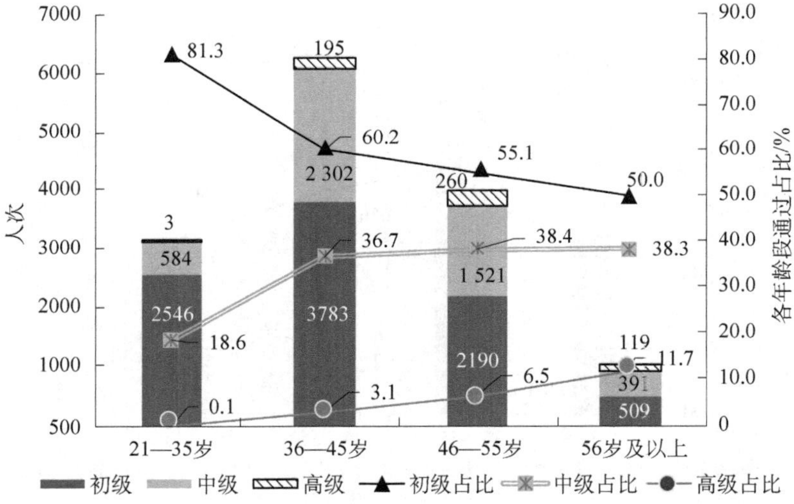

图 8-8 广西职业教育“双师型”教师认定通过各年龄段情况

广西职业教育“双师型”教师各级别、各年龄段认定通过率情况如图 8-9 所示。在各年龄段，初级、中级、高级的通过率依次下降，即认定申报认定的级别越高，则通过率越低；级别平均通过率与年龄基本成反比，即年龄越大，级别平均通过率越低；通过率最高值所在年龄段不一，初级认定通过率最高的是 56 岁及以上年龄段教师，中级认定通过率最高的是 35 岁及以下教师，高级认定通过率最高的是 46—55 岁教师；初级通过率最低的是 36—45 岁年龄段，中级通过率最低的是 56 岁及以上年龄段，高级通过率最低的是 35 岁及以下年龄段；初级、中级认定最低通过率和最高通过率差异均为 5.8 个百分点，高级认定最低通过率和最高通过率的差异分别为 6.3 个百分点和 5.8 个百分点，各年龄段初级、中级认定通过率波动较小，而高级认定通过率波动较大。

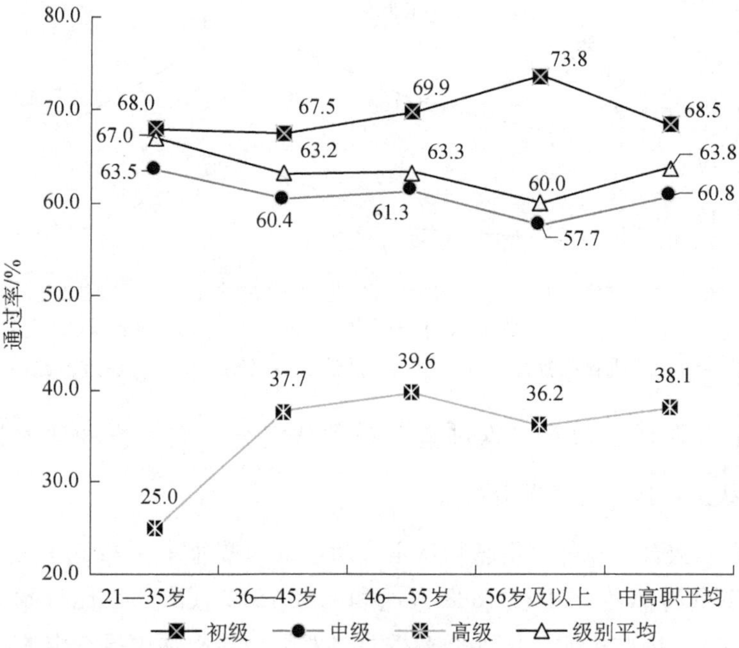

图 8-9　广西职业教育“双师型”教师认定各年龄段通过率情况

综上所述，在广西职业教育“双师型”教师认定中，申报和通过认定教师的年龄大小和申报级别高低呈反向变动关系，而且申报和通过认定中级、高级“双师型”教师认定的教师以 36—55 岁以上的中年教师为主，申报和通过初级“双师型”教师认定的教师以 45 岁及以下年龄段的中青年教师为主。这也符合广西职业教育“双师型”教师队伍建设的实际情况，说明广西职业教育“双师型”教师认定标准具有良好的适应性。

4. 各级别通过认定的“双师型”教师年龄情况分析

在广西职业教育“双师型”教师认定成功申报的教师 22 574 人次中，通过认定的 14 403 人次，通过认定的“双师型”教师年龄分布情况如图 8-10 所示。

通过认定的初级、中级和高级“双师型”教师年龄分布有差异。其中，通过认定的初级和中级占比中，最高的都是 36—45 岁年龄段（分别占 41.9%、48.0%）；通过认定的高级占比中，最高的是 46—55 岁年龄段（占 45.1%）。由此说明，通过认定的广西职业教育“双师型”教师以中青年教师为主体，尤其是中高级“双师型”教师主要分布在 36—55 岁年龄段，约占 80%。

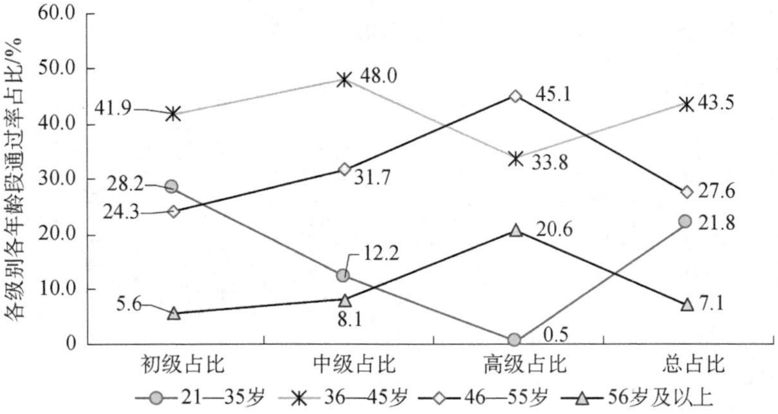

图 8-10 广西职业教育“双师型”教师认定各级别各年龄段通过占比情况

（四）广西职业教育“双师型”教师认定分级别申报和通过情况分析

1. 分级别申报认定情况分析

广西职业教育“双师型”教师认定成功申报的教师共有 22 574 人次，其中，申报初级 13 172 人次、中级 7888 人次和高级 1514 人次，占比分别为 58.4%、34.9%和 6.7%。由此说明，广西职业教育“双师型”教师申报认定的级别越高则申报人次越少，申报初级“双师型”教师认定的超过一半（图 8-11）。

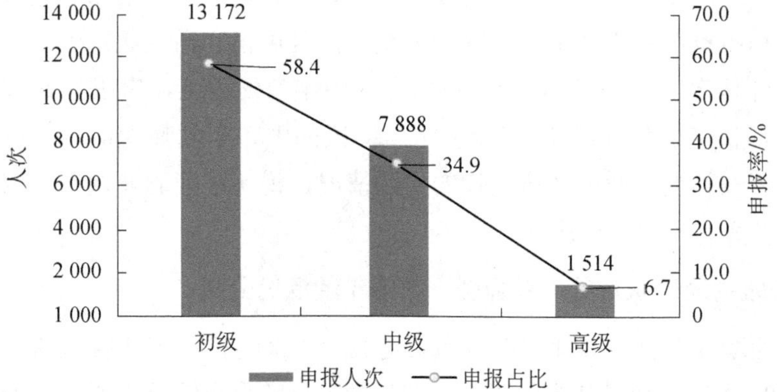

图 8-11 广西职业教育“双师型”教师认定各级别申报情况

2. 分级别通过认定情况分析

广西职业教育“双师型”教师认定各级别通过情况如图 8-12 所示，可以看出广西职业教育“双师型”教师认定的级别越高，则通过认定的人次越少，通过人次占比和通过率越低，反之亦然，即通过认定的级别与申报人次、通过人次和通过率成反比。

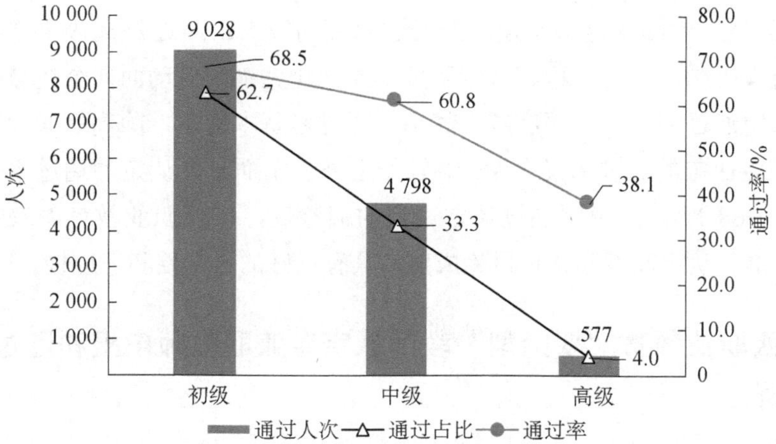

图 8-12 广西职业教育“双师型”教师认定各级别通过及通过率情况

二、广西职业教育“双师型”教师认定各批次通过率情况分析

广西职业教育“双师型”教师认定共实施了中等职业学校 7 批次、高等职业院校 5 批次“双师型”教师认定，共有教师 22 574 人次成功申报，14 403 人次教师通过广西“双师型”教师认定，总通过率 63.8%。其中，中等职业学校认定的总通过率为 66.8%，高等职业院校认定的总通过率为 57.6%，中等职业学校“双师型”教师认定的总通过率高于高等职业院校总通过率的 9.2 个百分点。广西职业教育“双师型”教师认定各批次通过率如图 8-13 所示。

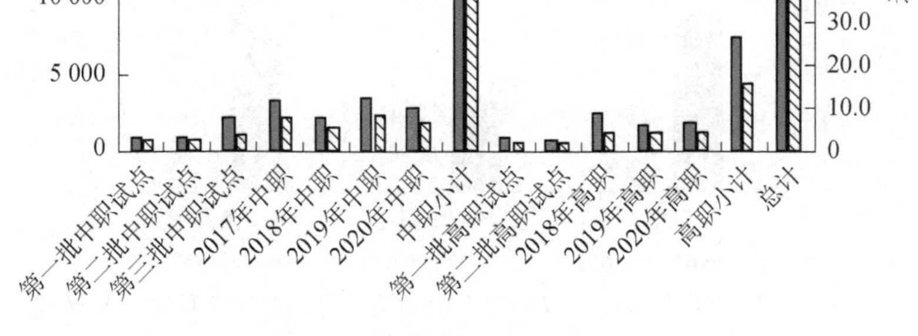

图 8-13 广西职业教育“双师型”教师认定各批次通过率情况

“双师型”教师认定试点期间的通过率波动较大。经过每批认定试点，认定标准、组织机构、认定流程、认定制度不断优化完善，启动面向全体教师开展认定后，认定通过率的波动幅度越来越小，通过率基本稳定，除高等职业院校第一次全面开展认定的通过率仅有46.0%较低之外，全面开展认定的通过率基本稳定在61.1%—68.4%。这说明经过认定试点的调整后，广西职业教育“双师型”教师认定标准、认定制度和认定日趋成熟，具有良好的科学性和适应性。

三、广西职业教育“双师型”教师认定专兼职教师申报和通过率情况分析

（一）专兼职教师申报和通过认定总体情况

广西职业教育“双师型”教师认定教师成功申报的22 574人次中，专职教师21 992人次，占97.5%；兼职教师582人次，占比2.5%。由此可见，广西职业教育“双师型”教师认定主体是专职教师，兼职教师申报的数量和占比很小。

在申报的专职教师21 992人次中，14 217通过认定，通过率64.6%；在申报的兼职教师582人次中，186通过认定，通过率32.0%；兼职教师申报的通过率仅为专职教师的一半，远低于专职教师的通过率。

（二）专职教师申报和通过认定情况

1. 专职教师申报和通过认定总体情况

广西职业教育“双师型”教师认定专职教师总体通过率情况如图8-14所示。

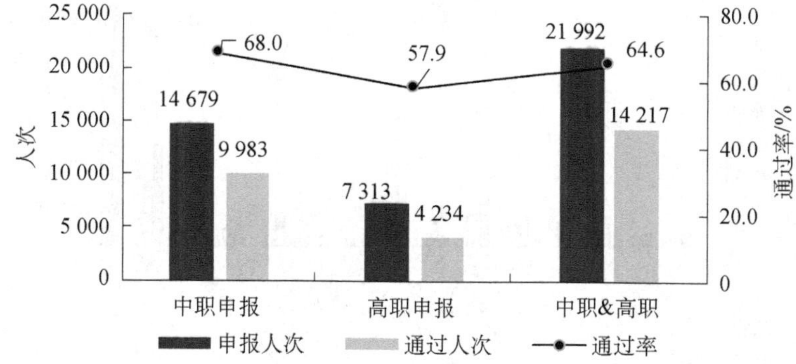

图8-14 广西职业教育“双师型”教师认定专职教师总体通过率情况

截至2020年12月，广西职业教育专职教师共有21 992人次成功申报，通过认定14 217人次，总通过率为64.6%。其中，中等职业学校专职教师申报14 679

人次，通过率为 68.0%；高等职业院校专职教师申报 7313 人次，通过率为 57.9%。中等职业学校专职教师认定的通过率比高等职业院校认定的通过率高 10.1 个百分点。

2. 专职教师分级别申报和通过认定情况

（1）分级别申报认定情况

由图 8-15 可见，在申报认定专职教师中，申报的级别越高则申报的人次越少越低、申报占比，申报初级“双师型”教师认定的人次超过一半（58.6%），申报高级“双师型”教师认定的教师仅为 6.7%。这说明广西职业教育“双师型”教师初级、中级和高级各级认定标准的难易区分度较大，具备高级“双师型”教师认定标准的教师人数较少，与之相应，申报高级“双师型”教师认定的教师数量较少。

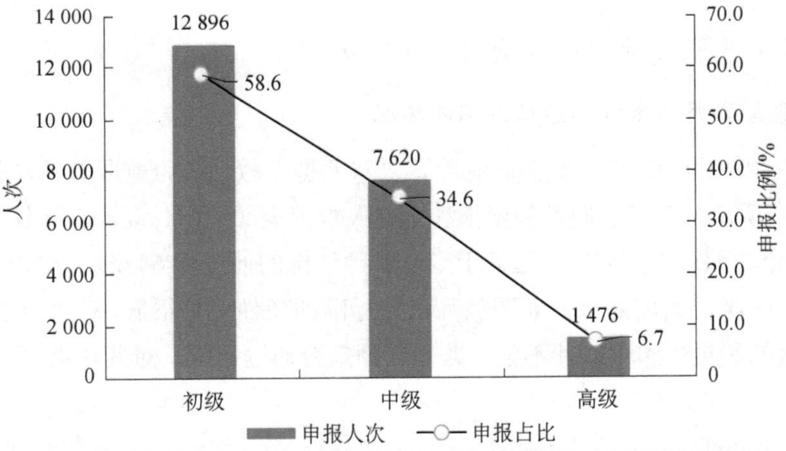

图 8-15　广西职业教育“双师型”教师认定专职教师各级别申报情况

注：因四舍五入，加总可能不是 100%，余同。

（2）分级别通过认定情况

广西职业教育“双师型”教师认定专职教师各级别通过率如图 8-16 所示，可见专职教师申报“双师型”教师认定的级别越高则通过认定的人次越少、比例也越低，申报初级和中级“双师型”教师认定的通过率均超过 60%，而申报高级“双师型”教师认定的通过率仅为 38.9%，远低于初级和中级的通过率。

综上所述，广西职业教育“双师型”教师初级、中级和高级各级认定标准的难易区分度较大，符合初级、中级、高级认定标准的人次和占比逐级减少，通过率也逐级下降。同时，符合高级认定标准的教师人次和占比很少，通过率也很低，说明广西职业教育“双师型”教师认定高级的标准较高。

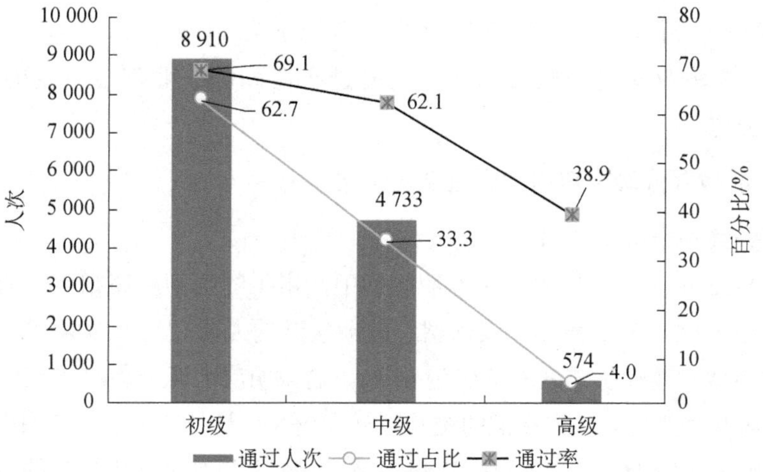

图 8-16 广西职业教育“双师型”教师认定专职教师各级别通过率情况

（三）兼职教师申报和通过认定情况

1. 兼职教师申报和通过认定总体情况

截至 2020 年 12 月，广西职业教育“双师型”教师认定兼职教师总体通过率如图 8-17 所示，可见兼职教师申报认定的人数很少（中职、高职合计仅为 582 人次），认定的通过率 32.1%，远低于专职教师认定的通过率 64.6%，约为专职教师通过率的一半，而实际上，兼职教师认定标准的条件要求很低，其原因应是兼职教师申报的积极性和主动性不强，兼职教师是否通过认定，对其约束性不强。

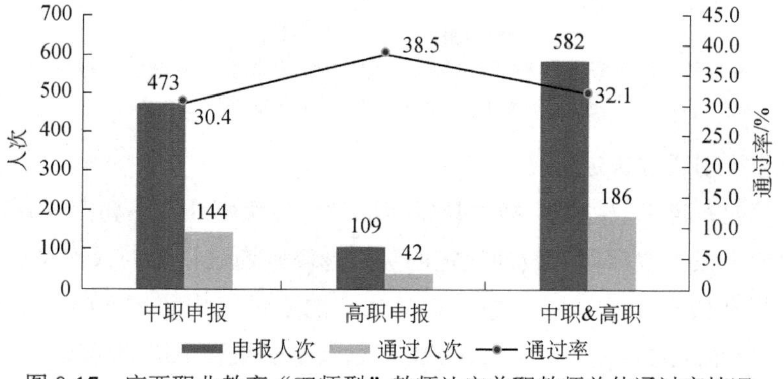

图 8-17 广西职业教育“双师型”教师认定兼职教师总体通过率情况

2. 兼职教师分级别申报和通过情况

（1）分级别申报认定情况

广西职业教育“双师型”教师认定兼职教师分级别申报情况如图 8-18 所示。

兼职教师主要是申报初级和中级“双师型”教师认定，认定的级别越高则申报人次越少，申报初级的教师占申报总数的接近一半，而申报高级“双师型”教师认定的兼职教师仅为 6.5%，与专职教师“双师型”教师申报认定有类似的规律。

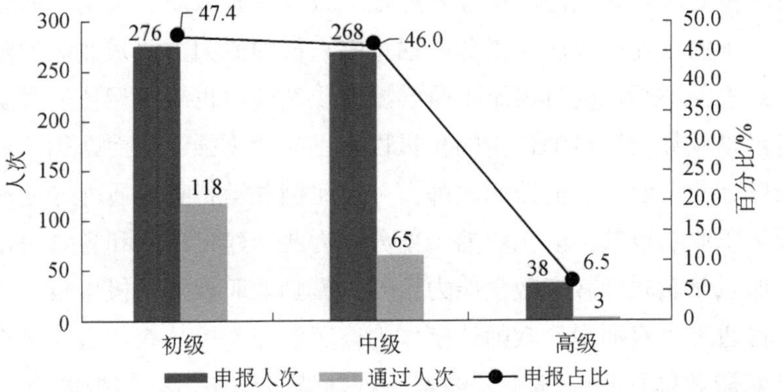

图 8-18　广西职业教育“双师型”教师认定兼职教师分级别申报情况

（2）分级别通过认定情况

广西职业教育“双师型”教师认定兼职教师分级别申报情况如图 8-19 所示，认定的级别越高则通过认定的人次越少、比例也越低，与专职教师“双师型”教师申报量有类似的规律。

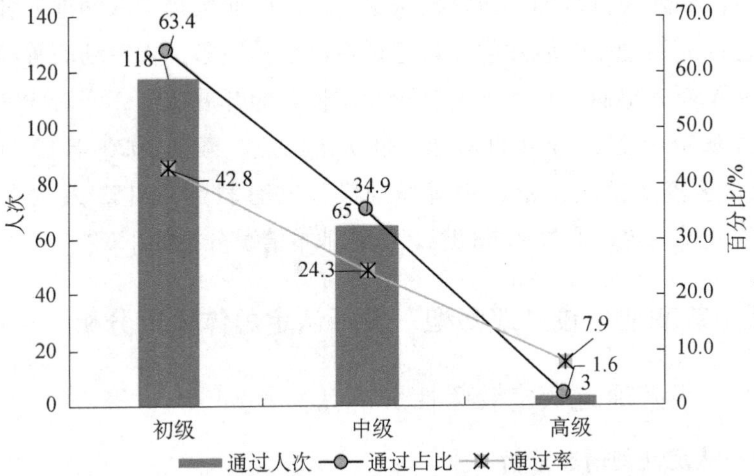

图 8-19　广西职业教育“双师型”教师认定兼职教师分级别申报情况

由以上分析可见，一方面，兼职教师申报认定的人数很少，经过 12 批次认定，中等职业学校和高等职业院校兼职教师申报认定合计仅为 582 人次，与专职教师申报的 21 992 人次相差甚远；另一方面，认定的通过率仅为 32.1%，远低于专职教师认定的通过率64.6%。而实际上，兼职教师认定标准的条件要求比专职教师的条件要求低，兼职教师认定初级"双师型"教师仅有教师资格条件、职业资格条件和教学经历条件，教师资格条件不满足可以用教育教学专项培训替代、职业资格条件要求具备相应的职业资格证书或专业技术职务资格、教学经历条件要求承担一年的专业课程教学任务。通过率较低的原因主要是兼职教师是否通过认定对其约束性不强，同时由于不是学校专职教师，也缺乏相依的激励措施，兼职教师申报"双师型"教师认定的积极性和主动性不强。然而，国家要求职业院校应有来自行业企业一线的兼职教师占一定比例并承担有实质性专业教学任务，兼职教师是职业院校教师队伍中的一部分。为此，建议国家和各省份出台激励政策措施，加强兼职教师教育教学能力培养，鼓励兼职教师积极申报"双师型"教师认定，将通过"双师型"教师认定作为兼职教师到校从教的必备条件，方能鼓励和要求兼职教师积极参加"双师型"教师认定，学习并掌握教育教学基本知识、教学方法和教学技能，提升教育教学能力，保证教育教学质量。

第三节 广西中等职业学校"双师型"教师认定基本情况分析

根据全区职业院校教师队伍建设状况，广西职业教育"双师型"教师认定采用的步骤为：先启动中等职业学校认定试点，积累经验，再启动高等职业学校认定试点，并不断完善后，再面向所有职业学校全面开展认定。广西职业教育"双师型"教师认定于2015年4月启动首批认定试点，截至2020年12月，共实施了中等职业学校7批次认定，中等职业学校共有教师15 152人次申报成功，10 127人次通过认定，通过率66.8%。认定基本情况分析如下。

一、广西中等职业学校"双师型"教师认定总体情况分析

（一）申报及通过认定教师性别情况

1. 申报认定性别情况分析

在中等职业学校成功申报的教师15 152人次中，男教师6441人次，占42.5%；女教师8711人次，占57.5%。申报认定的女教师比男教师高15个百分点，申报认定的女教师和男教师数量差异较大（图8-20）。

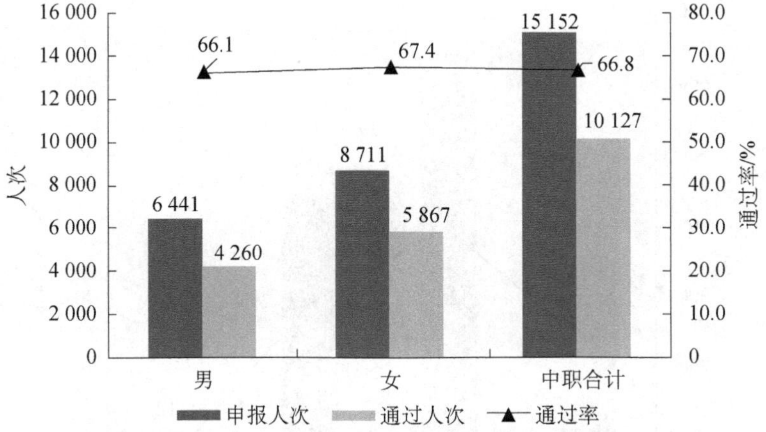

图 8-20 广西中等职业学校“双师型”教师认定申报与通过教师性别情况

2. 通过认定性别情况分析

由图 8-20 可见，在通过认定的 10 127 人次中，男教师 4260 人次，占 42.1%，通过率为 66.1%；女教师 5867 人次，占 57.9%，通过率为 67.4%。通过认定的女教师占比男教师高 15.8 个百分点，女教师和男教师通过认定的数量差异较大，但通过率差异不大。

（二）申报及通过认定教师年龄分布情况

1. 申报认定教师年龄分布情况

从图 8-21 中可以看出，在成功申报的中等职业学校教师 15 152 人次中，申报广西中等职业学校“双师型”教师以中年教师为主体，36—55 岁年龄段教师占总申报认定人次的 69.0%；36—45 岁年龄段申报认定的占比最大；56 岁及以上教师申报认定人次占比最小。

2. 通过认定教师年龄分布情况

通过认定占比与申报认定人次比例情况基本相同如图 8-22 所示，通过认定的广西中等职业学校“双师型”教师以中年教师为主体，36—55 岁年龄段通过认定的占比为 68.5%，其中 36—45 岁年龄段通过的占比最大；56 岁及以上教师申报认定人次占比最小。广西中等职业学校“双师型”教师认定中，年龄越小申报认定的通过率越高，年龄越大认定的通过率越低，即通过率高低与年龄成反比。

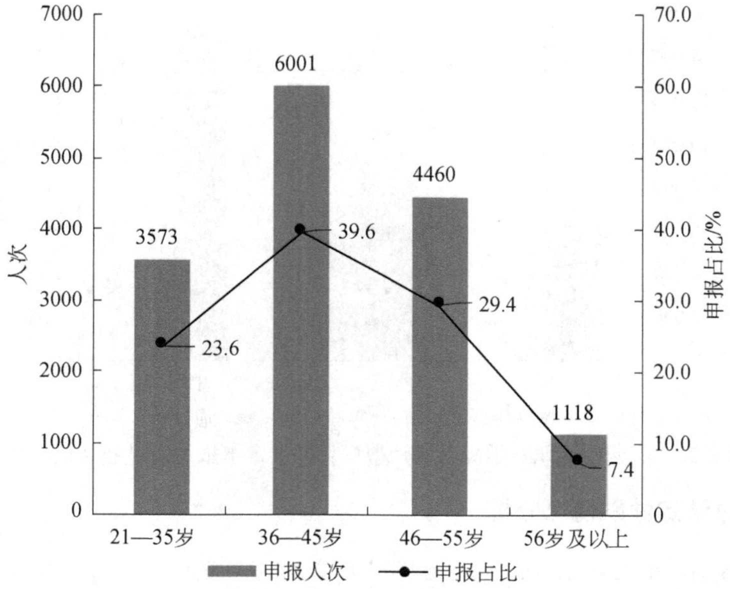

图 8-21 广西中等职业学校“双师型”教师认定申报和通过年龄段情况

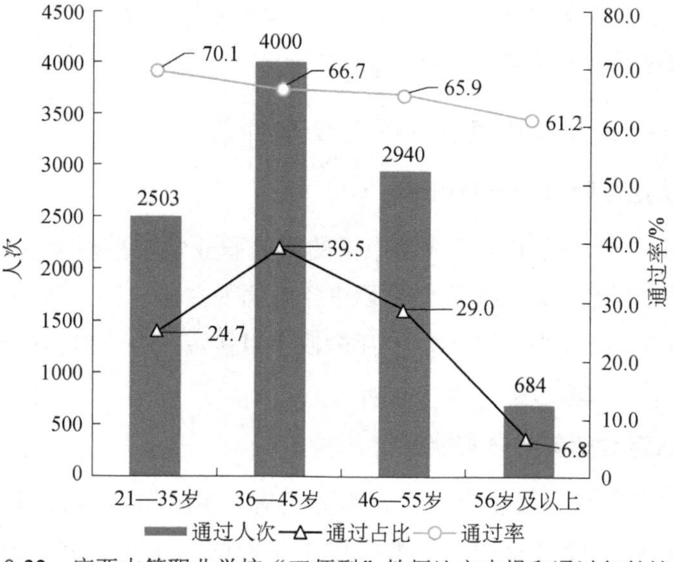

图 8-22 广西中等职业学校“双师型”教师认定申报和通过年龄情况

（三）分级别申报和通过认定情况分析

1. 分级别申报认定情况分析

广西中等职业学校“双师型”教师各级别申报情况如图 8-23 所示，广西中等职业学校“双师型”教师申报认定的级别越高则申报人次越少，申报初级“双师型”教师认定的超过半数。

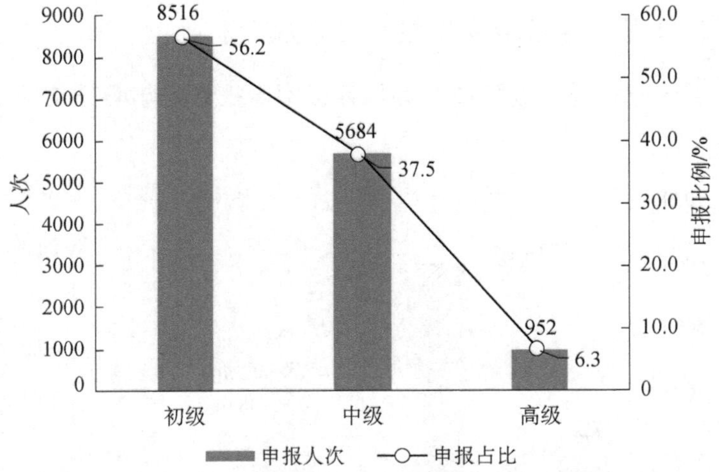

图 8-23　广西中等职业学校“双师型”教师各级别申报情况

2. 分级别通过认定情况分析

广西中等职业学校“双师型”教师各级别申报通过情况如图 8-24 所示，可见认定的级别越高，则通过认定的人次越少、占比也越小，认定的通过率也越低，即通过认定的级别与申报的人次、通过的人次和通过率成反比。

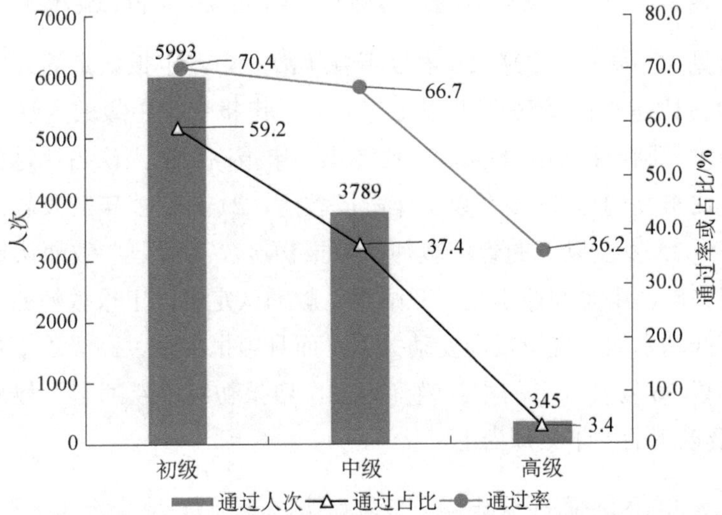

图 8-24　广西中等职业学校“双师型”教师各级别申报通过情况

二、广西中等职业学校通过认定的“双师型”教师年龄情况分析

（一）各级别、各年龄段申报认定情况分析

广西中等职业学校“双师型”教师各级别申报认定年龄结构情况如图 8-25 所示。

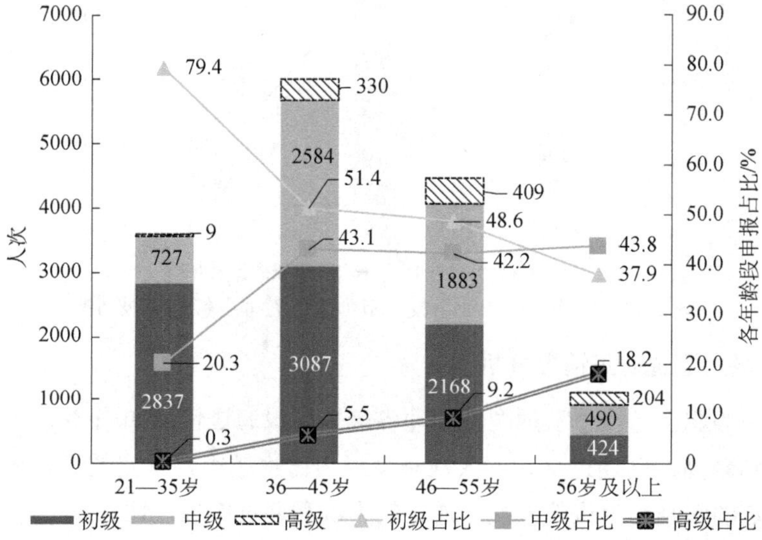

图 8-25　广西中等职业学校“双师型”教师申报认定年龄结构情况

由此可见如下规律：①在 56 岁以下各年龄段中，申报认定的级别越高，则申报的人次占比越小；②56 岁及以上年龄段，申报认定中级的人次占比最大；③年龄段越大，则申报初级的人次占比越小、申报高级的人次占比越大，而申报中级人次占比最高的是 56 岁及以上年龄段教师，21—35 岁年龄段教师申报人次占比最小；④35 岁及以下的青年教师，申报初级“双师型”教师认定的比例最高。这说明在广西中等职业学校“双师型”教师认定中，申报教师的年龄大小和申报级别高低基本上呈现出反向变动关系，而且申报中级、高级“双师型”教师认定的教师以 36 岁及以上的中年教师为主，申报初级“双师型”教师认定的教师以 35 岁及以下的青年教师为主。

（二）各年龄段通过认定的“双师型”教师级别情况分析

广西中等职业学校“双师型”教师认定各年龄段通过人次情况如图 8-26 所示，可以看出，广西中等职业学校教师在各年龄段申报认定的级别越高，则通过的人次和占比越小；通过初级“双师型”教师认定占比最大，初级、中级、高级

“双师型”教师通过认定的人次占比依次下降；通过中级、高级“双师型”教师认定的教师以 36—45 岁的中年教师为主，通过初级“双师型”教师认定的教师以 45 岁及以下年龄段的中青年教师为主。

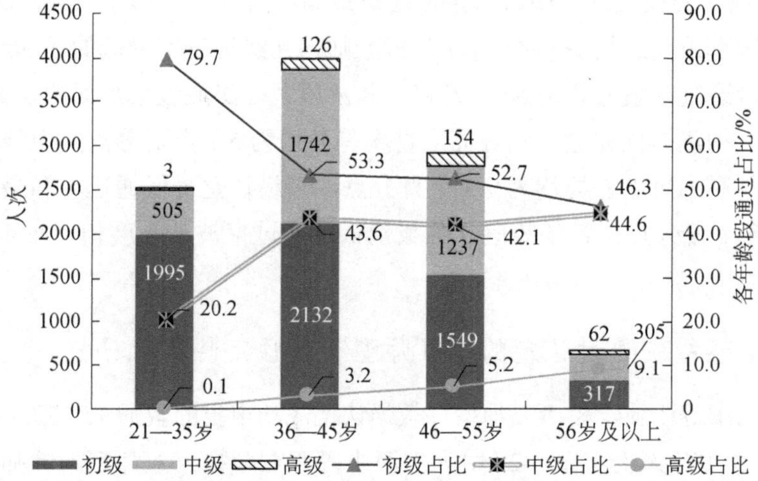

图 8-26　广西中等职业学校“双师型”教师认定各年龄段通过人次情况

广西中等职业学校“双师型”教师认定各年龄段通过率情况如图 8-27 所示。

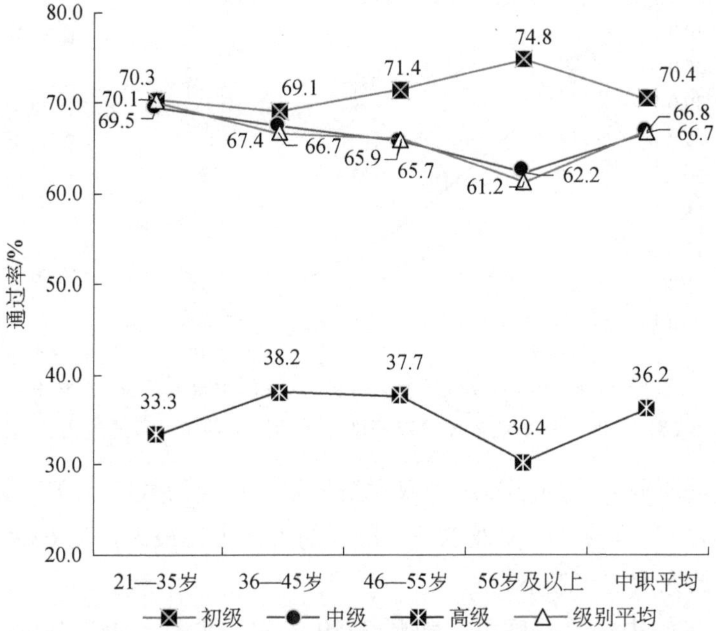

图 8-27　广西中等职业学校“双师型”教师认定各年龄段通过率情况

由图 8-27 可见，在各年龄段，初级、中级、高级的通过率依次下降，即认定申报认定的级别越高，则通过率越低。平均通过率与年龄基本成反比，即年龄越大，平均通过率越低。通过率最高值所在年龄段不一，初级认定通过率最高的是 56 岁及以上年龄段教师，中级认定通过率最高的是 35 岁及以下年龄段教师，高级认定通过率最高的是 36—45 岁年龄段教师，初级通过率最低的是 36—45 岁年龄段，中级通过率最低的是 56 岁及以上年龄段，高级通过率最低的是 56 岁及以上年龄段。初级最低通过率和最高通过率差异均为 5.7 个百分点，中级认定最低通过率和最高通过率差异均为 7.3 个百分点，高级认定最低通过率和最高通过率差异为 7.8 个百分点。各年龄段、各级别认定通过率波动幅度相对较小，均在 8 个百分点以内。

（三）各级别通过认定的“双师型”教师年龄情况分析

在广西中等职业学校“双师型”教师认定成功申报的教师 15 152 人次中，通过认定的 10 127 人次，图 8-28 中为广西中等职业学校“双师型”教师各年龄段通过占比情况。

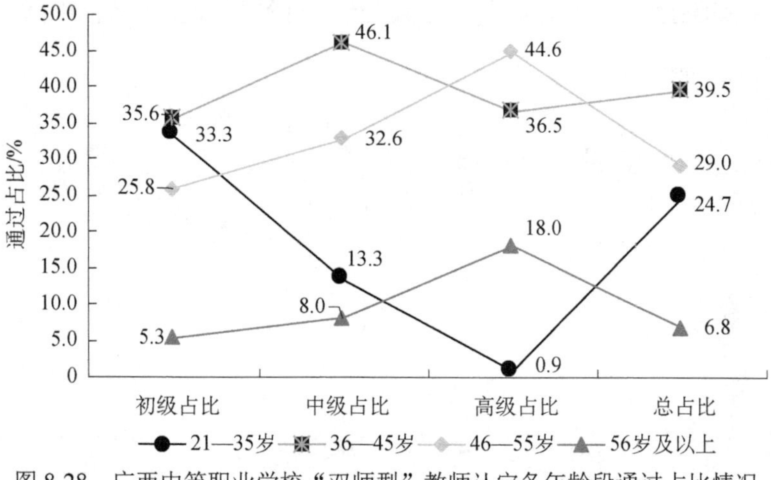

图 8-28　广西中等职业学校“双师型”教师认定各年龄段通过占比情况

广西中等职业学校通过初级“双师型”教师认定的教师 5993 人次，主要是中青年教师，其中，在 45 岁及以下年龄段的人次占比最大，为 68.9%；56 岁及以上年龄段的人次占比最小。

通过认定的中级“双师型”教师 3789 人次，主要是中年教师，其中，在 36—45 岁年龄段的人次比例最高，56 岁及以上年龄段的人次比例最低。

通过认定的高级“双师型”教师345人次，主要是中年教师，其中，在46—55岁年龄段的人次占比最大，21—35岁年龄段仅有3人次通过认定，占比最小。

由此可见，通过认定的初级、中级和高级“双师型”教师年龄分布有差异。通过认定的广西中等职业学校“双师型”教师以中青年教师为主体，尤其是中级、高级“双师型”教师主要分布在36—55岁年龄段，约占80%。

三、广西中等职业学校“双师型”教师认定专业大类情况分析

（一）各专业大类申报人次情况

截至2020年12月，在广西中等职业学校“双师型”教师认定申报教师的15 152人次中，除单列的文化课类别外，教师申报认定专业覆盖了教育部颁布的《中等职业学校专业目录》所有专业大类共计18个（图8-29）。

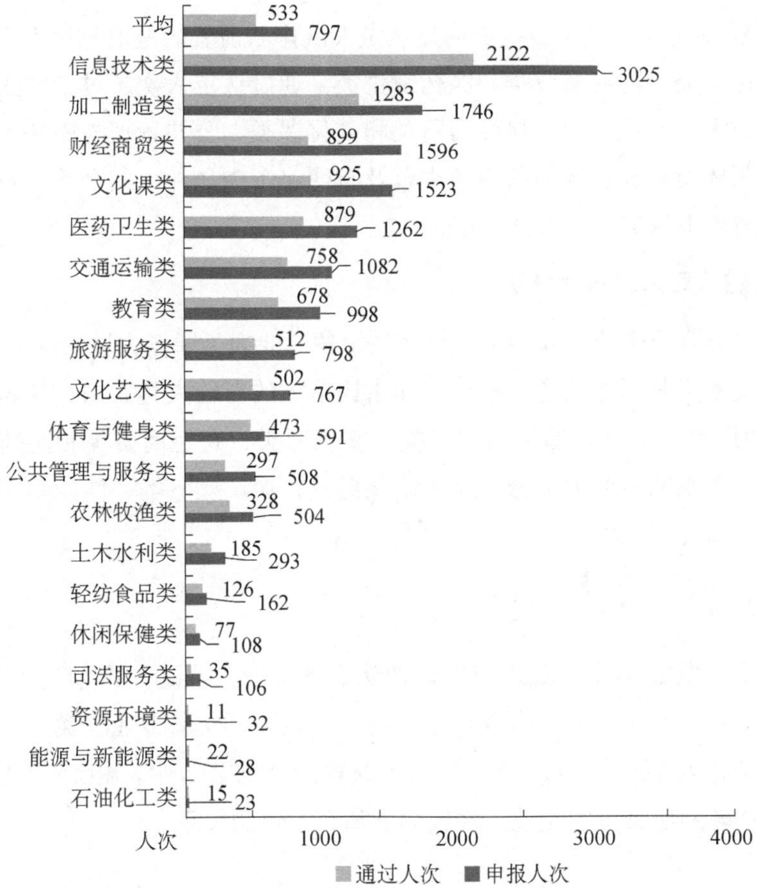

图8-29　广西中等职业学校“双师型”教师认定各专业申报和通过人次情况

按照专业大类申报人次最多的是信息技术类，这既与信息技术大类的专业教师较多相关，也与信息技术专业大类的职业资格证书较多、教师获取较容易有关。除单列的文化课大类外，申报认定人次位居前五位的还有加工制造类、财经商贸类、医药卫生类和交通运输类。申报认定人次最少的后五位是休闲保健类、司法服务类、资源环境类、能源与新能源类和石油化工类。这与广西中等职业学校的专业结构和招生数基本一致，前五位是专业布点较多、招生数较大、专业的教师数较多的专业，而后五位是招生数量较少进而教师数也较少的专业。由此可见，教师申报“双师型”教师认定的专业结构与广西中等职业学校所设置的专业结构比例基本相当。

（二）各专业大类通过认定人次和占比情况

1. 通过认定人次情况

由图 8-29 可见，按专业大类通过认定人次排名前五的是信息技术类、加工制造类、文化课类、财经商贸类、医药卫生类。通过认定人次超过 700 人次的专业与申报认定人次一致。除了财经商贸类和文化课类、公共管理与服务类和农林牧渔类、资源环境类和能源与新能源类以及石油化工类之外，其余各专业大类通过认定人次与申报认定人次大体一致。

2. 通过认定人次占比情况

广西中等职业学校“双师型”教师认定各专业大类通过占比情况如图 8-30 所示。信息技术类是通过认定人次最多和占比最大的专业大类。通过认定人次占比超过 8%的还有四大类，即加工制造类、文化课类、财经商贸类和医药卫生类。通过人次占比小的专业大类分别是休闲保健类、司法服务类、能源与新能源类、石油化工类和资源环境类。

（三）各专业大类通过率情况

广西中等职业学校“双师型”教师认定各专业大类通过率情况如图 8-31 所示。整体上看，理工科专业大类认定的通过率较高，文科专业大类认定的通过率较低。其原因与职业资格证书、企业实践等条件的认定中，相对于文科教师而言，理工科教师所具备的相关条件较为清晰有一定的关系。

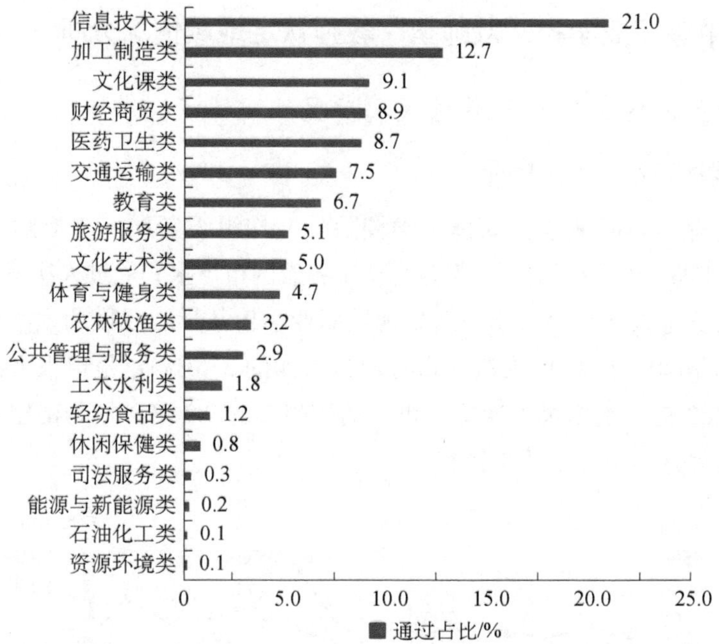

图 8-30　广西中等职业学校“双师型”教师认定各专业大类通过占比情况

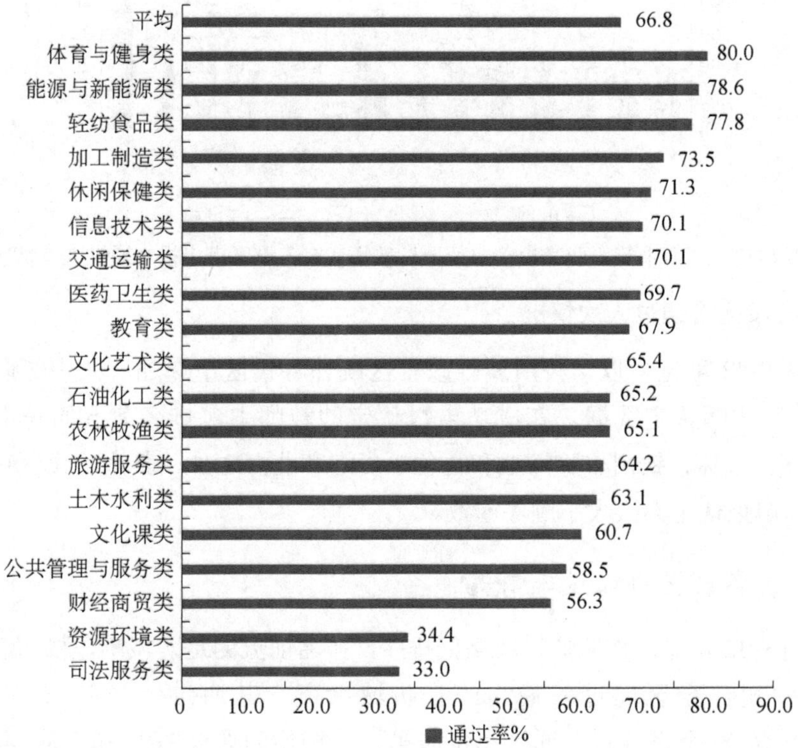

图 8-31　广西中等职业学校“双师型”教师认定各专业大类通过率情况

四、广西中等职业学校“双师型”教师认定地域情况分析

（一）各设区市申报和通过人次情况

1. 各设区市申报人次情况

广西所有中等职业学校（技工学校除外）均组织参加了“双师型”教师认定。广西中等职业学校“双师型”教师认定各设区市申报和通过人次情况如图 8-32 所示。申报认定人次多少与学校所处地域职业学校数量、规模的大小相关。申报人次最多的是南宁市 4606 人次（占总申报人次的 31.0%），是申报人次最少的防城港市的 62.2 倍，是申报人次位于第二的柳州市的 2.9 倍，这与南宁市作为首府聚集了广西大量的中等职业学校相关。

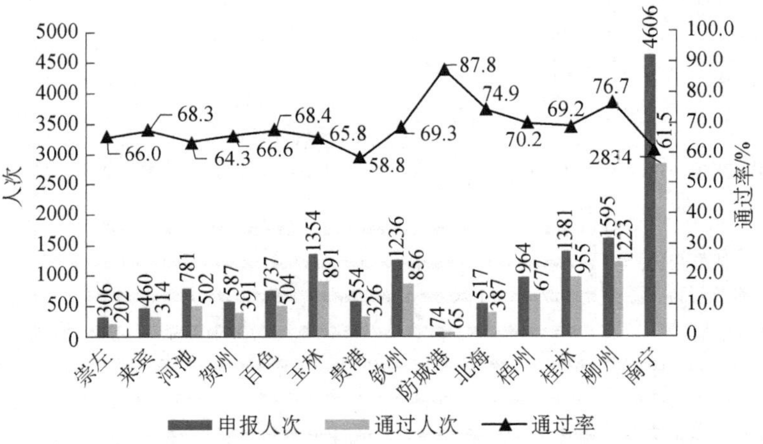

图 8-32 广西中等职业学校“双师型”教师认定各设区市申报和通过人次情况

2. 各设区市通过人次情况

由图 8-32 可见，以学校所属行政辖区统计各设区市参加广西中等职业学校“双师型”教师认定数据。在成功申报认定的教师中，排名前五的是南宁、柳州、桂林、玉林、钦州。除河池和百色、贵港和北海之外，其余各设区市通过认定人次与申报认定人次大小顺序一致。

（二）各设区市通过率情况

由图 8-32 可见，按照通过率高低排序，排名前五的是防城港、柳州、北海、梧州、钦州。全区通过率最高的是防城港市，其通过率（87.8%）比贵港（58.8%）高 29 个百分点。通过率位居第二的柳州的通过率为 76.7%，其申报规

模也较大，有 1595 人次申报，位居广西各设区市中等职业学校申报认定人次的第二，与柳州市作为广西中等专业学校“双师型”教师认定首批试点城市，宣传和组织工作有较好基础有一定关系。

第四节 广西高等职业院校“双师型”教师认定基本情况分析

广西高等职业院校“双师型”教师认定于 2016 年 12 月启动首批认定试点，截至 2020 年 12 月，共实施了 5 批次高等职业院校认定，高等职业院校共有 7422 人次申报成功，4276 人次通过认定，通过率 57.6%。广西高等职业院校“双师型”教师认定的基本情况分析如下。

一、广西高等职业院校“双师型”教师认定总体情况分析

（一）申报及通过认定教师性别情况

在高等职业院校成功申报“双师型”教师认定和通过认定情况如图 8-33 所示。申报认定和通过认定的女教师的数量和占比均多于男教师，且差异较大。但通过率差异不大，女教师认定通过率高于男教师通过率的 1.3 个百分点。

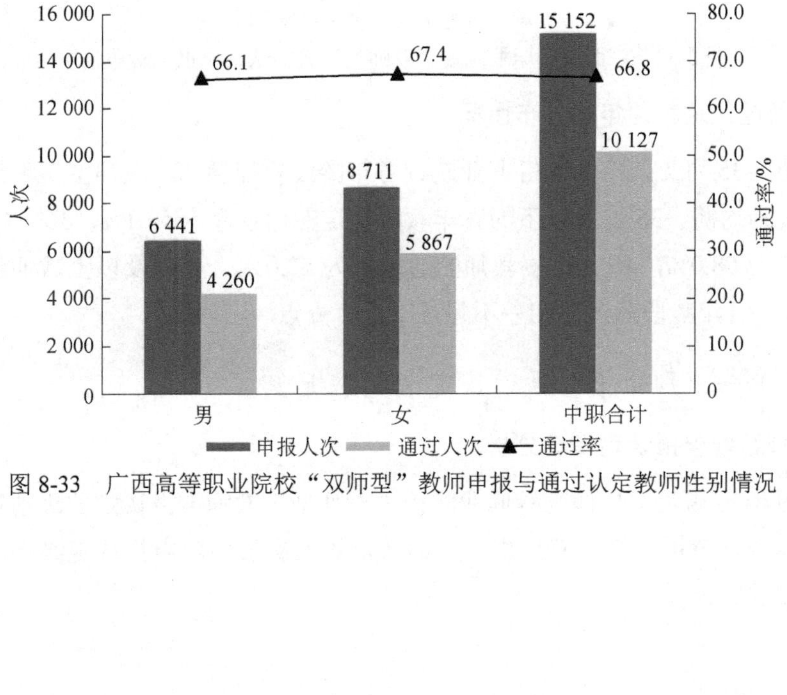

图 8-33 广西高等职业院校“双师型”教师申报与通过认定教师性别情况

（二）申报及通过认定教师年龄分布情况

1. 申报认定教师年龄分布情况

广西高等职业院校“双师型”教师认定申报年龄段情况如图 8-34 所示。其中，36—45 岁教师申报认定的人次最多，占 53.0%，36—55 岁年龄段教师占总申报认定人次的 77.4%，表明申报广西高等职业院校“双师型”教师以中年教师为主体；56 岁及以上教师申报认定人次最少，仅占 7.8%。

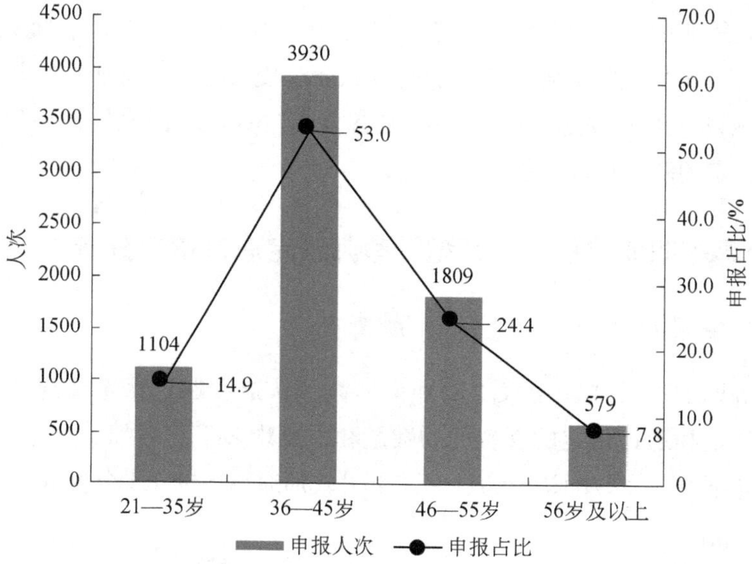

图 8-34 广西高等职业院校“双师型”教师认定申报年龄段情况

2. 通过认定教师年龄分布情况

由图 8-35 可见，广西高等职业院校各年龄段教师参加“双师型”教师认定的通过率较为均衡。35 岁及以下的青年教师认定的通过率为 57.1%，36—45 岁教师的通过率为 58.0%，46—55 岁教师的通过率为 57.0%，56 岁及以上教师的通过率为 57.9%，各年龄段通过率相差不超过 1 个百分点。

（三）分级别申报和通过认定情况分析

1. 分级别申报认定情况分析

由图 8-36 可见，广西高等职业院校“双师型”教师申报认定的级别越高则申报人次越少，申报初级“双师型”教师认定的人次最多。申报认定级别高低与申报人次成反比。

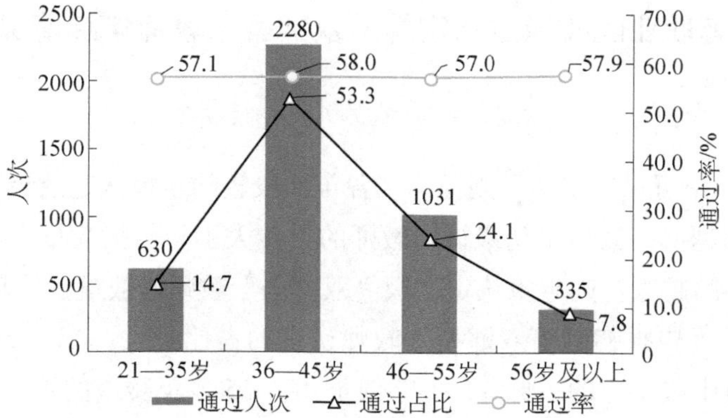

图 8-35　广西高等职业院校“双师型”教师认定通过年龄情况

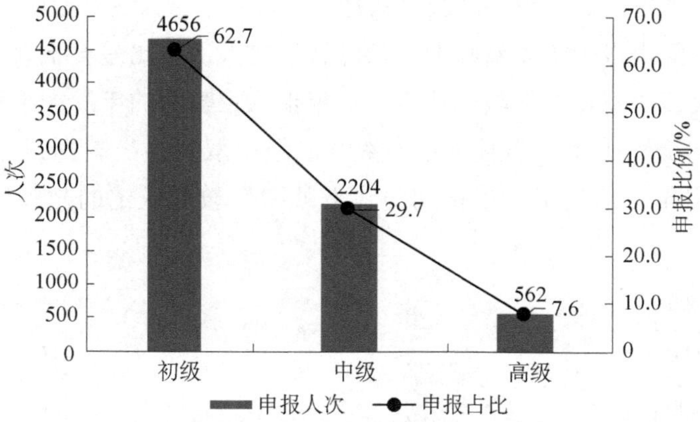

图 8-36　广西高等职业院校“双师型”教师各级别申报情况

2. 分级别通过认定情况分析

由图 8-37 可见，认定的级别越高则通过认定的人次越少、占比也越低，认定的通过率也越低，即通过认定的级别与申报的人次、通过的人次和通过率成反比。

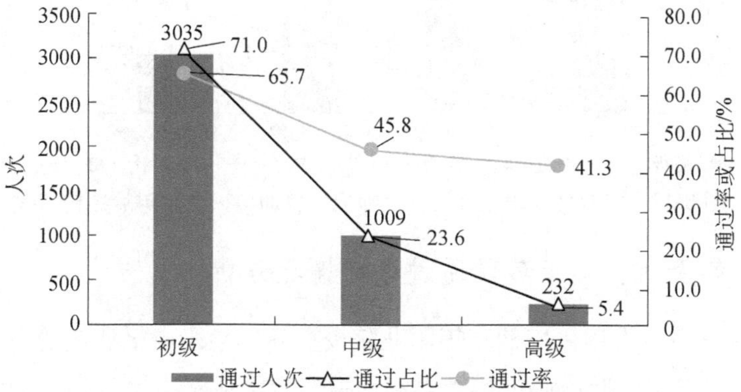

图 8-37　广西高等职业院校“双师型”教师各级别通过率情况

二、广西高等职业院校通过认定的“双师型”教师年龄情况分析

（一）各级别、各年龄段申报认定情况分析

从图 8-38 中可以看出如下规律：①各年龄段教师申报认定的级别越高，则申报的人次比例越低。②申报初级认定教师的年龄大小与申报数量占比成反比，即申报教师的年龄越大，则申报认定初级“双师型”教师的数量占比越小；35 岁及以下的青年教师申报初级“双师型”教师认定的占比最大。③除 56 岁及以上年龄段教师申报中级认定的占比 32.5%略低于 46—55 岁年龄段的占比 33.0%以外，其余申报中级、高级认定教师的年龄大小与申报数量占比成正比，即申报教师的年龄越大，则申报认定中级、高级“双师型”教师的数量占比越大。④36 岁及以上各年龄段教师申报中级“双师型”教师认定的人次占比差异不大。这说明在广西高等职业院校“双师型”教师认定中，申报认定教师的年龄大小和申报级别高低基本呈反向变动关系，而且申报中级、高级“双师型”教师认定的教师以 36 岁及以上的中年教师为主，申报初级“双师型”教师认定的教师以中青年教师为主。

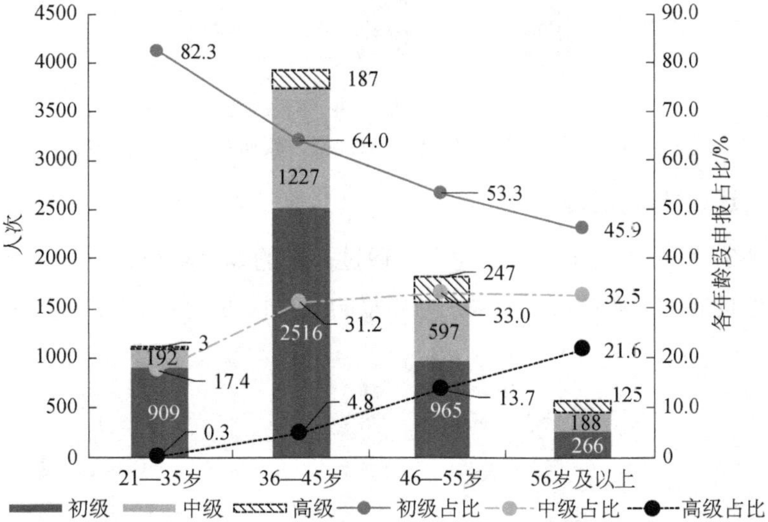

图 8-38　广西高等职业院校“双师型”教师申报认定年龄结构情况

（二）各级别、各年龄段通过认定情况分析

由图 8-39 可以看出，广西高等职业院校在各年龄段申报认定的级别越高，则通过的人次和占比越低；通过初级“双师型”教师认定占比最高，初级、中级、

高级“双师型”教师通过认定的人次占比依次下降；通过初级、中级“双师型”教师认定的教师人数最多的在 36—45 岁年龄段的中年教师，通过高级“双师型”教师认定的教师占比最高的为 56 岁及以上年龄段教师。

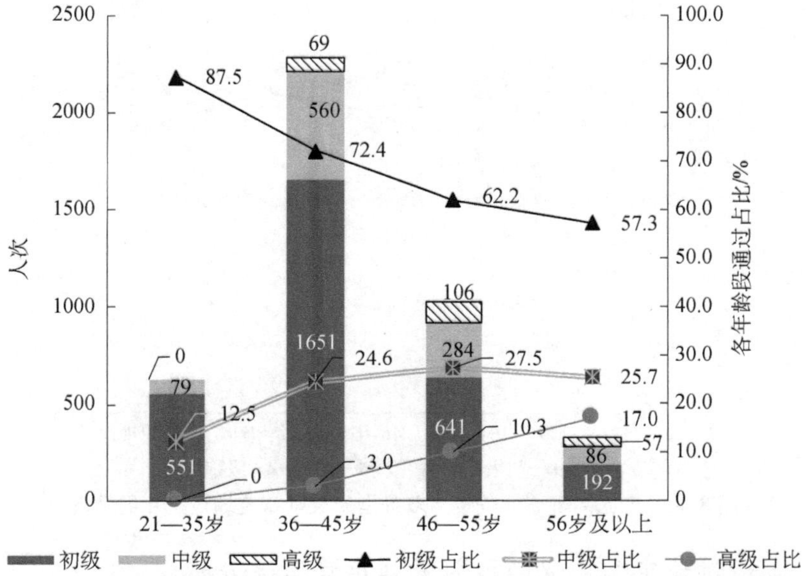

图 8-39　广西高等职业院校“双师型”教师认定各年龄段通过率情况

由图 8-40 可以看出各级别、各年龄段认定通过率。在各年龄段，申报级别越高，则通过的人次比例越低、通过率也越低；初级“双师型”教师占比最高，初级、中级、高级“双师型”教师的人次和比例依次下降。同时，随着年龄段的增加，中级通过率高于高级通过率的差距越来越小，56 岁及以上年龄段中级和高级的通过率相差无几。

由上可见，在广西高等职业院校“双师型”教师认定中，申报和通过认定教师的年龄大小和申报级别高低呈反向变动关系；各年龄段教师申报初级“双师型”教师认定的人次占比均明显高于申报中级、高级的人次占比；申报和通过认定初级、中级“双师型”教师认定的教师以 36—55 岁年龄段的教师为主。综合申报和通过情况看，中等职业学校申报和通过初级“双师型”教师认定的教师以中青年教师为主、通过中高级“双师型”教师认定的教师以 36 岁及以上的中年教师为主，高等职业院校申报初级认定的人数占比高于中等职业学校初级认定占比，说明高等职业院校“双师型”教师认定标准的要求较高，应根据广西高等职业院校“双师型”教师队伍建设的实际情况，对认定标准进行适当调整。

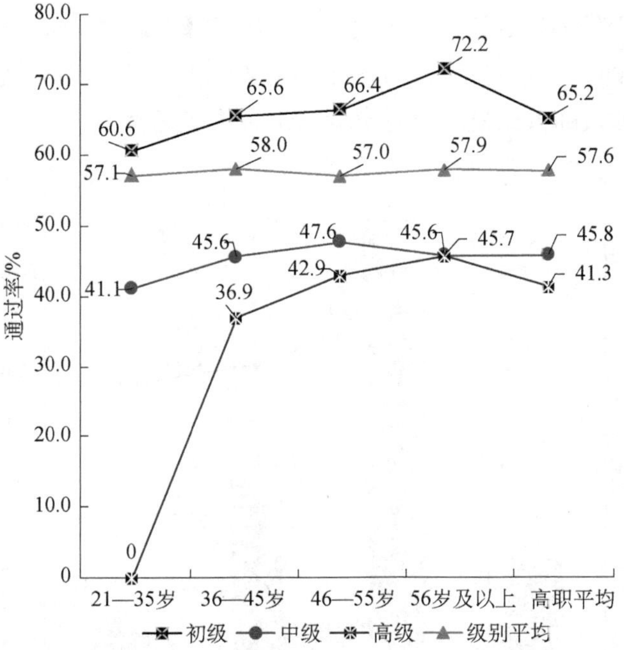

图 8-40 广西高等职业院校“双师型”教师认定通过率年龄情况

（三）通过认定的“双师型”教师年龄情况分析

由图 8-41 中可以看出，通过认定的初级、中级和高级“双师型”教师年龄分布存在差异。其中，通过认定的初级、中级“双师型”教师占比最高的均是 36—45 岁年龄段教师，高级占比最高的是 46—55 岁年龄段教师。由此说明，通过认定的广西高等职业院校“双师型”教师以中青年教师为主体，尤其是中级、高级“双师型”教师主要分布在 36—55 岁年龄段，分别占 83.7%和 75.4%。

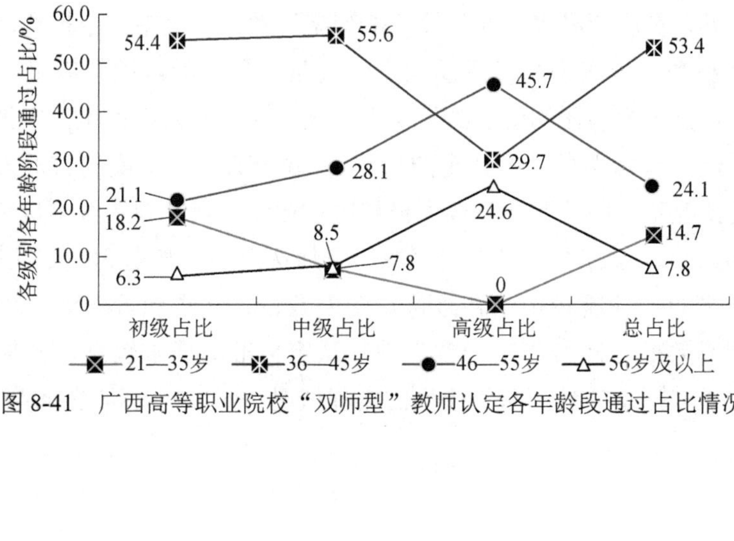

图 8-41 广西高等职业院校“双师型”教师认定各年龄段通过占比情况

三、广西高等职业院校“双师型”教师认定专业大类情况分析

（一）各专业大类申报人次情况

截至 2020 年 12 月，在广西高等职业院校“双师型”教师认定申报教师的 7422 人次中，除单列的文化课类别外，申报覆盖了教育部颁布的《高等职业学校专业目录》所有专业大类共计 19 个。

由图 8-42 可见，广西高等职业院校各专业大类教师申报认定人次差异很大，申报人次最多的教育与体育大类申报人次是申报人次最少的公安与司法大类的 41 倍、申报人次倒数第二和第三的水利大类、轻工纺织大类的 32 倍和 30 倍，这与广西高等职业院校所设置的专业数量结构相关。

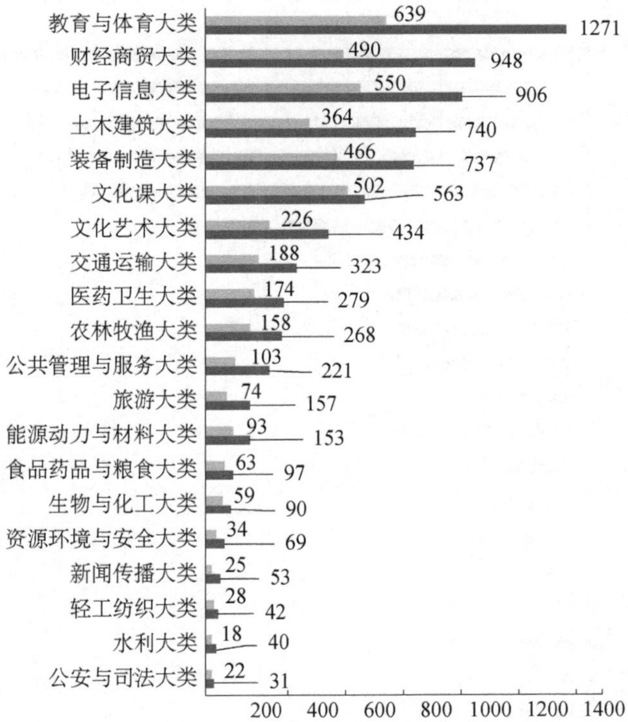

图 8-42　广西高等职业院校“双师型”教师认定各专业大类申报与通过人次情况

（二）各专业大类通过认定人次情况

1. 通过认定人次情况

在广西高等职业院校“双师型”教师认定的申报教师 7422 人次中，共有

4276人次通过认定。由图8-42可见，除单列的文化课大类外，按照专业大类通过人次最多的前五位的是教育与体育大类、电子信息大类、财经商贸大类、装备制造大类和土木建筑大类，申报认定人次最少的后五位是资源环境与安全大类、轻工纺织大类、新闻传播大类、公安与司法大类和水利大类。申报人次前五位和后五位的专业大类不变，但通过的人次顺序发生了改变。

2. 通过认定人次占比情况

由图8-43可见，教育与体育大类是认定人次通过占比最高的专业大类。认定人次通过占比超过10%的还有4个专业大类，即电子信息大类、文化课大类、财经商贸大类和装备制造大类。通过人次占比低于1%的分别是资源环境与安全大类、轻工纺织大类、新闻传播大类、公安与司法大类、水利大类等5个专业大类。

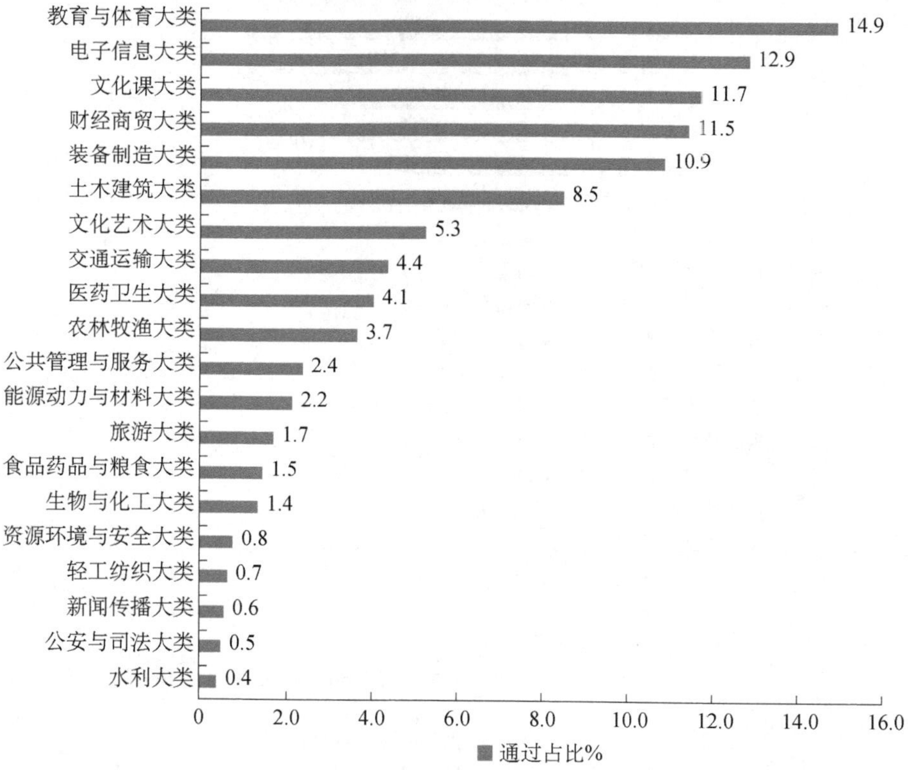

图8-43 广西高等职业院校“双师型”教师认定各专业大类通过占比情况

（三）各专业大类通过率情况

广西高等职业院校“双师型”教师认定各专业大类通过率情况如图8-44所示。通过率最高的前五位专业大类是公安与司法大类、轻工纺织大类、生物与化工大类、食品药品与粮食大类和装备制造大类，通过率最后五位专业大类为土木建筑大类、新闻传播大类、旅游大类、公共管理与服务大类和水利大类。

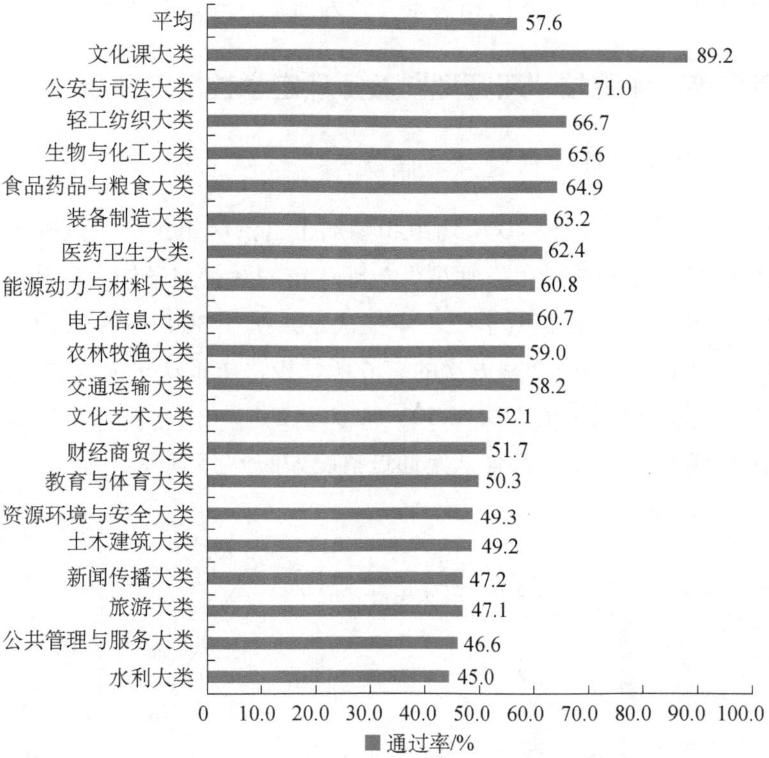

图 8-44 广西高等职业院校“双师型”教师认定各专业大类通过率情况

经统计分析可知：一方面，将轻工纺织大类、生物与化工大类、食品药品与粮食大类、装备制造大类、医药卫生大类、能源动力与材料大类、电子信息大类、农林牧渔大类、交通运输大类、资源环境与安全大类、土木建筑大类和水利大类等 12 个作为理工科专业，其平均通过率为 58.6%；公安与司法大类、文化艺术大类、财经商贸大类、教育与体育大类、新闻传播大类、旅游大类、公共管理与服务大类等 7 个作为文科专业，其平均通过率为 50.7%，理工科专业大类认定的平均通过率高于文科专业认定的平均通过率的 7.9 个百分点。另一方面，通过率超过 60%的专业大类有公安与司法大类、轻工纺织大类、生物与化工大类、食品药品与粮食大类、装备制造大类、医药卫生大类、能源动力与材料大类和电子信息大类 8 个专业大类，其中，理工科专业大类 7 个；通过率不到 50%的是资源环境与安全大类、土木建筑大类、新闻传播大类、旅游大类、公共管理与服务大类和水利大类 6 个专业大类，其中，理工科专业和文科专业各占一半。

总体上看，理工科专业大类认定的通过率相对较高，文科专业大类认定的通过率相对较低。其原因与职业资格证书、企业实践等条件的认定中，相对于文科教师而言，理工科教师所具备的相关条件较为清晰有一定的关系。

四、广西高等职业院校"双师型"教师认定学校情况分析

（一）各学校申报和通过人次情况

广西现有高等职业院校40所均组织参加了自治区组织的"双师型"教师认定，各高职学校申报和通过"双师型"教师认定的数量差异较大。其中，申报认定人次超过400人次的有5所学校，申报认定人次在300—399人次的有5所学校，申报认定人次在200—299人次的有6所学校，申报认定人次在100—199人次的有7所学校，申报认定人次在50—99人次的有4所学校，申报认定人次在1—49人次的有13所学校，具体认定通过情况如图8-45所示。

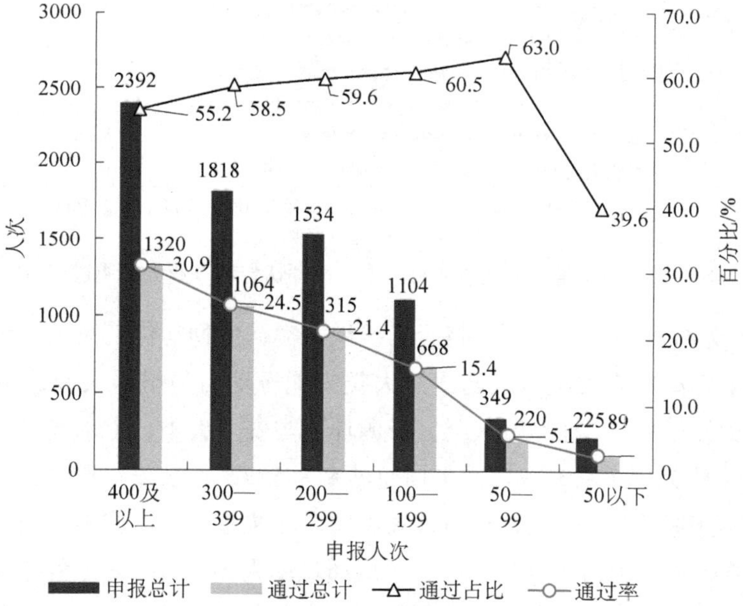

图8-45 广西高等职业院校"双师型"教师认定各学校申报与通过情况

（二）各学校通过率情况

由图8-45可见如下规律：①申报认定教师人次规模越大的学校，其通过人次和占比越大，即申报认定人次规模与通过认定的人次规模、通过占比成正比。②申报规模超过50人次的学校认定的通过占比均在55%以上，差异不是很大；

申报认定人次在 50—99 人次的 4 所学校认定的通过占比最高（63.0%），申报认定人数在 50 人以下的 13 所学校认定的通过占比最低（39.6%），两者相差 23.4 个百分点，说明申报认定规模较小的学校“双师型”教师队伍建设水平相对较低，其认定的组织工作与申报规模较大学校有一定的差距，需要进一步加强。

第九章　广西职业教育“双师型”教师认定实效分析

广西职业教育“双师型”以打造高水平职教师资队伍为宗旨，聚焦职业教育“双师型”教师队伍建设要求，着眼“双师型”教师专业化发展，立足民族地区职业教育改革发展实际，依据“双师型”教师内涵要求，以教育教学能力和专业技术技能提升为目标，首次制定了广西民族地区职业教育“双师型”教师认定地方标准，认定标准规范了广西职业院校“双师型”教师认定的标准和要求，将职业教育“双师型”教师的要求变成可量化的标准，符合广西民族地区职业教育发展实际，并探索构建了“标准引领·多方联动·平台支撑·统筹认定”的职业教育“双师型”教师认定体系，形成常态化认定机制，助推民族地区“双师型”教师专业化发展。

第一节　广西职业教育“双师型”教师认定的主要成效

广西是经济欠发达的民族地区，“双师型”教师队伍建设是制约广西职业教育高质量发展的一个瓶颈问题。为此，探索建立符合广西实际的“双师型”教师资格认定制度体系，激励教师不断提升理论教学和实践教学能力，从制度上保障“双师型”教师队伍持续健康发展，是促进广西职业教育改革发展的一项重要而紧迫的任务。经过 8 年改革探索实践，广西职业教育“双师型”教师认定取得了初步的成效。

一、构建广西职业教育“双师型”教师认定体系，形成常态化认定机制

广西探索构建的“标准引领·多方联动·平台支撑·统筹认定”的职业教育

“双师型”教师认定体系，是开展常态化认定的基础。

“标准引领”指认定体系建设围绕“双师型”教师专业化发展主线，基于国家职业教育教师标准，以教育教学能力和专业技术技能提升为目标，将职业教育“双师型”教师的要求变成可测可量化的标准，让标准引领职业教育教师专业发展。“多方联动”指政府、学校、行业企业和教师联动，共同致力于“双师型”教师队伍建设水平的提升，政府出台政策举措，建立制度，做好引导；学校做好认定的宣传，组织申报，制定校本激励措施，提供教师专业发展条件；行业企业参与认定标准制定、评审，参与“双师型”教师培养培训和专业（职业）竞赛；教师聚焦“双师型”教师标准要求，针对自身专业发展的关键和重点，积极主动地提升专业技术技能水平和教育教学能力。“平台支撑”指搭建“双师型”教师认定的组织机构、认定组织实施的运行平台，校政企共同打造“双师型”教师培育平台。“统筹认定”指自治区教育主管部门统筹“双师型”教师认定工作，建立认定组织机构和运行平台，构建科学合理的认定制度，建立常态化认定机制；自治区认定办作为第三方机构具体负责认定标准制定、审核、评审等认定的组织实施和日常管理工作（图 9-1）。

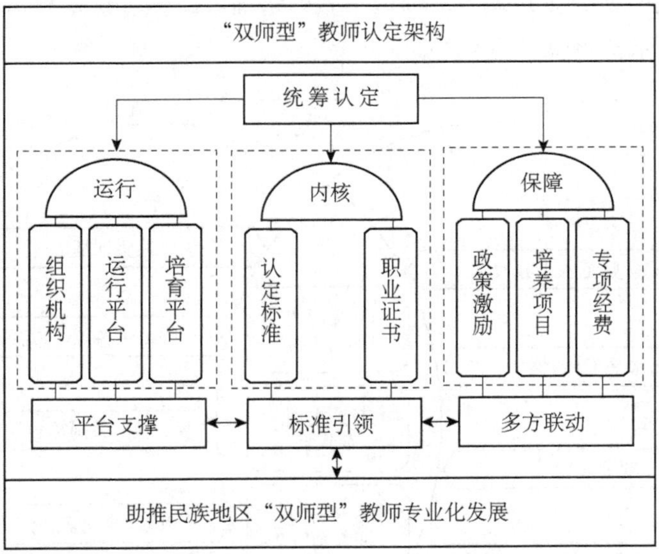

图 9-1　广西职业教育“双师型”教师认定体系构架

广西构建了省级统筹、引领职业院校教师专业发展的广西职业教育“双师型”教师认定体系，形成了常态化认定机制，建立了与“双师型”教师认定相匹配的职教教师培养制度，助推“双师型”教师队伍建设水平提升。

二、搭建“双师型”教师培育平台，促进职业教育教师专业能力提升

（一）推进校企“双元”培养“双师型”教师

《广西壮族自治区职业院校“双师型”教师队伍建设工程实施方案（2015—2020年）》等系列文件相继出台，广西多措并举，推进校企合作培养“双师型”教师，包括：鼓励建立行业企业人员和职业院校人员双向交流制度，明确支持企业建立生产性实训基地，鼓励行业企业积极参与职业教育教师培养培训全过程，依托企业真实的生产工作环境，提升职业院校教师专业实践能力。对接区域产业发展及职教师资需求，优化专业布局，建设成为各具特色、互为补充的职业教育教师培养培训基地。支持区内高水平工科大学举办紧缺专业的职业技术师范教育，建设校企合作的“双师型”教师培养培训基地，校企共建职业教育师范生实践能力实训中心，鼓励高校联合行业企业培养高层次“双师型”教师。注意发挥大型企业的示范带头作用，探索在企业设置访问工程师岗位、教师企业实践流动站、技能大师工作室。推进“双师型”教师培养培训基地和企业实践基地在教师培养培训、团队建设、科研教研、教学资源开发等方面提供支撑和服务。支持高水平学校和大中型企业共建“双师型”教师培训者队伍，认定自治区“双师型”教师培养培训示范单位（图9-2）。

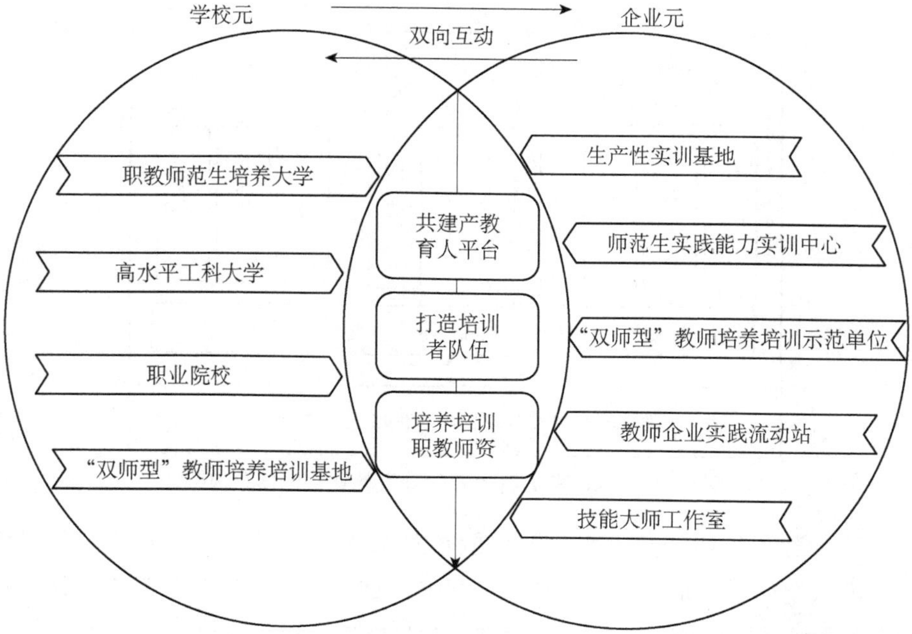

图9-2 广西职业教育校企“双元”培养“双师型”教师示意图

（二）改革广西职业教育“双师型”教师培训体系和培训模式

通过全区“双师型”教师认定，找准职教师资培养培训存在的突出问题和不足，倒逼职业教育教师培养培训制度的改革。通过建立完善职教师资培训制度体系、建立常态化经费投入机制、优化教师培训专业、设置紧密对接产业师资培训项目、建设企业师资培训基地、建立服务体系等措施，提升职业院校教师的双师素质。例如，针对学校教师专业知识及专业技术培训的针对性不强、获取的职业资格证书含金量不高或与承担专业教学方向不符、参与企业实践不落实，以及兼职教师教育教学技能培训缺失等问题，自治区着力建立健全政府、行业企业、高校、中等职业学校协同培养机制，改革培训项目内容和模式，增置了大批与“双师型”教师认定标准要求相匹配的项目，包括双师型教师专业技能培训、优秀青年教师跟岗访学、中等职业学校名师名校长培训、专业带头人领军能力研修等形式的职业院校教师培训，并将一批信誉良好、实力雄厚的企业纳入职教师资培训机构，切实推进教师企业实践制度实施，不断提升教师的实践教学能力。同时，各职教师资培训基地也积极改革培训项目、培训内容和培训模式，增强职教师资培训的时效性。例如，广西师范大学国培基地在全区各地市开展了近百场“双师型”教师示范教学巡讲，以扩大职业教育优质教师培训资源的受益面，提高中等职业学校教师课堂教学水平，广受学校和教师欢迎；又如广西科技大学国培基地改革培训模式，通过建设“职业院校-国培基地-企业行业”三位一体的职教师资培训平台，构建“双师导向”的职教师资培养培训管理模式，提高职教师资培训与“双师型”教师认定标准要求的契合度。

三、有力地推动职业学校加强“双师型”教师队伍建设，调动职业院校教师不断提升双师素质的积极性

自广西开展认定工作以来，各职业院校以“双师型”认定为抓手，将广西“双师型”教师认定标准的要求纳入学校师资队伍建设相关制度之中，出台政策和措施，激励教师不断提升双师素质能力。例如，南宁职业技术学院、广西工业职业技术学院、广西理工职业技术学校、南宁市第四职业技术学校、梧州农业学校、广西商业学校等职业学校推出相应的措施，在课酬、绩效发放、项目评审等方面向通过认定的“双师型”教师倾斜。尤其是各学校能够结合“诊断与改进”、“双高计划”建设和“星级学校”创建等工作，将“双师型”教师队伍建设纳入学校发展的顶层设计。例如，柳州职业技术学院等学校建立了明晰的教师发展标

准，广西职业技术学院等学校将通过自治区“双师型”教师认定作为每位专任教师职称晋升的必备要求之一，广西农业职业技术学院构建了教师的学术水平、职称和“双师型”教师三个坐标方向的教师专业发展模型。这些措施都有效地激发了教师不断提升教育教学能力和专业实践能力的热情与动力。

在 2017 年面向广西部分职业院校开展的“双师型”教师认定情况抽样调查中，研究团队回收有效问卷 327 份，其中有 73.1%的教师认为开展自治区“双师型”教师认定，可以促进教师提升专业技术技能水平和实践能力；84.1%的教师认为有利于促进“双师型”教师队伍建设，对统一开展自治区级认定给予充分肯定。广西职业技术学院、广西农业职业技术学院、广西商业学校、广西机电工程学校等学校领导反映：开展认定工作以来，学校教师参加教育教学技能、职业资格证书技能培训和技能竞赛、企业实践等各种项目的积极性空前高涨。近几年组织的与“双师型”教师相关的职业教育教学技能培训、职业资格证书技能培训、企业实践培训等项目，完成率、报到率均创新高，学员的学习积极性高涨，不少学员回校后成为本专业的教学骨干。例如，广西科技大学国培基地举办的数控车工、汽车维修工职业资格证培训和企业实践培训，学员报到率均达到 98%以上，明显高于其他培训项目。广西一位国家级教学名师奖获得者在评价“双师型”教师认定工作时说：开展认定工作对于促进职业院校教师的专业发展、提高专业技能很有意义。

广西“双师型”教师认定制度为显著提升广西职业院校教师发展水平提供了助力，取得一批标志性成果。依据《2021 中国职业教育质量年度报告》，在全国职业高等院校校长联席会议公布的“全国高等职业院校教师教学发展指数（2021 版）”中，高等职业院校教师发展指数优秀院校共 100 所，广西有南宁职业技术学院、柳州职业技术学院和广西职业技术学院 3 所入选，位居我国民族地区首位、全国排名第 8。广西有 16 所学校入选国家级职业教育教师教学创新团队立项建设单位，总数位居全国第 8 位、民族地区首位。教育部公布的首批职业院校“双师型”教师队伍建设典型案例，高等职业学校典型案例的学校共 100 所，广西有 3 所入选，全国排名并列第 6；中等职业学校典型案例的学校共 100 所，广西 5 所，在全国排名并列第 5；高等职业学校个人专业发展典型案例共 70 人，广西 1 人，全国排名并列第 7；中等职业学校个人专业发展典型案例共 50 人，广西 1 人，全国并列排名第 6，入选学校数和个人数均居我国民族地区首位。2015—2021 年全国职业院校信息化教学大赛和全国职业院校技能大赛教学能力竞赛中，广西职业院校教师获奖总数均位居 31 个省份的第 10—13 名。2021 年 9 月，教育部评选的全国第二批人工智能助推教师队伍建设试点单位55所高校中，广西建设职业技术学院入选全国第二批人工智能助推教师队伍建设试点高校。2022年，柳州铁道职业技术学院获第二批全国高校黄大年式教师团队1个，全国仅有28个团队是职业院校。在2018年全国职业教育教学成果奖评选中，广西职业院校共获得15个奖项，其中一等奖3项，二等奖12项，获奖等级与获奖数稳居我国民族地区首位、全国排名第7。在第二、三、四批国家“万人计划”教学名师遴选中，广西共有6人入选，其中4人为职业院校教师。2018年教育部表彰全国优秀教师和全国优秀教育工作者，广西4人入选，其中2人是职业院校教育工作者；广西49人入选全国优秀教师，其中13人是职业院校教师。

四、有效地促进了政府创新教师管理机制，建立了“双师型”教师队伍持续健康发展的保障制度

广西“双师型”教师认定，创新了广西职业教育“双师型”教师管理制度，实现了“双师型”教师管理标准化，使职业院校的“双师型”教师可比、可测，其数量、比例能够真正成为评判“双师型”教师队伍建设质量和水平的有效指标。同时，以“双师型”教师资格认定的结果为导向，不断出台相关的职业院校考核、评价、项目遴选制度，以及职教教师培训、职称等政策制度，创新了“双师型”教师管理制度，促进政府、学校和行业企业“多方协同”建立双师素质能力提升平台，形成了激励职教教师不断加强学习实践、追求卓越的激励机制，从制度上保障“双师型”教师队伍持续健康发展。

通过“双师型”教师认定，针对职教师资队伍建设的重点、难点和瓶颈问题，“精准”施策、加强建设。自治区设立亚洲开发银行贷款广西现代技术与职业教育与培训发展示范项目，将亚洲开发银行在广西投资贷款用于职教师资建设的一部分，与“双师型”教师认定“挂钩”实施，将广西“双师型”认定体系构建作为亚洲开发银行在广西投资贷款项目师资队伍建设部分的验收标准。2017年，“双师型”教师认定被纳入自治区政府的绩效考核体系，深化“双师型”导向的教师考核评价改革，将国家级、自治区级专业技能大赛、教学能力比赛获奖情况纳入职业院校教师考核体系，将“双师型”教师比例纳入中等职业学校星级认定标准和广西高水平高职学校建设的师资队伍指标。健全“双师型”导向的教师职称制度，2018年、2019年，自治区将“双师型”教师作为广西中等职业学校和高等职业院校教师系列专业技术职务资格评定的必备条件。

五、创新性地开辟了行业企业骨干从事职业教育教学工作资格认证和提升教育教学能力的渠道

广西“双师型”教师认定面向社会的兼职教师开放，尤其注意充分考虑兼职教师的特点而制定了不同于专职教师的认定标准，如对于不具备“教师资格条件”或“教师职称条件”的兼职教师，可用“参加自治区教育主管部门组织的不少于120学时职业教育教师教学技能专项培训，并取得合格证书”替代。兼职“双师型”教师的认定，使行业企业专家、技术骨干、高技能人才、能工巧匠等校外兼职人员从事职业教育教学工作有了资格认证，拓宽了行业企业人员教育教学能力提升渠道，促进了社会教育资源向职业教育流动。

六、广西“双师型”教师认定取得了良好的社会声誉

（一）广西“双师型”教师认定得到第三方机构的评估认可

亚洲开发银行认证专家丸山麻子对广西“双师型”教师认定体系建设给予高度关注和认可，并建议不断完善后可向其他国家推广。同时，亚洲开发银行贷款专家围绕“双师型”教师认证制度实施，对广西职业院校、职教组织、政府部门和企业代表进行了调查研究，项目专家设计了专门的调查问卷和访谈问题，以调查了解该制度的实施效果如何、需要如何改进。2021年2月，项目专家形成了《支持广西现代技术与职业教育与培训发展项目中期报告》，提出职教“双师型”教师认证制度是广西职教教师队伍建设的重要创新。调研分析认为：“双师型”教师认证制度基本得到教师认可。60%职教教师认为“双师型”教师认证能够反映职教教师的双师素质，70%职教教师认为“双师型”教师认证指标“合理”，74%职教教师认为“双师型”教师认证有利于促进职教教师能力提升。一些院校实施了激励教师参与双师认证的制度，如南宁市第四职业技术学校对于通过“双师型”教师认证的教师，按获评的级别每月基础工资增加300—700元。

（二）广西“双师型”教师认定产生了良好的辐射效应和社会影响

广西“双师型”教师认定引起学术界的广泛关注，如在2018年7月的中国-东盟职业教育与教师发展学术论坛所做的专题交流中，受到我国职教师资研究领域多位资深专家的好评。专家认为：广西“双师型”教师认定制度的探索，既有现实意义又有理论价值。《中国教育报》《广西日报》《南宁日报》《南宁晚报》

《南国今报》，以及新华网、网易网、中国青年网、南宁政府网、柳州政府网、全国教师资格考试网等20多家知名媒体对此进行了报道，在社会各界引起广泛反响。《中国教育报》报道了广西“双师型”教师认证制度，认为是“有方有效地探索出了一条极具创新精神和民族地区特色的双师培养之道”[①]。

广西职业教育“双师型”教师认定的改革实践，探索了职业院校“双师型”教师培育、认定、管理和发展的长效机制，强化校、政、企多方协同，旨在提高教师教育教学能力和专业实践能力，促进职业院校教师专业化发展。这是贯彻落实党和国家新时代加强教师队伍建设、多措并举打造“双师型”教师队伍的积极尝试，为建立完善我国职业院校教师资格标准提供了有益的实践经验。

第二节 广西职业教育“双师型”教师认定存在的主要问题及原因分析

随着新时代职业教育内涵式发展进程加快，“双师型”教师作为提升质量和增强职业教育适应性的关键。近年来，国家出台了一系列与其相关的文件政策，对职业教育“双师型”教师队伍建设提出了一系列新的要求。虽然广西职业教育“双师型”教师认定标准和认定办法、制度体系在认定工作推进的实践中不断优化，但在认定工作实践中也存在认定标准、认定办法和制度体系不尽完善以及专家队伍建设需要加强等问题。

一、广西职业教育“双师型”教师认定通过率问题

（一）广西职业教育“双师型”教师认定的通过率较低

广西“双师型”教师认定制度要求学校对申报教师的材料进行审核，对于符合认定相关条件方能提交至自治区参加评审，同时，广西“双师型”教师认定未设置通过率的限制条件，符合条件的教师均可以通过认定。由此可以认为，凡是进入自治区认定评审环节的教师均应该可以通过认定。然而，自2015年4月启动首批认定试点直至2020年12月所实施的12批认定中，总通过率仅为63.8%，其中，中等职业学校共认定7批次的通过率为66.8%，高等职业院校共认定5批次的通过率为57.6%，虽然中等职业学校“双师型”教师认定的总通过率高于高

① 卜玉辉. 创新“双师”培养之道，助力广西职教深发展——聚焦广西科技大学服务“双师型”教师认证的实践. 中国教育报，2018-01-11.

等职业院校总通过率 9.2 个百分点，但均未达到 70%。

（二）学校“双师型”教师认定通过率参差不齐且差异较大

截至 2020 年 12 月 31 日，参加“双师型”教师认定的 197 所中等职业学校中，超过平均通过率的学校有 91 所，未达到平均通过率的学校有 106 所，其中，通过率为 80%以上的有 43 所学校，通过率为 0 的有 14 所学校，通过率 0.1%—40%的有 18 所学校。参加“双师型”教师认定的 40 所高等职业院校中，达到或超过平均通过率 57.6%的学校有 19 所，未达到平均通过率的学校有 21 所，其中，通过率超过 70%的学校有 3 所，通过率不足 40%的学校有 10 所。

从表 9-1 可以看出，中等职业学校申报认定规模比较大的学校通过率相对较高，申报认定规模比较小的学校通过率相对较低。其中，中等职业学校申报人次低于 10 人次、高等职业院校申报人次低于 50 人次的学校，多为新办学校或者办学规模较小、师资队伍建设水平相对较低的学校。由此可见，虽然是统一的认定标准、认定办法、认定管理，但是各学校的通过率仍参差不齐。这既与学校的“双师型”教师队伍建设水平相关，也与学校和教师对认定的重视程度相关。

表 9-1 广西职业教育“双师型”教师认定申报规模与通过率情况统计表

申报人次	中等职业学校				高等职业院校			
	学校数/所	申报总数/人次	通过总数/人次	通过率/%	学校数/所	申报总数/人次	通过总数/人次	通过率/%
200 以上	18	5 228	3 560	68.1	16	5 744	3 299	57.4
(100，200]	37	5 416	3 711	68.5	7	1 104	668	60.5
(50，100]	32	2 392	1 546	64.6	4	349	220	63.0
(10，50]	70	1 923	1 221	63.5	8	210	84	40.0
10 以下	40	193	89	46.1	5	15	5	33.3
合计	197	15 152	10 127	66.8	40	7 422	4 276	57.6

二、广西职业教育“双师型”教师认定标准问题

广西职业教育“双师型”教师认定于 2015 年 4 月启动首批认定试点，截至 2020 年 12 月，共实施中等职业学校 7 批次、高等职业院校 5 批次“双师型”教师认定，共有教师 22 574 人次成功申报，14 403 人次教师通过广西“双师型”教师认定，总通过率仅为 63.8%，与认定标准设定相关性如何，现以 2018 年高等职业院校认定为例分析。本次认定共有全区 35 所高等职业院校参加，2446 人申报，1125 人通过认定，1321 人未通过认定，通过率为 46.0%。其中，申报初级

1503人次、中级771人、高级172人，通过认定的初级869人、中级224人、高级32人，通过率相应分别为57.8%、29.1%和18.6%。不通过的主要原因分析如下。

（一）“企业实践条件”是影响通过率最主要的原因

在广西高等职业院校“双师型”认定标准中，“企业实践条件”作为高等职业院校中级、高级“双师型”教师认定的必备条件之一，要求教师必须满足“近五年中有累计不少于6个月在企业或生产服务一线本专业实践经历”条件，而初级“双师型”教师认定仅将此作为拓展条件之一，即使不具备该条件，也可以用其他的条件替代。因此，企业实践条件成为影响中级、高级认定的一个主要因素，使得中级、高级认定的通过率远低于初级认定的通过率，中级低于初级28.7个百分点，高级低于初级39.2个百分点。

从表9-2可见，因未满足企业实践条件而未通过认定的共382人，占总申报人数2446人的15.6%，占未通过认定总人数1321人的28.9%。由此表明，如果不要求企业实践条件或者如果所有申报教师均满足企业实践条件，该次认定的总通过率可以提高15.6%，可达到61.6%，即总通过率可以提高约1/3。

在382人中，申报认定中级的有313人、高级69人，占中级、高级申报人数的比例分别为40.6%、40.1%，占未通过中级、高级人数的比例分别为57.2%、49.3%。由此表明，中级、高级认定的通过率可以分别提高40.6%和40.1%，通过率可以分别达到69.7%和58.7%，即中级、高级认定的通过率可以提高约2/5；而在未通过中级、高级认定的教师中分别有57.2%、49.3%可以通过认定。可见，企业实践条件是影响通过率的最主要原因。

表9-2　2018年高等职业院校“双师型”教师认定不通过原因统计表

不符合条件	初级		中级		高级		不符合人数合计	占未通过认定总人数比例/%	占总申报人数比例/%
	人数	占比/%	人数	占比/%	人数	占比/%			
必备条件1：教师资格证条件	10	1.6	7	1.3	1	0.7	18	1.4	0.7
必备条件2：教师职称条件	100	15.8	18	3.3	2	1.4	120	9.1	4.9
必备条件3：职业资格证条件	254	40.0	22	4.1	6	4.3	282	21.3	11.5
必备条件4：教学经历条件	42	6.6	3	0.5	4	2.9	49	3.7	2.0

续表

不符合条件	初级		中级		高级		不符合人数合计	占未通过认定总人数比例/%	占总申报人数比例/%
	人数	占比/%	人数	占比/%	人数	占比/%			
必备条件 5：企业实践条件	—	—	313	57.2	69	49.3	382	28.9	15.6
拓展条件	173	27.3	22	4.0	10	7.1	205	15.5	8.4
其他（不符合 2 项及以上条件）	55	8.7	162	29.6	48	34.3	265	20.1	10.8
合计	634	100	547	100	140	100	1321	100	54.0

（二）职业资格条件

在广西高等职业院校“双师型”认定标准中，“职业资格条件”作为“双师型”教师认定的必备条件之一，要求申报教师满足“具有本专业或相近专业非教师系列申报级别同级及以上专业技术资格，或具有本专业同级及以上‘双师型’教师应具备的职业资格证书”条件。从表 9-2 可见，在该次申报的 2446 人中，共有 282 人仅不满足该条件，占总申报人数的 11.5%，位居不通过原因第二。因此，如果申报教师均满足职业资格条件，总通过率可以提高 11.5%，即可达到 57.5%。可见，职业资格条件是影响通过率的又一个主要原因。如果申报教师均满足企业实践条件和职业资格条件，该次认定的总通过率就可以提高 27.15 个百分点，总通过率可以达到 73.15%。

（三）不符合其他或多项条件

从表 9-2 可见，不符合 2 项及以上条件的教师共有 265 人，占总申报人数的 10.8%，位居不通过原因第三位。所有必备条件均满足，仅不符合拓展条件的共有 205 人，占总申报人数的 8.4%，位居不通过原因的第四位。其他必备条件包括必备条件 2 的教师职称条件、必备条件 4 的教学经历条件和必备条件 1 的教师资格证条件不满足的人数相对较少，分别为 120 人、49 人和 18 人，占总申报人数 2446 的比例分别为 4.9%、2.0%和 0.7%，占不通过总人数 1321 人的比例分别为 9.1%、3.7%和 1.4%。

三、职业资格证书问题

“职业资格条件”作为认定的必备条件之一，包括具有本专业或相近专业非教师系列本级专业技术资格或具有本专业本级及以上“双师型”教师应具备的职业资格证书，主要体现在《广西中等职业学校“双师型”教师认定非教师系列专业技术证书目录》和《广西高等职业院校“双师型”教师认定非教师系列专业技术证书目录》。由以上分析可知，职业资格条件是影响认定不通过第二大原因。由于职业资格证书“政出多门”，有部门的、行企业的、国际的，其体现专业技能的“含金量”也参差不齐、社会认可度不一，各专业（大类）相关的职业资格证书数量也参差不齐，加之近几年国家职业资格制度改革，取消了大批的职业资格证书和职业技能等级证书。2021 年亚洲开发银行认证专家所做的《支持广西现代技术与职业教育与培训发展项目中期报告》也提出职业资格证书相关问题，“双师认证需要提供的职业资格证书在大量取消，国家实施‘1+X’试点出现了很多新职业技能等级证书，有些课程没有对应的职业资格证书，获得不同类别的职业资格证书难易程度不同，给双师认证带来问题”。

因此，作为“双师型”教师认定必备条件之一的证书目录需要不断调整完善。另外，作为认定标准主要部分的证书目录不可能收集齐所有的“职业资格证书”，每次认定必然存在文件规定目录之外职业资格证书，需要专家主观判断，但由于认识的不同，对证书目录之外的职业资格证书认定具有“可变性”，致使评审标准的尺度把握不尽相同。如由“商务服务业专家委员会”和“全国商务人员职业技能考评委员会”共同颁发的商务人员职业技能证书，有部分专家认为其“含金量”基本符合要求而予以认定，而有专家认为“含金量”较低不予以认定，出现了对于同样的证书，不同的专家认定结果不同的情况。

四、企业实践条件问题

为建立职业学校教师定期企业实践制度，推进校企共建“双师型”教师队伍，2016 年 5 月，《教育部等七部门关于印发〈职业学校教师企业实践规定〉的通知》中明确要求：“职业学校专业课教师（含实习指导教师）要根据专业特点每 5 年必须累计不少于 6 个月到企业或生产服务一线实践，没有企业工作经历的新任教师应先实践再上岗。公共基础课教师也应定期到企业进行考察、调研和学习。”然而，在现实中，由于学校教师尤其是专业课教师数量紧缺、校企对接不畅、激励措施不足、教师参加企业实践的考评制度不完善等原因，职业学校教师参加企业实践的制度难于落实，致使“双师型”教师认定标准要求的企业实践条件成为影响通过率最主要的原因。例如，在 2018 年高等职业院校广西“双师型”教师认定申报的 2446 人中，有 382 人是因为企业实践条件不满足而未能通过认定，占此次评审不通过总人数比例 28.9%。虽然在广西“双师型”教师认定标准说明中要求申报教师要提交企业实践任务的“过程及成果”的支撑材料，但在认定的评审过程中也发现，部分教师就以企业或者学校开具的企业实践证明或聘书作为支撑材料，不足以支撑其企业实践条件。2021 年亚洲开发银行认证专家在对广西“双师型”教师认定调研中反映“企业实践指标不能很好反映职教教师实际情况”。

五、专家队伍建设问题

高水平的专家队伍建设是保证“双师型”教师认定质量的基础。一方面，“双师型”教师认定对评审专家的要求较高，最理想的专家应该是集学科专业领域的专家、行企业专家和教育教学专家于一体的高水平“双师型”教师，即要求专家既有较高的学科专业水平，又熟悉专业相关的职业资格证书制度，熟悉本专业领域相关的行企业发展状况，以及具有学校或行企业管理经验。如此，方能较准确地把握认定标准的条件，包括各类各级竞赛奖项、各级各类应用科研项目和奖项、技术技能荣誉称号、职业资格证书、职称证书等。另一方面，由于认定标准中有部分“定性”的条件，包括专业教学任务、企业实践、相近专业非教师系列专业技术职称、竞赛和职业资格证书在行企业的影响力等，对于定性的条件需要专家主观判断，致使评审标准的尺度把握不尽相同。在广西“双师型”教师认定专家库建设中，根据认定的要求，所遴选的专家主要来源于高等职业院校，存在专家的数量不够充足、专家来源较单一、专业领域覆盖不全、业务水平参差不齐，以及部分专家对评审条件不够熟悉、把握评审标准条件不够准确等问题，这在一定程度上影响了评审的质量。

综上可见，历经 8 年的广西“双师型“教师认定，存在着认定通过率较低、各学校认定通过率参差不齐、认定标准不尽合理和专家队伍建设有待加强等问题，尤其在新时代，国家对“双师型”教师的新要求、新变化未能充分体现在认定标准和认定制度之中，包括“1+X”证书制度改革等。为此，应按照新时代国家对职业教育教师的要求，结合广西开展认定工作的实际，开展广泛的调查研究。在调查研究的基础上，进一步修订完善认定标准和认定办法，使认定标准更能体现职业教育教师专业化发展在专业知识、专业能力、专业信念以及专业实践上的内涵要求，增强认定标准和认定办法的科学性、可操作性和实用性，以提升广西职业教育“双师型”教师认定的质量和效用，更好地引导职业教育教师专业化发展。

第十章　职业教育“双师型”教师认定改革展望

百年大计，教育为本。教育大计，教师为本。党的十八大以来，教育事业和教师发展愈发受到重视。习近平总书记强调，“全社会要大力弘扬尊师重教的良好风尚，使教师成为最受社会尊重的职业”[①]。教师队伍是教育发展的第一资源。对于职业教育而言，建设一支政治素质硬、业务能力强、育人水平高的专业化师资队伍是提升职业教育质量的关键环节，也是新时代职业教育改革的重要基础。

第一节　新时代职业教育“双师型”教师认定的趋势分析

2019 年国务院印发的《国家职业教育改革实施方案》提出，“职业教育与普通教育是两种不同教育类型，具有同等重要地位”。同年，中共中央、国务院印发的《中国教育现代化 2035》提出推进教育现代化的总体目标，并围绕总体目标明晰了 2035 年的主要发展目标，职业教育服务能力显著提升被列为发展目标之一，足见国家对职业教育的高度重视。随着我国进入新的发展阶段，办好新时代职业教育，把握新时代职业教育发展新方位，促进职业教育高质量发展，是新时代职业教育的发展目标。2020 年，教育部等九部门印发的《职业教育提质培优行动计划（2020—2023 年）》强调，“加快构建纵向贯通、横向融通的中国特色现代职业教育体系，大幅提升新时代职业教育现代化水平和服务能力，为促进经济社会持续发展和提高国家竞争力提供多层次高质量的技术技能人才支撑”。

高素质教师队伍是新时代职业教育高质量发展的第一资源和关键力量，“双

① 宋子节．向筑梦人致敬！习近平这样谈教师．http://politics.people.com.cn/n1/2019/0909/c1001-31344899.html.（2019-09-09）[2022-04-25].

师型"教师是职业教育教师队伍建设的主要特色。新时代背景下，新技术日新月异，新知识层出不穷，职业学校教师必须面对新的时代变革不断学习，不断提高，以新的理念、方式、行为适应新时代的教育教学要求，发展职业教育，提高职业教育人才培养质量，"双师型"教师队伍建设至关重要。近年来，《国家职业教育改革实施方案》《深化新时代职业教育"双师型"教师队伍建设改革实施方案》等系列职业教育改革发展相关文件都对"双师型"教师队伍建设提出了相应的政策要求。紧跟新时代教师队伍建设改革的新要求，建立科学合理的"双师型"教师认定和培养培训体系是保障职业学校教师从业质量、推动职业学校师资队伍高质量建设的迫切需要和现实诉求。

一、聚焦教师专业发展的"双师型"教师认定理念

20 世纪 60 年代，教师专业化发展首次以官方文件由联合国教科文组织和国际劳工组织提出。80 年代后期，教师专业化运动在以美国为代表的西方国家兴起，并且逐渐发展成为国际教师教育改革的趋势；90 年代后，教师专业化在西方形成规模，并成为提升教师水平继而提升教育质量的关键。在职业教育领域，职教师资发展同样面临此问题。

职业学校教师专业发展有两层含义：就群体而言，是指职业学校教师的职业成为专业，其工作得到认可，整体地位得到提升；就个体而言，是指职业学校教师的专业知识、专业能力、专业信念以及专业实践技能的提升。新专业主义改革浪潮，着重于教师要服务于学生的发展，以学生为中心，为学生的发展负责；教师要进行终身学习，在实践中不断改进专业知识、能力和实践；同时强调政府在教师专业发展中的标准制定和监控问责权力。

职业教育教师专业化发展是一个世界性命题，比如，以德国"双元制"为代表的职教师资队伍建设形成了从州到地方再到学校的全方位的培训网络，积极探索高度融合的校企合作模式，通过校本培训建立教师理论知识和实践技能培养的重要平台，同时非常重视《教师培养法》等法律政策对教师队伍的保障作用。不同于德国、瑞士等国的做法，美国社区学院按照求生存阶段、调整阶段以及成熟发展阶段等教师发展不同阶段建成职业教育专业教师成长体系，通过入职培训教育体系引领新任教师尽快适应职业角色，通过在职教育强化教师的职业能力和教学能力，通过职后优化疏导强化教师的经验传承效能。澳大利亚不仅形成了以技术与继续教育学院为主要特色的职业教育人才培养模式，还创建了澳大利亚培训

包和职业认证框架为导向的规范有效的职业教育教师资格认定标准体系，其成功模式受到国际社会的广泛关注。[①] 英国从20世纪末就开始针对教师专业化发展制定标准，经过三次重大变革，不仅促进了职教师资的专业化发展，而且满足了产业市场对职业教育人才培养的需求。

因此，我国需要牢固树立“双师型”教师认定服务于教师专业发展的理念，把“双师型”教师认定作为职教师资队伍建设的重要抓手，并促进其向纵深发展，以便更好地服务教师的专业化发展，继而不断提升教育质量和教师素质、能力，这将是“双师型”教师认定筑牢根基、向未来发展的重要走向。

二、建立多元和多层的“双师型”教师认定标准

《教育部关于完善教育标准化工作的指导意见》指出，“进入新时代，我国教育事业步入高质量发展阶段，教育标准的重要性愈益凸显”。借鉴发达国家和地区的经验发现，制定较高层面的具有权威性的标准与准则，对规范与促进教师队伍发展可以起到积极、不可替代的作用。例如，1996年5月美国教学专业标准委员会起草《国家职业教育认证标准（草案）》，该草案以“表现本位”理论为依据制定了职业教育教师专业标准，并在这种“表现本位”的理论基础上建立了一个职业教育教师标准框架，并在每个发展阶段和领域都制定了详细的标准，有效地促进了美国职业教育教师的专业化发展；欧盟是全球职业教育发达与领先的组织，在教师标准上，欧洲委员会于2005年出台《欧洲教师能力及资格的共同准则》。[②]

科学的“双师型”教师资格认定标准是促进职教师资专业化发展的重要保障。“双师型”教师资格认定标准的制定要以时代发展要求，以“双师型”教师队伍建设以及人才培养质量为出发点和着力点。随着我国职业教育由规模化向内涵式发展和高质量发展阶段的逐步迈进，“双师型”教师队伍质量建设与可持续发展成为支撑新时代职业教育改革发展的重要着力点，科学完整、规范有序的“双师型”教师资格认证标准的制定与实施亦成为推动职业教育教师队伍建设的关键环节。[③]

“双师型”教师认定是一项系统工程，标准是先导。从目前国家层面、地方

---

① 李梦卿，李鑫. 我国职业教育“双师型”教师队伍建设：盘点“十三五”、谋划“十四五”. 职业技术教育，2021（6）：13-19.

② 付含菲，张华静. “双师型”教师资格认证标准研究——基于全国部分中等职业学校校本标准分析. 湖北工业大学学报，2018（6）：54-60.

③ 李梦卿，邢晓. “双师型”教师资格认证标准的制定与实施. 教育与职业，2020（4）：19-26.

层面以及学校层面的“双师型”教师政策及建设情况来看，建立多元和多层的“双师型”教师认定标准供职教师资认证（评价）机构、各职业学校或教师个体参考是未来发展趋势之一。

多元的认证标准主要包含两类主体，一类是政府层面的认证标准，另一类是由专业人士开发的标准。①第一类主体。政府层面考虑引领性标准和基本保底标准两个维度，分别由国家和地方教育行政机构开展。引领性标准针对优秀教师，是标杆，可涵盖对职教教师的多元化认证要求，如课程设计能力、对学生的综合评鉴能力、服务于行业的综合能力以及领导能力等，是非强制性的。基本保底标准针对“双师型”教师的核心特质，把握其基本的行业素养和教育素养，是对其理论教学能力和动手实践能力的最基本要求，具有强制性。由于我国不同省份经济和职业教育发展水平存在较大差异，“双师型”教师建设基础和建设现状也存在较大差异，国家应尽快出台“双师型”教师指导性标准或基本要求，各省份根据国家的要求结合本省份的实际，出台“双师型”教师评价标准，用于“双师型”教师认定、聘用、考核等评价。[①] ②第二类主体。由专业人士开发的标准，充分发挥教师专业团体或第三方机构的作用，使“双师型”教师认定能够充分发挥行业企业的作用，紧密结合行业企业的需求，运用专业思维和发散思维，拓宽“双师型”教师认定的视角，促使教师的发展向专业自主迈进，给第三方机构赋权并使之承担责任。由专业人士开发的标准侧重点不同、针对性不同，是非强制性的。

多层级的认定标准体现的是教师专业发展的不同阶段要求，可分为初级、中级、高级“双师型”教师，主要考虑不同区域的职教师资发展特点和教师发展的不同阶段开展，引导教师或教师团体根据细化的层级标准，分层渐进确定目标，并据此推动教师专业实践的有序开展。在时间维度上：刚入职的新教师正处于生存和调适阶段，其能力也处于建设阶段；2—3 年进入综合成长阶段，能够较为机智地处理教学情境中的多数问题；约 5 年后进入成熟阶段，其经验丰富，关注学生的综合发展以及学生的个体差异，能够因材施教。在内容维度上：不同层级标准须考虑彼此之间的连贯性和深入性，逐步递进是基准，如何把握递进的度是需要认真考量的。总体上，需符合“双师型”教师认证的价值取向追求，即“一方面是不断促进教师专业发展，提升教师专业地位；另一方面，它又不得不兼顾现实的条件的制约，力求使资格认证能够吸引更多优秀教师进入教职，并从根本上

① 曹晔. 职业教育教师队伍建设“十三五”回顾与“十四五”展望. 中国职业技术教育，2021（10）：11-17.

解决师资供需严重失衡的现状”[①]。多层级的认证标准在实践中已经开展，彼此间的衔接和纵深发展是其下一个阶段关注的重点。

标准展示的不仅是认定的依据，而且是“双师型”教师内涵的共识。行政层面和专业层面共同进行，能够使之最大限度地发挥认定的作用，把握认定的过程与结果导向的有机结合。教师专业团队开展的认定工作更为灵活：可以探究实习指导教师的认证、兼职教师的认证以及文化课教师的认证；可以考虑不同行业企业的要求，根据教师所服务的行业开发“职业性专业”的职教“双师”标准；可以根据不同地域的职业教育和职教师资的发展要求补充细则等。多元和立体的认定标准不仅使认定工作有章可循，而且增强了认定工作的实际效应。

三、构建科学合理的“双师型”教师认定体系

“双师型”教师资格认定以教师的专业发展为出发点，尊重教师的主导地位和专业特点，遵循其发展规律，通过认证标准的制度建设不仅为教师的专业发展提供条件，更能规范教师队伍管理，提升职业教育教学质量。[②]这在美国的职教师资认证过程中体现得很明显：美国有州一级的标准和资格认证体系、全国性的标准和资格认证体系以及社区学院兼职教师的标准及资格认证体系；从不同层面、不同侧重点，设置不同的认证路径供教师选择；获得认证后的资格也是有时效的，根据不同的类型和层级，从 1 年到 10 年不等；联邦政府和州政府协力，共建多样化的认证体系，满足社会的多方面需求。

（一）健全国家、省级、院校层面“双师型”教师认定办法

现阶段，我国在国家层面尚未出台“双师型”教师认定办法，部分省份和职业院校结合本省份或本校实际情况，制定了“双师型”教师认定办法，但各省份认定条件、认定程序、认定主体等差异较大，导致“双师型”教师遴选质量参差不齐。国家级认定办法的出台对省级、院校层面“双师型”教师认定办法的制定具有指导意义，对推动“双师型”教师认定工作有序进行、“双师型”教师队伍高质量发展有着促进作用。未来，建议进一步健全国家、省级、院校层面“双师型”教师认定办法。国家层面在顶层设计过程中要充分吸纳各省份的实践探索经验，依据《中华人民共和国教师法》《中华人民共和国职业教育法》《国家职业教

① 秦立霞. 美国教师资格认证制度价值取向的“矛盾性”及其启示. 现代教育管理，2012（11）：112-113.

② 李梦卿，刘俏楚.“双师型”教师资格认证标准的制度性统一与区域性特征. 职教论坛，2017（25）：33-39.

育改革实施方案》等上位法律政策文件，在宏观层面上规范全国的“双师型”教师评价认定工作，制定一般性的最低质量标准，如身体素质和心理素质、思想道德水平、普通话水平、年龄、学历条件、无犯罪记录、师德师风以及最低的专业能力标准、实践能力标准等。省级层面应考虑本地实际情况，在国家级标准的基础上，构建符合当地经济发展水平、产业结构、职业教育师资力量的资格认定标准。同时，省级层面的“双师型”教师认定办法中应完整涵盖“政策目标、认定范围、认定条件、资格材料、有效时间、认定主体、认定流程、监督机制”8 项政策要素，明晰认定流程、资格材料，明确资格证书有效时间，健全监督机制等内容。部分特色高水平高职学校可在国家级及省级标准的基础上，结合本校发展规划、师资情况、专业设置情况，研制契合本校发展方向的“双师型”教师评价认定办法。①

（二）构建教育行政部门、行业企业、职业学校多元主体参与的评价认定体系

考虑到职业教育的特殊性，“双师型”教师认定工作应由教育行政部门、行业企业、职业学校多元主体共同参与。一方面，行业企业是推动我国职业教育发展的重要力量，是职业学校师资尤其是“双师型”教师来源的重要途径，国家政策对行业企业深度参与职业教育的要求也越来越明确。《国家职业教育改革实施方案》明确提出，职业教育要“由参照普通教育办学模式向企业社会参与、专业特色鲜明的类型教育转变”。让行业企业参与职业学校“双师型”教师的认定工作，能够进一步助推行业企业深度参与职业院校的师资队伍建设工作，拓宽职业院校与行业企业的双向交流通道，有利于职业学校及时了解行业产业发展的新要求、新动态，及时因校制宜地调整人才培养方案、更新教师教学内容。另一方面，行业企业等多元主体的参与，可以消除高等职业院校“既是裁判员又是运动员”的角色冲突，保障“双师型”教师认定工作的公平性、公正性，提升“双师型”教师认定工作的权威性。建立教育行政部门、行业企业、职业学校多元主体参与的评价认定体系是职业教育高质量发展的必然趋势，也符合新时代教育评价改革的价值取向。②

---

① 曾赛阳，陆莎，艾巧珍．高等职业院校“双师型”教师评价认定政策研究．中国高教研究，2021（10）：102-108.

② 曾赛阳，陆莎，艾巧珍．高等职业院校“双师型”教师评价认定政策研究．中国高教研究，2021（10）：102-108.

（三）健全“双师型”教师激励政策和动态调整机制

若想更好地发挥“双师型”教师认定的实施效应和长效机制，促进“双师型”教师可持续发展，健全“双师型”教师激励政策和动态调整机制是我国未来一段时间内需要着手进行的制度性设计之一。在激励政策层面，推动职称评审是重要的方向性设计。在职务晋升、教育培训、绩效分配等方面，向“双师型”教师倾斜；在各类评优评先中，纳入“双师型”教师要素。

国家层面侧重引领性设计，如在对地方的职业教育进行总体考核和评价时，“双师型”教师作为考核指标之一；在国家级的各项评比奖项中，如教学名师、教学团队、精品课程等指标中，融入“双师型”教师的核心元素，如现阶段背景下，对于主要负责人的行业企业的素养、动手实践能力的表征作为重要条目之一。省级层面可进行中观层面的制度性设计，在针对性、操作性和实施细则方面开展工作，如对“双师型”教师的相关工作进行专项资金支持，把“双师型”教师工作成效纳入学校绩效考核、评选优秀“双师型”教师等工作中。通过这些具体工作，引起各职业学校的重视，并在“双师型”教师素质上下功夫，扎实推进此项工作。学校层面可进行量化的基本要求，如可适当增加“双师型”教师的课时费；同等条件下，在对各方面进行考量或评选时优先考虑“双师型”教师。

在动态调整机制方面，主要考虑“双师型”教师证书的时效性，打破终身制，以教师专业成长的时间轴以及知识和技能的更新速度为依据，实行定期考核或复核的动态调整机制。“双师型”教师可根据自身的不同专业发展阶段，在自己层级的“双师型”教师范围内，接受有针对性的考核，使自己的综合水平跟上时代的发展、技术的进步、行业的提升。考核通过的，证书继续有效；考核不通过的，需进行补考核，补考后再次不通过的，应对其证书进行撤销或降级。降级的“双师型”证书，也需接受低一级别的考核，直至通过，否则予以撤销。在动态调整机制方面，要着重考查教师需要更新的知识和技能，不宜设置过多的条框，不宜进行过多的程序约束，以达成教师自主成长并促进其可持续发展的目标。

（四）建立完善有效的监督机制

监督是治理的重要方面，构建完善有效的监督机制是确保“双师型”教师政策有效运行的根本保证。一是运用多元、精准、现代化的监督方式及手段，完善抽查、专项巡查、派驻监督和投诉举报、公示等监督制度，畅通监督渠道，增加信息公开力度，同时重视司法监督、舆论监督、巡视监督等监督形式的有机贯通，拓展监督的广度和深度；二是有效识别监督对象，“双师型”教师评价认定政策包括申请人和认定主体两类监督群体，针对不同的监督对象应采用不同的监督方式，针对申请人这一监督对象，可采取公示、投诉举报等监督手段，针对认定主体这一监督对象，可采取抽查、专项巡查等监督手段；三是明确监督主体及权责范围，强化以职业学校和政府部门两大监督主体的主导责任，制定完善监督主体权责清单，明确监督职责，切实发挥监督作用，同时，进一步推进教师、社会、行业企业等其他多元治理主体有效参与监督过程，鼓励社会各界参与监督。①

四、建立认定与教师培养培训有机结合的“双师型”教师认定机制

单纯的“双师型”教师认定工作并不能直接推动建立高质量的职教师资队伍，需与培养培训相结合，强化认定结果的综合运用。目前，“双师型”教师认证工作还处在制度化建设时期，根据认定结果开展有针对性和多元化的培养培训是认定工作向纵深发展的必然产物。

在世界范围内，对职教师资的培养培训都是非常重视的。这种重视不仅体现在入职前的一系列可量化、可检验的学历要求、实践要求等方面，更体现在进入职教领域内的各种形式有针对性的培训方面。例如，德国是实践本位的培养培训框架，即 4—5 年大学层次的专业学历、2 年半的教育培训、5 年以上的工作经验等，政府处于主导地位；美国职教教师有两种路径入职，但入职后的生涯成长路线非常清晰，几乎与各种各样的培训相伴；澳大利亚也把职教教师的培养培训放在非常重要的位置，国家有专门的培训框架，行业企业是重要的参与者和推动者。

“双师型”教师培养主要根据双师素质的综合要求，把握好职前发展的大方向，在课程建设以及实习实训方面提前做好人才培养方面的方案设计。“双师型”教师培训主要根据“双师型”教师认定大数据云平台反馈的数据资料，开展各类型和各层次培训，对工作进行精细化安排，强调工作的精准性。在类型方面，可以根据所欠缺的教育素养或行业素养开展工作，根据职教师资的不同来源、对标认证标准开展工作，根据专业背景开展系列工作等。现阶段，很重要的工作是强化补偿机制建设，进一步完善教师到企业实践制度。各类型工作还须根据“双师型”教师认定的等级递进层次等要求进行细分，逐步深化，扎实推进，构建与认定制度紧密结合的“双师型”教师培养培训体系，包括结合认定标准要

① 曾赛阳，陆莎，艾巧珍. 高等职业院校“双师型”教师评价认定政策研究. 中国高教研究，2021（10）：102-108.

求，进一步完善职教师培制度体系，建立常态化经费投入机制，着力产学研用的校企培训，建立培训质量监控和追踪机制等，有效提升职业学校教师队伍整体素质和建设水平。

五、实施个体发展与团队建设相结合的“双师型”教师认定策略

目前，“双师型”教师认定的对象主要是教师个体，侧重对教师本人双素质的提升。在未来的工作中，可考虑对“双师型”教师团队开展相关的认证工作，或者对“双师型”教师团队发展给予引导，以推动职业教育教师队伍结构改善和整体质量提升。

“双师型”教师团队建设主要关注教师的特长，尊重个体之间的差异，充分发挥每位教师的核心优势，在教师个体素质相对均衡发展的前提下，做到优势互补、强强联合。其主要形式有两类：一是在具体的育人实践中，运用团队的力量，对于擅长理论课教学的教师，侧重发挥其理论课教学的功底和实力；对于动手实践能力强的教师，着重其操作能力的发挥。在目前的理论实践一体化教学中，可考虑“双师”共上一门课，甚至共上一堂课。二是考虑到职业教育作为类型教育与普通教育的差异，理论课教学主要由学校里的教职员工负责，实践类的课程则主要在企业进行，由企业里的实习指导教师负责。目前的国内环境，第一种类型较好实施，涉及综合考量和变革的因素相对较少，但由于职业教育与技术技能发展紧密结合，其在应对产业革新创新方面，反应相对较慢，适应性稍差；第二种类型较好地弥补了第一种类型的不足，但由于校企合作存在诸多体制、机制以及利益分配等问题，实施起来难度相对较大。目前，我国职业教育发展已经到了提质增效的时期，应大力推行“双师型”教师的个体认定，不断推进“双师型”教师团队建设，可以适时引导校企合作式的团队模式。三者共同进行教学，不仅能够发挥职业学校“双师型教师”的个体能力，还能够最大限度地发挥其团队优势，以及向纵深推进职教师资的结构性变化，着力改进我国职教师资在动手实践以及技术技能方面的不足。

我国职业教育进入高质量发展阶段，《中国教育现代化 2035》要求建设高素质专业化创新型教师队伍。《国家职业教育改革实施方案》提出分专业建设一批国家级职业教育教师教学创新团队。探索组建高水平、结构化教师教学创新团队，教师分工协作进行模块化教学。《深化新时代职业教育“双师型”教师队伍建设改革实施方案》提出，聚焦战略性重点产业领域和民生紧缺领域专业，面向

中等职业学校、高等职业学校和应用型本科高校，分专业建设一批国家级职业教育教师教学创新团队。随后，《全国职业院校教师教学创新团队建设方案》提出，"经过三年左右的培育和建设，打造一批高水平职业院校教师教学创新团队，示范引领高素质'双师型'教师队伍建设"。《深化新时代职业教育"双师型"教师队伍建设改革实施方案》第六条也提出要"创建高水平结构化教师教学创新团队"。可以说，这是从职业教育为类型教育的视域重构了职业学校基层教学组织。职业学校教师教学创新团队旨在打造高素质技术技能型人才培养共同体、高效率教师专业发展共同体、高水平校企命运共同体。它以技术技能人才培养为目标，以专业（群）为主要建设平台，以校企合作为主要原则，是由为完成某项目标而分工协作、共担责任、技能互补的个体所组成的教师群体。[①] 通过组建"双师型"教师团队，促进教师个体的优势互补，弥补个体教学能力的不足。以"双师型"教师团队建设为抓手，有助于充分发挥"双师型"教师团队的功能，可以带动"双师型"教师队伍整体实现增量提质，这既是全面深化新时代教师队伍建设改革的要求，更是促进职业教育高质量发展的必然要求。

六、关注实施效应的"双师型"教师认定制度设计

"双师型"教师认证不仅仅是一项工作，它涉及各层面的制度构建，如标准、证书目录、管理等。无论从哪个层面来说，作为一项有明确指向性的系统工作，发展到一定阶段，必须关注其实施效应，加强对认证制度本身的评估，增强反馈机制的建立。

就实施效应来说，直接表现是对教师综合素质，尤其是技术技能等行业素养的提升，最终效果是获得认证的"双师型"教师在促进学生发展，服务产业等方面的贡献。其他连锁效应主要有管理效应和其他连锁效应等。从管理效应来说，教育行政机构能够根据认证情况，适时做出变革或创新，回应民众、专家学者和社会需求，从国家和政策层面促进职教师资质量不断提高。其他连锁效应涵盖一系列因认证工作而从中受益或受到影响的相关人士、团体或机构，如职业学校教学团队的建立、教师培训机构的培养培训方向、教师聘任机关的聘任标准、行业企业人士参与认证的意愿及行为等，这些都是评估认定制度效应的因素。关注实施效应需从动态发展的角度来看问题，目的是促进职教师资质量不断得到优化，

① 陈悦. 中国高等职业教育师资队伍建设研究十年（2011—2020）——基于 CiteSpace 的可视化分析. 江苏高职教育，2022（1）：53-60.

使教师发展步入良性循环轨道。

此外，我国可创设完善、规范的再认定制度，将其与教师的职前、职后培养制度融合。《国家职业教育改革实施方案》《深化新时代职业教育“双师型”教师队伍建设改革实施方案》都提出了“落实教师5年一周期的全员轮训制度”，《深化新时代职业教育“双师型”教师队伍建设改革实施方案》还提出“完善教师定期到企业实践制度，推进职业院校、应用型本科高校专业课教师每年至少累计1个月以多种形式参与企业实践或实训基地实训”的要求，旨在通过全过程培养来保证“双师型”教师队伍的质量。建议将教师的培养培训与再认定制度融合，获得入职认定的教师可参加为期半年的岗位能力培训，培训内容基于认定标准，针对不同认定对象来选择与分类设置。取得初级资格认定相关学分、通过考核后可申请认定“初级‘双师型’教师资格”，获初级资格的教师可继续参加培训和考核，根据取得的相应学分再依次认定为中级和高级“双师型”教师资格。①

第二节　广西职业教育“双师型”教师认定的改进策略

当前，我国现代职业教育改革发展的重要战略机遇期，职业教育高质量发展亟需建设师德高尚、素质优良、技艺精湛、结构合理、专兼结合的高素质专业化的“双师型”教师队伍。广西开展职业教育“双师型”教师认定已经历时8年，有力地推动了职教师资队伍建设水平的提升。然而，面对职业教育改革发展的形势和新时代国家对职教师资队伍建设的新要求，广西职业教育“双师型”教师认定尚需改进完善。

一、进一步修订认定标准，引导职业教育教师专业发展

《教育部关于完善教育标准化工作的指导意见》指出，“标准是可量化、可监督、可比较的规范，是配置资源、提高效率、推进治理体系现代化的工具，是衡量工作质量、发展水平和竞争力的尺度，是一种具有基础性、通用性的语言”。“双师型”教师认定标准是从根本上保障“双师型”教师专业化质量、实现职教师资队伍建设持续健康发展的基本准则，要使“双师型”教师认定取得实效，必须建立科学合理的认定标准。广西职业教育“双师型”教师认定的8年实践也证明，“双师型”认定标准既是认定工作开展的主要依据，也具象地牵引着教师教

---

① 周可欣，南海. 高职“双师型”教师资格认定标准研究. 教育与职业，2020（21）：66-71.

育教学能力和专业实践能力的提升，引导职业教育教师的专业发展。随着经济发展方式的转变与产业结构的调整，职业教育也迎来了新的发展阶段，国家对职教师资的要求也发生了变化，如《国家职业教育改革实施方案》中提出“双师型”教师“2020 年起基本不再从应届毕业生中招聘”，表明国家对“双师型”教师实践能力的充分重视。为此，广西迫切需要调整、优化和完善认定标准，建立具有针对性、科学性和实效性的“双师型”教师资格认定标准，以促进师德高尚、技艺精湛、专兼结合、充满活力的高素质“双师型”教师队伍建设。

按照新时代国家对职业教育教师的要求，广西应结合开展认定工作的实际，开展广泛的调查研究。调查可分为几个方面：一是面向广西职业学校的教师、相关管理干部、职教和行业企业人员开展“双师型”教师认定标准改进意见和建议；二是对已认定为“双师型”的教师开展教学质量和实践能力质量追踪调查，分析“双师型”教师认定标准与其教师的教育教学专业水平的关系；三是深入分析广西职业教育“双师型”教师认定的实际状况。在调查研究的基础上，修订完善认定标准，使标准更能体现职业教育教师专业化发展在专业知识、专业能力、专业信念以及专业实践上的内涵要求，增强认定标准的科学性、可操作性和实用性，引导教师的专业发展。按照广西“双师型”教师认定标准构架，具体主要进行以下两个方面的研究。

（一）“双师型”教师认定标准

广西职业教育“双师型”教师认定标准是通过对国内外大量职教教师专业标准，以及各地市和学校的“双师型”教师、“一体化”教师认定标准的比较研究，将行业标准和教师标准结合，分析提取教育教学能力和专业实践能力、技术技能水平的可量化因素指标研制而成的，以自治区教育厅文件颁布实施，体现在认定文件附件 1 部分，即《广西中等职业学校“双师型”教师认定标准》《广西高等职业院校“双师型”教师认定标准》。认定标准虽然经过多次实践已基本成熟，但仍有个别条件需要进一步修订完善和优化，广西应该挖掘体现“双师型”教师素质且具有可测量的条件纳入认定标准条件之中。主要包括：一是研究如何将企业经历作为拓展条件或者代替职业资格条件；二是如何提炼将体现专业技术技能、专业实践能力的应用性科研项目（获奖）、社会服务、学校实践教学设施建设等成果表述为具有可测量的条件，以代替必备条件中的“职业资格证书条件”，以及纳入认定标准的拓展条件；三是考核教师专业实践能力的标准应与“校企合作、工学结合”人才培养结合起来，进一步完善“企业一线工作经历”

“参与行业企业技术研发项目”等认定标准，将教师的企业一线工作经历与落实教师企业实践制度相结合。

（二）专业技术（职业技能）证书目录

为达到引导职教教师的专业技术技能水平提升与所从事教学工作的专业相匹配，广西将“职业资格证书”“职业技能等级证书”“非教师系列专业技术职称证书”与专业实践能力水平联动考核，研制并颁布实施了覆盖职业院校所有专业的以体现专业实践技能能力为主线、与认定标准相配套的专业技术（职业技能）证书目录，体现在自治区教育厅认定文件附件 2 部分，即《广西中等职业学校“双师型”教师认定非教师系列专业技术证书目录》《广西高等职业院校“双师型”教师认定非教师系列专业技术证书目录》。

我国职业资格证书制度历经最初的八级工制度、工人技术等级考核制度，再到职业资格证书制度、国家职业资格目录制度和职业技能等级制度。随着国家职业资格证书的不断调整完善，与之相应的职业资格证书目录应不断被修订，尤其是随着国家 2019 年启动职业教育“1+X”证书制度改革的推行，作为体现职业教育教师专业实践技术技能水平的“职业资格证书”条件应该怎么设计，是“双师型”教师认定标准制定应予以考虑的问题。此外，考虑如何将职业院校教师培养培训基地纳入“双师型”认定标准的范畴。鉴于现已建立比较完善的职业教育培训制度，广西开展了包括国内和国外中短期培训、国内外访问学者中长期学习、企业实践项目等教师培养培训内容，这些培训成果应该可以作为申请不同等级的“双师型”教师专业实践能力条件之一，由此可以缓解相关专业职业资格证书或专业实践不足问题。①

二、进一步完善认定体系，建立常态化和动态认定机制

“双师型”教师认定工作是一项复杂、系统的工程，包括由认定标准、组织机构、认定办法、认定管理制度等一系列内容。经过 8 年的实践，广西建立了认定机构、认定程序和管理模式为一体的“三位一体”认定制度体系，包括建立了分工明确、职责清晰的广西“双师型”教师认定组织机构，设计了流程合理、实施顺畅的广西“双师型”教师认定程序，构建了“四统一”的广西“双师型”教

① 李鑫，李梦卿. 企业需求视角下“双高计划”高等职业院校“双师型”教师认定标准建设. 职业技术教育，2020（31）：35-40.

师认定管理模式等。随着近年来职业教育改革发展，广西应根据职业改革发展和职教师资队伍变化的实际，加强顶层设计，不断完善认证体系，形成一套集科学性、可操作性为一体的认定体系，建立常态化认定工作机制和动态认定制度，以解决目前认定过程中出现的诸多问题，为“双师型”教师认定提供良好的环境。这是认定有效运行的保障。

（一）完善认定办法

广西应在中等职业学校和高等职业院校 8 年共 15 批“双师型”教师认定“全覆盖”的基础上，总结认定工作的经验，完善认定的申报、审核、评审、复审的程序和管理办法等相关制度，细化兼职教师认定办法，形成以年度为周期常态化认定制度，探索实行定期复核的动态调整机制。同时，职业学校可在自治区“双师型”教师认定的基础上，结合本校发展定位、师资队伍水平、专业设置特点等实际情况，研制契合本校发展方向的“双师型”教师认定办法。

（二）建立完善认定机构

部分省份“双师型”教师资格认定是由各职业学校自行组织的，学校既是“运动员”又是“裁判员”，可能出现学校自行“放宽”认定条件认定，进而影响认定质量。鉴于此，广西依托广西科技大学国培基地，设立了第三方认定机构，即自治区认定办，负责认定的日常管理和认定的组织工作。广西应进一步充实和明确认定办的工作职责，如可以增加制定和优化调整认定标准、认定程序、认定制度、操作细则等职责，将日常管理与认定制度优化调整、认定体系建设紧密相联系，加强认定的规范性，提高认定质量水平。

（三）完善专家资源库

广西应更广泛地吸纳各类学校教师、行业企业专家和社会相关等其他人员多元有效参与，增加专家资源库的数量、丰富专家类型，每次认定评审从专家资源库中挑选人员组成评审专家组，按照专业大类分组评审。同时，从专家组成员中挑选经验丰富的资深专家组成评审委员会，负责评审工作中重要事项的决策，把握评审质量。

（四）建立有效的监督机制

广西应进一步建立健全“双师型”教师认定监督机构和完善相关制度，明确监督职责，监督认定的申报、审核和评审等工作。针对不同的监督对象应采用不同的监督方式，针对申请人，广西可采取公示、投诉举报等监督手段；针对认定主体，可采取抽查、专项巡查等监督手段。探索教师、社会、行业企业等其他多元有效参与监督过程，切实发挥监督作用，以保障“双师型”教师认定工作的公平性、公正性，增强“双师型”教师认定工作的权威性。

三、进一步拓展认定范围，探索本科层次职业教育高校“双师型”教师认定

截至2021年5月，广西已经开办2所职业本科教育学校，随着职业教育高质量发展战略的实施，国家“尽快补上职业本科教育短板”举措的不断推进，职业本科教育迎来快速发展的机遇。广西应积极探索职业教育本科学校“双师型”教师认定，引导职业本科教育教师专业化发展，为提升队伍建设提供有力支持。

（一）研制本科层次职业教育“双师型”教师认定标准

研制本科层次职业教育“双师型”教师认定标准是开展认定最重要的基础工作。其主要包含两个方面工作：一是研制“高等职业学校本科教育‘双师型’教师认定标准”，要深入研究体现本科层次职业教育、应用型本科教育特征的“双师型”教师的内涵，尤其作为本科职业教育的教师在教育教学能力、专业技术技能的要求，与从事中等职业学校、高等职业学校职教师资的异同，研究制定符合本科教育特征的“双师型”教师认定标准；二是依据教育部印发的《职业教育专业目录（2021年）》中高等职业教育本科专业分类，研制“高等职业学校本科教育‘双师型’教师专业技术（职业技能）证书目录”，与“高等职业学校本科教育‘双师型’教师认定标准”配套使用。

（二）建立本科层次职业教育“双师型”教师认定体系

本科层次职业教育学校的管理体制与中等职业学校、高等职业学校的相同，师资队伍建设的管理制度也一样，为此，广西可以借鉴中等职业学校、高等职业学校“双师型”教师认定体系的制度设计，搭建本科层次职业教育“双师型”教师认定体系，明确参加认定教师的申报、审核、评审的程序和办法，并通过开展认定试点工作，不断改进完善，探索建立本科层次应用型高校“双师型”教师认定长效机制，不断完善“双师型”教师认定制度体系，提高职业教育教师队伍专业化水平。

四、进一步改进培养制度体系，打造促进职业教育教师素质能力提升平台

（一）创新“双师型”教师队伍建设和管理制度

广西应深化“双师型”导向的教师考核评价改革，以“双师型”教师认定为引导，进一步完善培养培训、职称评定、评优评先、项目评审、评估评价等师资队伍建设相关政策制度，如将“双师型”教师比例和队伍建设状况纳入新时期职业教育高质量发展相关项目建设的任务和指标，将国家级、自治区级专业技能大赛、教学能力比赛获奖情况纳入职业院校教师考核体系。广西应创新“双师型”教师队伍建设和管理制度，建立激励机制，鼓励学校加强“双师型”教师队伍建设，激励教师不断提升教育教学能力和专业技能、实践能力，促进教师专业发展，努力探索民族地区特色职业教育“双师型”教师培养之道，建设适应广西现代职业教育体系建设和全面提高技术技能型人才培养质量新要求的“双师型”教师队伍。

（二）完善“双师型”教师培养机制和培训制度体系

一是加强顶层设计，完善培养机制。自治区和职业学校应出台相关规定，明确职教师资培养制度、考核制度等“双师型”教师队伍建设内容，并依据国家出台的相关规定，系统规划包含“职前培养、入职培训、在职进行”在内的完整培养机制，如对“双师型”教师职前的培养标准、培养目标、培养类型以及进入工作岗位后的教师培养规划与成长方案等进行具体安排。二是完善“双师型”教师培训制度体系。当前，广西应紧密结合职业教育改革发展需求，以广西职业院校教师素质提高计划为载体，调整职业教育教师培训结构，扩大培训有效供给，增强培训供给的适应性和灵活性；应出台职业院校教师素质提高计划项目管理办法等相关规定，进一步完善职业学校教师专业发展支持服务体系，规范项目实施管理；鼓励有条件的师资培训基地试点探索教师非学历培训与学历学位教育课程衔接和学分互认制度；建立地方政府、本科高校、职业院校与行业企业或职教集团（联盟）协同实施教师培训项目的长效机制。①

（三）搭建校企合作“双师型”教师培育平台

一是政府部门要建立利益补偿机制，完善行企校协同育人机制，搭建校企合

① 刘雪梅，李卫东，黄明宇. 广西职业教育“双师型”教师培训体系建设研究. 职业技术教育，2020（12）：64-68.

作平台，强化校企协同培育“双师型”教师。对于参与职业学校“双师型”教师培养协同机制的企业，自治区可以合理减少企业所应纳税额，或者税收返还企业专款用于教师培训，保证企业在校企合作过程中真正获利，从而调动企业的合作积极性。充分发挥行业指导、评价和服务功能，充分发挥企业重要培训主体作用，引导企业参与“双师型”教师队伍培训全过程，促进行企校研跨界深度合作，共同推进项目方案设计、课程教材开发、教学效果评估，使校企合作贯穿教师培养培训全过程。加强“双师型”教师培养培训基地和企业实践基地规范化建设，充分发挥行业企业生产实习基地和职业学校教学实习基地双主体教师的培养培训功能，激发培养培训项目承担单位培训内生动力。同时，鼓励和支持专业教师以“教科研项目配套资助”“教科研与社会服务奖励”“产教政研合作服务社会”为突破口，推动产与教的深度融合，优化校企联合培养机制。二是职业学校应结合本校实际，建立完善的教师企业实践制度。鼓励教师以脱产、半脱产形式到企业挂职锻炼，定时选派一批青年教师、骨干教师参与企业生产实践，深入企业一线收集教学案例，完善自身知识与技能结构。同时，学校应给予参与企业实践的教师一定的经济补贴，正常发放工资，并将企业实践纳入教师考核绩效和评奖评优中，调动教师参与企业实践的积极性和主观能动性。①

五、进一步优化信息系统，开发认定管理与资源共享融合的“双师型”教师认定大数据动态智能管理云平台

广西应进一步优化“双师型”教师信息管理系统，开发职业教育师资大数据应用服务功能。目前，广西根据认定标准、认定流程和管理模式的要求，研制开发广西职业教育“双师型”教师智能管理云平台，可以进一步对其进行开发优化，拓展其功能，优化教师申报、审核、评审界面，细化、优化资料展现及评审流程，开发针对申报教师、学校用户、学校主管部门用户及自治区管理部门用户等各级用户的统计分析与报表查询、证书查询与管理功能。同时，开展职业教育“双师型”教师大数据分析和应用研究，设计开发广西“双师型”教师大数据的分析与应用功能，利用关联规则挖掘双师系统的数据，找出制约“双师型”教师队伍建设的瓶颈问题，为职教师资的培养、培训及教师队伍建设提供数据支撑，有针对性地开展职教师资培养培训。

① 黄丽丽，马宽斌. 高等职业院校“双师型”教师队伍建设的困境与出路. 职业教育研究，2022（3）：61-65.

参 考 文 献

一、中文部分

（一）著作类

保罗·毕晟. 2017. 当心空隙：英国职业教育理论与实践. 樊大跃，唐克胜译. 南京：江苏教育出版社.

方莹，于尔东，陈晶璞. 2019. 职业院校"双师型"教师培养研究. 秦皇岛：燕山大学出版社.

梁成艾. 2014. 职业学校"双师型"教师专业化发展论. 成都：西南交通大学出版社.

路宝利. 2015. 美国中等职业教育发展的职业主义与民主主义之争："普杜之辩"研究. 北京：中国社会科学出版社.

玛丽莲·科克伦-史密斯，沙伦·费曼-尼姆赛尔，D. 约翰·麦金太尔. 2017. 教师教育研究手册：变革世界中的永恒问题（第三版）（上下册）. 范国睿，等译. 上海：华东师范大学出版社.

石伟平，匡瑛，等. 2021. 中国教育改革 40 年（职业教育）. 北京：科学出版社.

宋文红，等. 2013. 高校教师专业化发展及其组织模式：国际经验与本土实践. 济南：山东人民出版社.

涂三广. 2021. 英国职教教师教育的改革与发展. 上海：上海教育出版社.

涂三广. 2022. 职业院校教师能力提升的培训策略研究——基于需求调查的实证分析. 广州：广东教育出版社.

詹先明. 2010. "双师型"教师发展论. 合肥：合肥工业大学出版社.

朱旭东. 2014. 中国现代教师教育体系构建研究. 北京：北京师范大学出版社.

左彦鹏. 2017. 高等职业院校"双师型"教师专业素质研究. 广州：暨南大学出版社.

（二）期刊论文类

曹晔. 2007. 我国职业教育"双师型"师资的内涵及发展趋势. 教育发展研究，(19)：22-26.

陈悦. 2022. 中国高等职业教育师资队伍建设研究十年（2011—2020）——基于 CiteSpace 的可

视化分析. 江苏高职教育，（1）：53-60.

付含菲，张华静. 2018. “双师型” 教师资格认证标准研究——基于全国部分中等职业学校校本标准分析. 湖北工业大学学报，（6）：54-60.

韩云鹏. 2012. 中等职业学校教师资格认定标准研究. 职教论坛，（34）：55-58.

何杨勇. 2021. 职教 “双师型” 教师的专业知识和教育教学知识分析. 职教论坛，37（4）：89-95.

和震，杜小丽. 2021. 美国与德国职业学校师资培养中的 “三性” 融合原则研究. 教师教育学报，（1）：33-39.

贺国庆. 2019. 当代美国职业教育观念的转向及挑战. 比较教育研究，（10）：97-104.

贺文瑾. 2010. “双师型” 职教师资的资格认定研究. 职教论坛，（4）：58-60.

贺文瑾. 2014. 职业教育 “双师型” 教师队伍专业化建设的新部署. 中国职业技术教育，（21）：216-220.

胡长效，王娟，赵虎. 2014. 高等职业院校 “双师型” 教师资格认证六大乱象及破解策略. 中国农业教育，（2）：31-33+49.

黄海燕. 2020. 新时代背景下高职 “双师型” 教师的制度建构与培育策略. 教育与职业，（5）：67-74.

黄丽霞. 2021. 高职 “双师型” 教师资格认证标准建设的意义、问题与路径. 天津中德职业技术大学学报，（1）：116-120.

李德建，周杰. 2017. “双师型” 教师标准建构：逻辑起点、核心要素与路径选择. 职教论坛，（25）：27-32.

李梦卿，姜维. 2018. “双师型” 教师资格认证标准的宏观性要求与专业性表达. 教育与职业，（8）：38-44.

李梦卿，刘博. 2018. 我国省级 “双师型” 教师资格认证标准建设的实证研究. 现代教育管理，（5）：80-87.

李梦卿，邢晓. 2019. 基于 MIBE 的中等职业 “双师型” 教师资格认证标准体系建构研究. 教育发展研究，（19）：68-76.

李梦卿，张碧竹. 2012. “双师型” 教师队伍建设制度的回顾与思考. 教育与职业，（6）：15-18.

李晓东. 2019. 基于岗位能力视角的高职 “双师型” 教师认定标准及培养路径研究. 现代教育管理，（8）：76-81.

李晓娟. 2022. 职业院校 “双师型” 教师实践教学能力提升的困境及路径研究. 高等职业教育探索，（2）：73-80.

李亚昕，张栋科. 2018. 高等职业教育 “双师型” 教师能级管理新论. 高等工程教育研究，（1）：194-199.

马力，曹雨清. 2022. 高等职业院校“双师型”教师立体评价研究. 教育与职业，(4)：89-95.
聂伟进. 2022. 高等职业院校“双师型”教师队伍建设政策的演进逻辑与优化路径——基于36份国家职业教育政策文本的研究. 职业技术教育，(9)：49-54.
宁永红，张萌，孙芳芳. 2012. 中等职校“双师型”师资队伍建设存在的误区及建议. 职教论坛，(10)：58-63.
鹏程，郭扬. 2015. 国家职业资格证书制度对职业教育的功能作用. 职教论坛，(13)：76-80.
谌启标，柳国辉. 2014. 21世纪澳大利亚教师专业发展政策改革述评. 比较教育研究，(8)：12-17.
苏玲玲. 2020. “双师型”教师资格认定工作现状及对策——兼谈广西首次“双师型”教师认定工作. 西部素质教育，(4)：96-97.
孙翠香. 2012. “双师型”教师专业标准构建：背景、理念及内容架构. 国家教育行政学院学报，(8)：70-74.
孙珂，马健生. 2011. 促进教师的专业发展：英国教师教育标准述评. 比较教育研究，(8)：30-34.
汤霓，张蔚然，罗伯·史密斯，等. 2016. 近20年英国职教师资培养变革趋势及其特征研究. 比较教育研究，(8)：95-102.
王冠，闫艳. 2015. 澳大利亚高职教师队伍建设经验及其启示. 职业技术教育，(20)：76-79.
王慧，施志刚. 2018. 高等职业院校“双师型”教师队伍培养的困境及其破解. 现代教育管理，(11)：113-117.
王强，吕洋. 2019. 高等职业院校“双师型”教师队伍培养. 教育与职业，(21)：81-84.
王琴. 2022. 职业院校“双师型”教师胜任力结构探析. 教师教育研究，34（2)：53-60.
韦文联. 2014. 应用型本科院校教师实践能力建设研究. 全球教育展望，(5)：43-52.
魏钦. 2021. 高等职业院校“双师型”教师分类管理的策略解析. 职业技术教育，42（20)：24-27.
吴庆国，郭镜. 2018. 高等职业院校双师型师资发展的现状、特征及建议——以安徽省资格认证制度化设计为例. 芜湖职业技术学院学报，(2)：1-6.
吴全全. 2014. 职业教育“双师型”教师内涵及能力结构解读. 中国职业技术教育，(21)：211-215.
肖丹，陈时见. 2012. 促进学生发展为导向的教师专业发展——澳大利亚教师专业发展及教师专业标准的启示. 教师教育研究，(6)：87-90，72.
肖凤翔，张弛. 2012. “双师型”教师的内涵解读. 中国职业技术教育，(15)：69-74.
谢莉花，陈慧梅，唐慧. 2021. 我国职教教师教育模式的结构选择与发展取向探析——基于国际比较的视角. 中国职业技术教育，(18)：40-50.
许芳杰. 2014. 美国教师教育专业认证评估的证据文化及其对我国的启示. 教师教育研究，

（10）：19-25.

薛晓瑜，胡业华. 2014. 浅析我国中等职业学校“双师型”教师内涵及其认定办法. 职教论坛，（11）：10-12.

闫建璋，郭赟嘉，赵英. 2014. 教师资格定期认定制度研究——基于教师专业化的视角. 教育理论与实践，34（4）：39-43.

杨成明. 2018. 企业高技能人才向职业教育教师的转换：现实挑战与实现机制——基于美国经验的分析. 教师教育研究，（5）：114-120.

杨洁. 2014. 能力本位：当代教师专业标准建设的基石. 教育研究，（10）：79-85.

俞启定. 2018.“双师型”教师的定位与培养问题辨析. 教师教育研究，（4）：30-36.

曾赛阳，陆莎，艾巧珍. 2021. 高等职业院校“双师型”教师评价认定政策研究. 中国高教研究，（10）：102-108.

张洪华，克瑞斯·泽科. 2020. 美国替代性职教教师执照：经验与启示. 职教通讯，（8）：97-105.

张利芳. 2019. 关于职业院校“双师型”教师队伍建设机制的思考. 教育与职业，（14）：78-83.

张倩，李子建. 2011. 国际比较视域下的教师专业发展——以 TALIS2010 教师专业发展主题报告为基础. 教育发展研究，（6）：39-46.

张兆诚，曹晔. 2020. 应用技术型高校“双师型”教师标准：现状、问题与对策. 职教论坛，（9）：78-84.

赵文平. 2014.“双师型”教师的人才特征分析. 职业技术教育，35（19）：64-67.

赵永胜. 2019. 高等职业院校“双师型”教师队伍建设路径研究. 职业技术教育，40（32）：48-54.

郑坚. 2016. 美国职业教育内涵演进研究——基于对七部联邦法案的比较分析. 中国职业技术教育，（18）：56-63，86.

郑江华，谢超，王爱敏. 2012. 中日产学合作培养职教人才的实践研究.职业教育研究，（2）：157-158.

治丁铭，关守宁. 2021. 新时代地方高校“双师型”教师团队建设问题与对策. 职业技术教育，（35）：44-47.

朱少义. 2019. 关于制定河北省“双师型”教师认定标准的思考. 张家口职业技术学院学报，（9）：7-9.

朱旭东. 2014. 论教师专业发展的理论模型建构. 教育研究，（6）：81-90.

Anna Keller Chris Zirkle，Antje Barabasch. 2020. VET 教师培训的焦点——美国和瑞士 VET 教师教育的比较. 李侃译. 职业技术教育，（16）：62-71.

（三）学位论文类

戴丽丽. 2011. 中职“双师型”教师资格认定标准问题研究. 南宁：广西大学.

贺文瑾. 2007. 职教教师教育的反思与建构. 上海：华东师范大学.

李晓亚. 2020. 美国 CTE 教师质量保障体系研究. 石家庄：河北师范大学.

刘博. 2019. 中等职业学校“双师型”教师资格认证标准研究. 武汉：湖北工业大学.

潘婧璇. 2018. 高职院校“双师型”教师专业发展策略研究. 桂林：广西师范大学.

夏雨. 2020. 中职“双师型”教师专业发展现状及策略研究——以浙江省中职学校为例. 杭州：浙江工业大学.

薛晓瑜. 2014. 中等职业学校双师型专业教师培养制度体系建设研究. 南昌：江西科技师范大学.

张小桢. 2018. 美国职业教育教师资格认证制度研究——基于个案的分析. 西安：陕西师范大学.

张兆诚. 2020. 应用技术型高校“双师型”教师能力标准研究. 天津：天津职业技术师范大学.

二、外文部分

（一）外文网站

Action in Teacher Education. https://www.tandfonline.com/journals/uate20. [2017-02-09].

National Center for Education Statistics（NCES）. https://nces.ed.gov/.[2017-02-09].

National Centre for Vocational Education Research Informing and influencing the Australian VET sector. https://www.ncver.edu.au/.[2017-02-09].

U.S. Department of Education. https://www.ed.gov/.[2017-02-09].

（二）外文文献

Professional Standards for Teachers and Trainers http://www.et-foundation.co.uk/wp-content/uploads/2014/05/4991-Prof-standards-A4_4-2.pdf. [2017-02-09].

后　记

本书依托广西教师教育研究委托课题“职业教育‘双师型’教师队伍研究”、广西教师教育研究重点课题“广西职业教育‘双师型’教师认定标准研究”、广西教育科学规划课题“广西中等职业学校‘双师型’教师资格认证标准体系研究”和广西职业教育教学改革研究重点委托项目“职业学校‘双师型’教师认证与教师专业发展的研究与实践”研究，基于广西职业教育“双师型”教师认定八年的实践探索，经过四年多的艰辛努力，《职业教育“双师型”教师认定研究》一书终于付梓。本着为职业教育第一资源“双师型”教师队伍建设贡献绵薄之力的情怀，通过文献研读、专家指导、深入调研、专题研讨、借鉴学习和实践总结，尤其得益于诸多专家、教师和管理干部对“双师型”教师认定研究和实践的支持和指导，研究团队倾心尽力、通力合作，一路写来，辛苦备尝，理论研究与实践探索相互交替，思考和认识不断深化，凝聚了无数“双师型”教师标准和认定问题研究专家学者和教师的智慧。笔者虽然精疲力竭但仍远未穷其要旨，这不仅限于笔者才疏学浅，同时也与职业教育“双师型”教师认定这一富于实践性、操作性，又有着丰富内涵和时代性的主题有紧密关联。值得欣慰的是，本成果终于对职业教育“双师型”教师内涵、认定标准和认定实施进行了一定程度的探讨，现将该探索成果谨奉于世，抛砖引玉，做探讨之用，以期为在新时代职业教育“双师型”教师认定的推进提供借鉴和启示。如能达到这一效果，笔者也倍感欣慰。故虽有惶惑，但仍将拙作呈现出来，奉于大家，期待批评指正。

本书由广西科技大学的罗秋兰、秦福利、武博、张晓玲、李明、吴凌云和韦娇艳共同撰写完成。罗秋兰负责总体设计策划，并按照研究工作分工，经集体讨论形成提纲，最后由罗秋兰、秦福利负责修改和统稿。全书共十章，撰写分工如下：第一章“双师型”教师内涵研究（武博撰写），第二章“双师型”教师认定理论探寻（武博撰写），第三章“双师型”教师认定现实问题研究（秦福利撰写），第四章国外职业教育教师专业标准和资格认证的经验与启示（张晓玲撰写），第五章广西职业教育“双师型”教师认定标准研究（罗秋兰撰写），第六章广西职业教育“双师型”教师认定制度研究（罗秋兰、韦娇艳撰写），第七章广西职业教育“双师型”教师管理信息系统开发研究（李明撰写），第八章广西职业教育“双师型”教师认定现状分析（罗秋兰、吴凌云撰写），第九章广西职业教育“双师型”教师认定实效分析（罗秋兰、吴凌云撰写），第十章职业教育“双师型”教师认定改革展望（张晓玲、罗秋兰撰写）。其中，韦娇艳负责收集整理相关资料，吴凌云负责相关数据统计分析。

本书在写作过程中，引用参考了许多前贤的研究成果。同时，科学出版社崔文燕编辑为本书的出版付出诸多心血。在此，对他们致以深深的敬意和最诚挚的感谢！

笔　者

2022年7月22日